海洋改变世界丛书 / 陈晓律　主编

海洋与工业革命

冀　强　舒小昀　著

海洋出版社

2023年·北京

图书在版编目（CIP）数据

海洋与工业革命 / 冀强, 舒小昀著. -- 北京 : 海洋出版社, 2023.8

（海洋改变世界 / 陈晓律主编）

ISBN 978-7-5210-0691-9

Ⅰ. ①海… Ⅱ. ①冀… ②舒… Ⅲ. ①海洋战略—关系—产业革命—研究—世界 Ⅳ. ①F419②P74

中国版本图书馆CIP数据核字(2020)第249039号

《海洋与工业革命》

责任编辑：高朝君
责任印制：安　森
海洋出版社 出版发行
http://www.oceanpress.com.cn
北京市海淀区大慧寺路 8 号　　邮编：100081
鸿博昊天科技有限公司印刷
2023 年 8 月第 1 版　　2023 年 8 月北京第 1 次印刷
开本：710mm × 1000mm　　1 / 16　　印张：18.5
字数：265 千字　　定价：118.00 元
发行部：010-62100090　　总编室：010-62100034

总 序

人类生活的地球2/3是蓝色的海洋，地球在某种程度上，应该被称为“水球”。然而，我们过去对地图上标注为海洋的地带，关注得实在太少了。不知不觉中，我们已经跨入了新世纪，而21世纪是世界公认的“海洋的世纪”。历史的经验告诉我们：向海则兴、背海则衰。无视这样一种趋势，难免会给中华民族的发展带来意想不到的阻碍。

所幸，在新的时代，我们终于开始全方位地关注这个地球上的蓝色区域了。党的十八大报告在第八部分“大力推进生态文明建设”中明确提出，我国应“提高海洋资源开发能力，发展海洋经济，保护海洋生态环境，坚决维护国家海洋权益，建设海洋强国”。中共中央政治局在2013年7月30日就建设海洋强国研究进行第八次集体学习，习近平总书记在主持学习时强调，建设海洋强国对于推动经济持续健康发展，对维护国家主权、安全、发展利益，对实现全面建成小康社会目标、进而实现中华民族伟大复兴都具有重大而深远的意义。

这是一个令人振奋的信号。在几千年的中华文明发展过程中，我们的大国政府不再是在禁海与开海之间来回折腾，而是要主动出击，把号召人民向海洋进军作为一个基本国策。就此而言，这是中华民族发展史上一个极为重大的转变，也是21世纪实现中华民族伟大复兴的一个标志性事件。

党的二十大指出：中国式现代化，是物质文明和精神文明相协调的现代化。我们要坚持高水平对外开放，加快构建以国内大循环为主体、国内国际双循环相互促进的新发展格局。为此，我们建设了世界最大的高速公路网，以及机场、港口、水利、能源、信息等基础设施，还要加强海南自贸区的建设，坚持“一带一路”建设，与相关国家合作共赢。要牢牢把握关键行业产业链，着力提升产业链供应链韧性和安全水平。要完成这一既定任务，我们必须从全产业链的角度把握交通运输的主要环节，尤其是海洋的运输环节。

华夏文明并不是一个完全封闭的内陆文明，而是傍江濒海的文明，靠山吃山，靠海吃海。应该说我们的祖先对海洋并不陌生，除去一些类似《山海经》的传说，秦皇汉武均有对海的探索，东汉初年的伏波将军马援还曾率领当时十分先进的楼船部队远征交趾。这说明我们的祖先与其他地区的人们一样，对大海拥有浓厚的兴趣。公元47年，在东西方航海者的共同努力下，双方还开辟了海上丝绸之路，也是今天"一带一路"的雏型。然而，我们依然不可否认，与这些零星的、断续式的海上活动相比，我们祖先关注的重点，大多是以土地为主的生存资源。这在很大程度上，是由中国的地理环境决定的。中国是一个临海的国家，但同时也是一个海洋地理相对不利国家。中国周边的海域，都被一些岛屿阻隔，无法直接顺畅地进入大洋。日本学者将南海区域称为"东方的地中海"，法国学者弗朗索瓦·吉普鲁（François Gipouloux）在其影响广泛的著作中，更是直接将从东亚到东南亚的这一片广阔区域，称为"亚洲的地中海"[1]，这些比喻应该说是十分形象的。因此，这样的一种位置，要充分发展海洋经济并用以立国，显然面临种种困难。再加上中国大陆腹地的广袤，还有北方游牧民族的不时南侵，使得我们的先祖将生存的主要关注点集中在陆地上，这应该是一种自然的选择。中国人在几千年的历史中，创造了璀璨的文明，并在严酷的环境中存活并延续了下来，在某种程度上证明了这种选择的合理性。

当然，世界上没有亘古不变的事物。古人选择的合理性并不表明今天做出同样的选择依旧是合理的。可以说，在1500年以前，尽管世界各个区域的文明发展各有短长，但尚未产生质的差距。然而，随着哥伦布发现新大陆并开启了西方的大航海时代，这种质的差距终于出现了。

欧洲率先拥抱了大航海的机遇，海洋自此成为通达全球的"高速公路"。欧洲人则成为了这个高速公路的使用者和管理者，制定了海洋游戏的

1 [法] 弗朗索瓦·吉普鲁：《亚洲的地中海：13—21世纪中国、日本、东南亚商埠与贸易圈》，龚华燕 、龙雪飞译，广州：新世纪出版社，2014年。

规则，获取了巨大的利益，并且反过来推动了欧洲的制度变革。工业革命在英国爆发，进一步扩大了东西方文明的差距，并使得以海制陆成为可能。于是，对海洋的认识、如何利用海洋来进行发展已经不是一个可以轻松探讨的纯学术问题，而是涉及一个民族是否能在这样一种彻底变化了的世界中生存的问题了。

当然，中国是幸运的，老祖宗给我们留下了丰厚的遗产，我们有足够广袤的国土，有足够巨大的人口规模，有成为海洋大国或海洋强国的体量，也有成为现代化大国的各个行业和科技发展的基础，更有成为这类大国的需求和信心——新中国的统一和强大已经成为一个无可争议的事实。因此，我们如何在错失几百年机遇后重新确立我国在世界海洋中的地位、维护我国的海洋权益，是21世纪的中国人必须面对和解决的重大课题。

海洋利益显然是中国国家利益极为重要的组成部分，中国海洋战略的核心是捍卫自己的海洋主权。中国海洋战略的一个重要特征是加强海洋管理与开发机制，发展海洋科技，提高全民的海洋意识。在这一方面，中国无论是从基础教育还是从管理机制来看，都处于起步阶段。因此，必须加大科技投入，加大海洋、海军方面的科学研究，既要建设一支用高科技武装的海军，又要以高科技为先导，为和平利用海洋资源进行技术储备，加强国际合作；其次要加强海洋管理，出台各种海洋法律，坚决维护海洋主权，坚守我国海洋权益不受侵犯；最后要努力提高全民海洋意识，让大家充分认识到海洋的重要性，并为建设海洋强国贡献力量。

需要强调的是，在中华民族几千年的历史中，正是海洋意识的淡漠，使我们丧失了很多机遇，也使中华民族在现代的发展中历经了波折。郑和的多次航海活动，船队技术先进，海上的饮食合理，甚至到了东非海岸，却未能使我们与世界上的其他国家建立起友好合作的经贸关系。台湾在清朝被中央政府收复之后，迟迟未能进行建省管理。而当刚开始建省管理后，却在很短的时间内被割让给了日本。这样的失误固然有很多历史的因素，但从上到下海洋意识的缺乏，毫无疑问是一个导致决策失误的至关重要的原因。至今还未解决的图们江出海口问题，也带给我们很多遗憾。中国在历史上毕竟也是东方大国，如果有足够的海洋意识和清晰的海洋战略，很多关键的利益是可以维护的。值得欣慰的是，现在人们已经开始意识到，这些丧失的权益，对我们建设海洋强国是多么的宝贵。

为增进我国民众的海洋意识，使历史悲剧不再重演，我们组织有关学者，撰写了这套“海洋改变世界丛书”，旨在科学梳理、分析、总结海洋的价值，认识海洋对社会、文明、经济、文化生活、科学技术等诸方面的重要推动作用，在思想上、理论上引导人们认识海洋、热爱海洋、自觉开发利用和保护海洋，以便真正意识到海洋对中华民族至关重要的作用，从而培养起稳定的、长久的民族海洋意识。为达此目标，我们从七个方面对海洋的有关知识进行了系统的、历史的梳理，并使每一分册都在所涉及的领域有较为深入的探讨，以使我们获得的海洋知识具有相当的科学性，海洋意识具有前瞻性。下面简要谈谈这套丛书的主要特点。

《海洋与文明》主要系统地论述海洋与人类文明产生与发展之间的关系。常言道，积土为山，积水为海。陆地和海洋是人类文明赖以生存的根基。海洋的面积大约占到地球总面积的70%，海洋生物占到地球生物总数的80%以上，可以说海洋是地球馈赠给人类最为丰富的资源。对海洋的利用水平，能够在很大程度上展示出人类文明的发展水平。因而，人类历史既是一部吸取周围的水资源创造文明的历史，也是一部更大范围内探索与开发海洋、与海洋不懈斗争的历史。在当今世界，随着世界工业机器的加速运转，陆地资源的逐步枯竭，人们对海洋的需求日益迫切，这也预示着，海洋将成为左右人类未来命运的关键。

现今人类能有今天的发展成就，离不开人类在海洋领域创造的物质和精神成果，即所谓的“海洋文明”。对于海洋文明，当然会有各类解释，但我认为最重要的是海洋环境对人类文明形态的塑造。那就是，与海洋有关的文明很难封闭发展，即便当地的政治权力试图封闭发展，也很难做到。所以，海洋文明往往是开放的、包容的。其次，海洋对文明形态的另一个影响，则是规则意识往往强于内陆地区。因为在茫茫大海上，不按规则科学行事，很可能会遭受灭顶之灾。第三，海洋文明鼓励具有冒险和进取精神的民族发展。海洋的疆域难于固定，想要奋斗一下就可以安然无事的想法是行不通的，创新永远是硬道理。这似乎证明，自远古时代，封闭就意味着自断其路，只有开放，只有不断进取、不断开拓，才能勇立历史潮头。实际上，当今世界上最发达的区域，往往正是各国的沿海地区，所以关于海洋对人类文明的影响，我想读者朋友仔细思考便会明白其中的真谛。

浩渺无边的海洋既给人类文明提供着丰富的资源，也在无形中塑造着人类社会。《海洋与社会》一书从衣食住行的角度阐述了海洋对各个区域文明不同程度的影响，海洋使得各个不同区域的文明具有了不同的物种和生活方式，给全人类的发展带来了难得的多样性。同时，东方的水稻，西亚的小麦，美洲的番薯、辣椒、玉米等既提供了各地人类生存的基础，又通过海洋运输到世界各地，改变了全人类的饮食结构，也影响了各个地区的人口数量。一些消费品，比如茶叶、咖啡和烟叶，其传播的结果甚至改变了很多地区人类社会的生活方式。不过，这种跨越海洋的物质交流是与人类能够克服大海阻碍的能力联系在一起的。所以，进一步地探索海洋，就会使我们逐步进入人类科技与海洋世界的关系层面——只有借助科技的力量，人类在狂暴的大海面前才不会无能为力。

《海洋与科技》一书专门探讨了这一问题。科学技术是人类认知并改造世界的能力体现，它的第一个作用是给人类征服海洋提供了最基本的工具。没有指南针，没有对风力的科学应用，没有对远航船只的结构力学的了解，人类在大海面前连最起码的生存都是问题，更不用说去利用海洋的潜能了。

其次，海洋科技的发展使人类的生活更加标准化、精细化。从大航海时代开始，对于长时期的海上生存，人类遇到了若干前所未有的挑战。为防患坏血病而发现了维生素C，并进一步了解了人类基本生存的必要物质，乃至最终对现代人一天所需的能量确定了一个基本的标准。而一支船队在海上的自持力，与人员数量和所需物质两方面的科学计算息息相关，它们需要有一个可靠的量化指标。反过来，它又要求生产者必须按照标准化的流程和规范提供商品。这些，都是海洋对人类科技无形中产生的重大影响。

而大海上的定位问题，更是对人类文明的影响巨大。在陆地上定位有各种参照物，一般没有很大的问题。在大海中定位，古代有指南针就可以基本应对，但在现代，航船过多，航线拥挤，一不小心就会发生事故。所以，海上定位问题越来越重要，最终促使了卫星导航系统的诞生。这一最初因航海需要而产生的系统，它的应用范围已经逐步超越了单纯的海洋领域，上升到服务于维护现代国家主权的高度。我国北斗卫星导航系统的成功应用，已经充分地表明了海洋科技与我们极为重要的关系。

此外，海洋科技往往具有某种陆地不可替代的性质——那就是极为严酷的理性与现实。因为在喜怒无常的大海上，任何权威人物的指令都必须符合大自然与科学的规律，否则就会船毁人亡。也正是由于这一点，科技在海洋层面上的推广比在陆地容易得多——人们更容易遵从科学的规律。从另一个角度也可以说，海洋科技的发展往往代表着一个社会或国家的最高科技水平。

李斯特（Liszt）认为，自由、智力与教化在国家力量上的影响，也就是在国家生产力与财富上的影响。就这一点来说，航海事业体现得最为清楚，再没有别的事业能比得上它。在一切事业的经营中最需要活动力、个人勇敢精神、进取心和忍耐精神的就是航海事业，而这些条件只有在自由的气氛下才能滋长。无知、迷信、偏私、怠惰、怯懦、软弱，这些缺点在任何事业中都会产生不利后果，尤其是航海事业。在航海事业中，自信心的重要性是其他事业无法企及的。因此，被奴役的人们在航海事业中占有更加卓越的地位。换言之，科技的力量需要人类相应制度的配合，方能彰显其独特的优势。从人类的历史经验看，奴隶制度和封建制度都未能使人类应有的科技潜力发挥出来，最终将这一任务留给了近代初期的西欧地区——尤其是英吉利海峡两边的国家。正是这一地区的资本主义要素，给人类的科技提供了一个新的发展平台。

《海洋与资本主义》一书讲述海洋与资本主义之间辩证且密切的关系。海洋文明孕育了资本的流动性与扩张性，资本主义则借助海洋逐渐形成并迅速扩张；资本主义的发展又使得海洋不再是人类文明交往与经济交流的阻碍，而成为交流的通途。

中世纪后期，随着意大利城邦的兴起，以威尼斯和热那亚为代表的海上商业资本兴起，连接着东方奢侈品与西方消费，欧洲南部出现了资本主义萌芽，因此早期资本主义的形成与海洋密不可分。1453年随着君士坦丁堡的陷落，奥斯曼土耳其封锁了西方通向东方的通道，欧洲资本急需开辟新的贸易路线，这导致了新航路的开辟。在走向近代的过程中，西班牙、葡萄牙和荷兰等国家与地区凭借着海上霸权而相继称霸欧洲：西班牙跨越大西洋殖民美洲；葡萄牙跨越太平洋殖民亚洲；荷兰人则成为“海上马车夫”。这些殖民活动体现的是早期资本主义的残酷性与掠夺性。这些国家与地区也许是由于本质上是大陆国家，或是由于地缘的限制，未能让人类的科技文明得以充分地发展，而终归让位于崛起的英国。

英国之所以产生了世界性的影响，关键在于它制度性地推动了科技革命，并随之引领了工业革命的潮流。《海洋与工业革命》正是对这一现象的详细解读。1500年以来，伴随着新航路的开辟，世界的中心开始向大西洋沿岸倾斜。面对美洲黄金白银源源不断地流入，作为岛国的英国蠢蠢欲动，开始了最初的海盗式劫掠。受女王伊丽莎白一世支持的德雷克正是这一时期的代表。

1588年，欧洲岛国英国一举战胜了前来挑衅的欧洲陆上强国——西班牙，西班牙“无敌舰队”损失惨重。此后，英国开始了从欧洲小国向世界大国迈进的步伐。17世纪中期，英国颁布《航海条例》，英荷战争随之爆发。最终，英国取得胜利。为进一步掠夺更多的财富，英国走上了海外殖民的道路，开始了原始资本的积累。由于英国人对商品化财富的无限追求，工业革命悄然启动。工业革命所需的资金积累和市场需求主要由海洋构筑的世界通道为其提供最基本的流动性，也可以说，没有世界性的海洋通道，就不可能有工业革命。

工业革命后，英国已成为世界的贸易中心。世界各地的船只在大海上航行，五大洲的港口变得日益繁忙。人类的经济中心逐步向沿海地区转移，世界开始真正连成一个整体。正是由于工业革命，海洋最终改变了世界。

不过，这种改变，对19世纪40年代的中国而言十分不幸，因为它意味着西方坚船利炮的到来。所以，《海洋与安全》自然成为我们下一个关注的主题，没有人会否认海洋与安全的紧密联系。事实上，人类海洋安全意识的兴起经历了较为漫长的历史过程。在人类文明早期，欧洲人称大西洋为“死亡绿海”，这种恐惧主要来自大海无常的伟力，但另一方面，海洋也是一堵天然的屏障，既阻断了交流也抵御了外敌。20世纪中后期以来，人们对海洋安全的关注，不再停留在军事层面，经济、环境、生态和资源等非传统安全领域也成为人们的新焦点。当今世界经济最繁荣的地区，几乎全部在沿海地带，因此海上安全对沿海繁荣地带显然是极为重要的。这是从区域文明向全球化转变的必然结果，反过来，这些非传统安全因素又强化了全球化的观念。在当今世界，尽管民族国家仍然是维护海洋安全的基本单位，区域文明间的关系也是涉及海洋安全最频繁的实践层面，但毋庸置疑，海洋安全必须是全球协作的事业。从经济层面来讲，跨国公司的出现、全球性的人口迁移（如果把人看成经济中最活跃的因素的话）是不可逆转的趋势。海盗（非官方与半官方）是个传统议题，在过去它常常处于灰色地带，甚至得到官方的授权，成为掠夺敌手的一种辅助手段。但今天的海盗更多地表现为海上恐怖主义的形式，它对国际航运业造成了严重的经济损失，也对迁移人口有着巨大阻碍，因此对这种恐怖主义的打击需要全球通力合作，这已是共识。从环境、生态和资源的角度来看，全球化的性质直接通过海洋本身的属性表现出来。全球的海洋水域都是连为一体的，而且海洋是全人类共有的家园和财富，更不用提海平面上升直接威胁到某些岛国的生存。另外，新出现的北极海疆也是一个涉及各个层面的全球性问题，如何妥善处理，将会是一个复杂而重要的议题。

当然，在论述人类与海洋的种种交互渗透的历程中，中华民族的活动也值得关注。1405年，明成祖朱棣命郑和率领240多艘船、27 400名船员组成的庞大船队远航，其宝船的载重量据说可达1500吨以上。郑和首次出海所率领的船队、装备、人员、资源等各方面远胜哥伦布，这足以证明，中国并非没有征服海洋的能力，相反，在哥伦布远航前中国的航海技术就已远远超越了欧洲的航海技术，达到了当时世界的领先水平。然而，却是西方的哥伦布发现了美洲，拉开了开辟新航路、殖民掠夺大量财富的帷幕。

为什么在世界海洋上曾经谱写了郑和下西洋这样伟大航海史诗的中国，反而在19世纪遭到了英国坚船利炮的轰炸，继而沦落为半殖民地半封建社会？有着征服海洋能力的中国未在真正意义上征服这片海洋，统治者始终未将海洋战略纳入国策，中国在航海史上的壮举也未曾为中国带来任何实质上的创新进步。这一切都不得不使我们在喟然长叹之际，希望站到一个历史的高度来重新审视前人的足迹。

《郑和下西洋与中国人的海洋意识》一书就是在这样的思路下创作出来的，它在学术严谨的基础上，力求以史为线，以专题的形式、趣味的语言重新呈现当时郑和下西洋的故事，并试图引发读者关于中国人海洋意识的思考。

郑和的多次远洋航行不仅都达到了预期目的，而且次次安全返回。但是大幅影响了东南亚社会的伟大航行却并未使得当时的中国社会有任何实质上的进步，反而增添了当时人们的抱怨。明朝兵部官员刘大夏认为下西洋工程过于耗费民脂民膏，无益于国计民生，故而私自销毁郑和下西洋时积累的海图、天象、地理等全部资料，以阻止后人效仿。世人和明清史官们都盛赞刘大夏此举是忠君爱民，但当中国历史为此付出了惨痛代价时，已是追悔莫及。古代中国的航海壮举就如同昙花一现，徒有先进技术，却未曾将目光投射到海洋中，仅仅将海洋视如洪水猛兽。古人所谓的"天下"，乃是陆地；所谓"称霸天下"指的同样也是陆地。在当时中国人的观念中，海洋不属于"天下"范畴。他们的世界观中没有海洋的存在，亦无法深刻意识到海洋在这个世界的价值。因此，此书对于我们重新在观念上彻底认识海洋，避免在历史的重要关头再次失误，应该是极为重要的。我国既是陆地大国，也是海洋大国，拥有广泛的海洋战略利益。近代史上鸦片战争的耻辱、甲午海战的悲歌，深刻印证这样一个铁律：面向海洋则兴、放弃海洋则衰；国强则海权强、国弱则海权弱。坚决维护海洋权益和海洋安全，是建设海洋强国的题中应有之义。

2019年4月23日，习近平主席在青岛会见应邀出席中国人民解放军海军成立70周年多国海军活动的外方代表团团长。他提出集思广益、增进共识，努力为推动构建海洋命运共同体贡献智慧。海洋命运共同体重要理念，彰显了深邃的历史眼光、深刻的哲学思想、深广的天下情怀，为全球海洋治理指明了路径和方向，进一步丰富和发展了人类命运共同体理念，它是人类命运共同体理念在海洋领域的具体实践。海洋治理新秩序的核心是重建海洋的共有性，即共同生存、共同资源、共同责任。不谋全局者，不足谋一域；不谋万世者，不足谋一时。建设海洋强国是习近平总书记的信念，也是在磨难中不断成长奋起的中华民族的世代夙愿。而今，处在“两个一百年”奋斗目标历史交汇点的中国巨轮再次扬帆，向着深蓝色的海洋起航，也向着中华民族伟大复兴的中国梦进发。

“The Sea is History”，这是西方的近代理念，而英国人在此基础上，进一步提出“谁控制了海洋，谁就控制了世界”[1]。英国人用这样一句简短的概括表明了他们心中的海洋意识。站起来的中国人尽管不赞成西方这种霸权式的思维，但应该深入了解西方世界这样的意识——我们当然不会去控制别人，但也决不允许其他国家随意侵犯我们的海洋权益。我们需要用自己的力量，为构建一个相互平等合作交流的海洋世界而努力。在一个新的时代，也是中华民族逐步重新进入世界舞台中心位置的时代，我们的民族应该具有海洋的眼光——当然也是世界的眼光。希望这套丛书的出版，能够为实现这样的目标尽到一份绵薄之力。

陈晓律

2023年6月于古都金陵

---

1 [英] 布赖恩·莱弗里：《海洋帝国：英国海军如何改变现代世界》，施诚、张珉璐译，北京：中信出版社，2016年。

目　录

序言
海洋·岛屿·工业革命

1764年的一个晚上，一个名叫詹姆斯·哈格里夫斯的纺织工人赶回家中，或许是太过匆忙，或许是漫不经心，哈格里夫斯竟然一脚踢翻了妻子正在使用的纺纱机。当他弯腰把纺纱机扶正的时候，一个奇特的想法萌生了：如果把原先横着的纱锭改成直立，纺纱的效率岂不是可以提高数倍。折腾了一夜之后，后来以他女儿名字命名的珍妮纺纱机诞生了，这一偶然事件通常被认为是工业革命的开端。哈格里夫斯也不曾想到，这一小小的改动竟然掀起了一场彻底改变人类面貌的产业革命，其不经意间的一脚竟然改变了人类文明的进程。

工业革命为什么起源于英国，而不是有着几千年文明历史的东方古国，也不是最先开辟新航路的伊比利亚国家？这是一个令人痴迷，也令人疑惑的问题。如果单纯从经济技术的角度进行解释，显然难以得出令人信服的答案，“这个问题显然不仅与经济及技术的发展水平有关，它也是一个社会文化问题”[1]。

英国是一个岛国，海洋是英国无法回避的话题。尽管海洋不能直接导致工业革命，但海洋与工业革命的联系却是必然的。我们只有深入英国历史的深处，或许才能找到海洋与工业革命之间的某种联系。现在就让我们把目光投向蔚蓝色的大海，开始一场海洋的旅行吧！

1　钱乘旦、陈晓律：《在传统与变革之间：英国文化模式溯源》，南京：江苏人民出版社，2010年，第61页。

面朝大海

打开世界地图，我们把目光定格在东半球的左上角，首先映入眼帘的是一处状如青蛙的岛屿，这便是大西洋上最大的岛屿——大不列颠岛。大不列颠岛东面与欧洲大陆隔海相望，西面则与爱尔兰岛遥相呼应。大不列颠岛并不宽广，全岛面积约20.93万平方千米，仅相当于我国江苏和浙江两省面积的总和。在这两个岛的周围散布着星星点点的卫星岛屿：设得兰群岛、奥克尼群岛、赫布里底群岛、安格尔西岛、锡利群岛、怀特岛、马恩岛等，这些岛屿面积虽小，但在历史上并非默默无闻，它们与大不列颠岛、爱尔兰岛共同构成了英国历史的活动空间。自古以来，一幕幕历史大剧便在这并不广阔的空间里上演着。

英国是一个岛国，四面环海，其内陆离海洋最远之处也不过120千米，英国人自古就和海洋、港湾、河流、岛屿结下不解之缘。独特的海洋环境、鲜明的岛国特征使英国人对海洋有着一种天然的亲近感。“英吉利地形狭长而不规则，四围尽是曲折的海岸，大小港湾不计其数，而海员及渔夫亦多……所以像它这样一个国家，实不能不深受营商及航海势力及意见的影响”[1]，“英国被海洋包围着，所以英国的每个地方，不管它多么遥远荒僻，离海洋却十分接近，这一点对英国历史的发展有着永恒的意义……”[2]

大不列颠岛与欧洲大陆隔海相望，横亘其间的海峡是一处狭湾浅海。岛屿面向欧洲大陆的东南沿岸地势平坦、港湾众多，加上陆上河流与大海的自然相连，即使在古代也没有隔断大不列颠岛与欧洲大陆的联系。在大不列颠岛没有出现完善的国家组织前，大海并不是难以逾越的自然天堑，反而成为欧洲大陆异族武力垦殖的天然通途。成群结队的陆上移民、数以千计的商人借此通道乘船而来。至于有多少异族光顾过大不列颠岛，已不得而知。但是梳理历史，我们还是可以清晰地感受到大陆异族对大不列颠岛的有力冲击。伊比利亚人、凯尔特人、罗马人、盎格鲁–撒克逊人、维京

1 ［英］屈勒味林：《英国史》（上），钱端升译，北京：东方出版社，2012年，第377页。

2 ［英］阿萨·布里格斯：《英国社会史》，陈叔平等译，北京：商务印书馆，2015年，第8页。

人、诺曼人，一波波移民在此驻足停留，相互交融，共同塑造着不列颠的历史文化。诚如英国历史学家特里维廉（1876—1962，Trevelyan，旧译屈维廉或屈勒味林）所言，“它（不列颠）在古代则因海洋而为人所役；它的命运每系于逐波而来之异族”[1]。

在统一的国家出现前，大海是沟通两岸的坦途，但当统一的国家出现后，大海则成了难以逾越的天然屏障，诺曼征服后的英国再也没有被别国征服过。正因为如此，英国人为自己能够生活在这样一个岛国而感到无比自豪。透过莎士比亚的诗句，我们可以感受到这种难以掩饰的情愫：

> 这大自然为自己营造防止疾病传染和战争蹂躏的堡垒，这英雄豪杰的诞生之地，这小小的天地；这镶嵌在银灰色大海里的宝石，那大海就像一堵围墙，或是一道沿屋的壕沟。

拿破仑的大军席卷过整个欧洲，但面对天然的“围墙”“壕沟”，拿破仑也只能望洋兴叹；希特勒的铁蹄也曾蹂躏欧洲大陆，但对不列颠的侵略只得以折戟沉沙而告终。大海使英国自中世纪以来就免受他国侵扰，从而保持了国家的长期稳定，较早实现了政治统一。而孤悬海外的地理特征又促使不列颠民族在岛上安心发展、别无他顾，近代欧洲最早的民族国家之一就这样形成了。当历史步入近代，伴随着新航路的开辟，欧洲的商贸中心从地中海转向了大西洋沿岸，曾经处于文明边缘的英国一下子成了世界的中心。英国人凭借这一优势，积极进取，对外开拓，最终成为近代海上无可匹敌的霸主，英国得以“役使海洋”。

大海塑造了英国人的性格，同时也影响着英国的历史进程。“海的便利和海洋的屏障作用同在，21英里（34公里）宽的英吉利海峡把英国与大陆相隔，使英国既容易保持独立，又避开了岛国常出现的孤立、封闭和停滞。”[2]“在早时，不列颠和海的关系是被动的，吸受的；在近时，是主动

---

1 ［英］屈勒味林：《英国史》（上），钱端升译，北京：东方出版社，2012年，第3页。

2 钱乘旦、许洁明：《英国通史》，上海：上海社会科学院出版社，2012年，第3页。

的，进取的。早时也好，近时也好，海是不列颠历史的关钥。”[1]因此，海洋是认识英国的关键，脱离了海洋便无法真正理解英国的历史。

来自海洋的冲击

波涛汹涌的大海总是给人以敬畏之感，但一望无际的海洋又给人以无限遐想，居于海岸的人们总有向外探索的欲望。在古代，横亘于大陆与不列颠之间的狭湾浅海，为大陆民族提供了扬帆异域、纵横驰骋的广阔天地，不列颠岛不得不面对异族冲击，一波波移民在此登陆，在此沉淀。在与外民族的持续交流和不断交往中，一种开放的海洋心态、拼搏的进取精神逐渐形成。

早期民族的进入

尽管古代欧洲的地图绘制者一般都把不列颠岛置于地图的西北角；尽管希腊作家笔下的不列颠岛到处都是粗莽巨蛇，险象环生。[2]但居于文明中心的亚欧民族却没有把这个处于文明边缘的不列颠岛忘却，很早以前便有外族移民在此驻足停留、繁衍生息。

一般认为，最早进入不列颠岛的异族是英国诗人安诺德笔下的“深色伊比利亚人”，他们远道而来，行经的路线不是我们所熟知的英吉利海峡，而是经由比斯开湾这条漫长的海道。伊比利亚人不止一个种族，其名称源于他们的来源地——伊比利亚半岛。关于伊比利亚人，我们知之甚少，但他们留下来的遗物却异常壮观，那就是分布在英格兰索尔兹伯里平原上的巨石阵，许多历史学家和考古学家都认为它就是这些民族的杰作之一。依据这些庞然大物，我们大体能够猜测出他们是什么样的民族。遗物的巨大和壮丽说明他们人数众多，组织完善，劳动已出现某些分工。

---

1 ［英］屈勒味林：《英国史》（上），钱端升译，北京：东方出版社，2012年，第4页。

2 ［英］托马斯·麦考莱：《麦考莱英国史》（Ⅰ），刘仲敬译，长春：吉林出版集团有限责任公司，2014年，第4页。

伊比利亚人光顾的时代，文明的中心还处于地中海东部，此时的不列颠岛尚是一片野蛮未化之地。但伊比利亚时代的不列颠岛早已与地中海东部保持着贸易上的联系。西班牙出土的公元前2500年前英国所产的黑色玉石，英国出土的公元前1300年前的埃及细珠即是这种联系的明证。[1]据推测，承担这项贸易的民族就是驰骋于地中海各地的腓尼基人。他们划乘小船而来，用珠宝金玉交换岛上的金属矿藏。在不断的贸易交往中，岛上居民从腓尼基人那里学会了冶铜技术。不列颠得以告别石器时代，跨入青铜时代。

公元前7世纪，凯尔特人以部族的形式渡海峡而来，不列颠岛又遭受了一波外族入侵。希腊史学家波里比欧斯（Polybius）笔下的凯尔特人身材高大、嗜酒成性、勇武自信，“打仗时会像野兽一样狂暴地扑向敌人，完全没有理性”。凯尔特人虽属同一种族，但语言、风俗差异极大，即使同一部族内部也是各怀敌意，征战不已，温和的伊比利亚人在这样的敌人面前根本无力抵御，只得俯首纳贡、遁迹山林。凯尔特人每到一处便对当地居民进行残酷杀戮，血腥镇压，伊比利亚人便在这波外族入侵中逐渐消失在历史的长河之中。在入侵的部族中较为强大的一支被称为不列吞人（Britons），有人推测不列颠岛的名称就来源于此。入侵不列颠的凯尔特人处于原始氏族社会，仍以采集狩猎为生，但已采用铁器生产。铁器的使用推动着不列颠文明的进步。

凯尔特人之后，光顾不列颠的是罗马人。罗马人笔下的不列颠到处是黄金白银，珍珠遍布海滩，不列颠人对此则无动于衷。罗马人想象中的不列颠是一片富饶之地，是一个“值得征服的地方”。

公元前55年8月的一个夜晚，急于建功立业的恺撒率领两个军团1万余人，乘坐80条快船从高卢出发，一路向西，向神秘而又富饶的不列颠岛驶去。但由于后援船队遭遇大风暴雨以致无法抵达，而前方又有不列颠人的顽强抵抗，处于危险之中的罗马人只好带着不列颠人质匆忙回撤。从军事上看，这次渡海行动没有取得实际成效，可以说是无功而返。第二年夏

1 ［英］屈勒味林：《英国史》（上），钱端升译，北京：东方出版社，2012年，第9页。

天，恺撒的兵锋再指不列颠，罗马军团毫无困难地登上不列颠岛。不久，高卢发生起义，恺撒被迫再次返回高卢。恺撒的撤退使罗马对不列颠的征服迟滞了一个世纪。

对于罗马而言，征服不列颠仅仅是罗马一系列扩张事件中的一个插曲，但对于英国历史而言却非常重要——恺撒的征服给不列颠留下了最早的文字记载。恺撒虽未征服不列颠，但罗马与不列颠的交流却扩大了。许多罗马侨民、大陆商人沿着恺撒的足迹从高卢渡海而来，迁居于不列颠南部。莎士比亚笔下的戏剧《辛白林》，就是对这段历史的真实再现。

公元41年，克劳狄继位罗马皇帝，鉴于国内形势不稳，自身威望不足，登基不久的克劳狄急需通过军事胜利提高威望。公元43年，克劳狄遣军入侵不列颠。4万罗马大军渡海而来，不列颠人拼死抵抗，征服活动异常艰难。罗马最终用了18年时间完成了对不列颠的征服。罗马征服不列颠不仅仅是军事的胜利，更有文明的移植。“不论出于什么样的经济或政治动机，罗马人的使命很大程度上是‘教化’。”[1]被罗马征服后的不列颠开始了拉丁化进程：商业交流和信息传递通过“罗马大道”得以更加便捷；城镇生活与不列颠的田园气息形成鲜明对比；拉丁语言、罗马文化在不列颠上层逐渐占据主流。但因罗马人数过少，不列颠的拉丁化似乎要缓慢许多。伴随着罗马军团的撤退，不列颠的拉丁化就此停滞。正如历史学家麦考莱所言：“不列颠从南国主人吸收的文明不成气候、流于表面，在5世纪的浩劫中一扫而空。大陆各邦阑入分崩离析的罗马故土，从被征服者身上获益良多。”[2]停滞的拉丁化在当时而言或许是一种不幸，不列颠脱离了欧洲主流文化圈——拉丁文明，但从整个历史长河来看，这未尝又不是一种万幸，不列颠得以走上了一条迥异于欧洲大陆的发展轨道。

罗马的武力征服并没有使不列颠拉丁化，但罗马征服时代的两件事情却影响着英国后来的历史进程：一是基督教在不列颠的传播。据比德在《英吉

1 ［英］阿萨·布里格斯：《英国社会史》，陈叔平等译，北京：商务印书馆，2015年，第33页。

2 ［英］托马斯·麦考莱：《麦考莱英国史》（Ⅰ），刘仲敬译，长春：吉林出版集团有限责任公司，2014年，第3页。

利教会史》中的记载，罗马皇帝马尔库斯·奥列里乌斯统治时期，不列颠王卢修斯请求教皇使其成为基督教徒，教皇很快应允，基督教得以在不列颠传播，“不列颠人接受了基督教并在安宁中完整纯洁地把它保持下来”[1]。这样一来，不列颠虽没有拉丁化，但并未完全脱离欧洲文化。二是伦敦的崛起。伦敦本为凯尔特名，在凯尔特时代无足轻重，罗马征服后，伦敦开始崛起。

伦敦的崛起

“伦敦”一词来源于凯尔特语。在罗马人到来之前，泰晤士河上已架有木制的伦敦桥，但此时的伦敦，其重要性尚未凸显出来。罗马人侵入不列颠后，他们开始在这里修建军营，并筑造以伦敦为中心并可驶往岛屿各处的道路。

因伦敦地理位置优越，并兼具海港、河港的功能，这里的商贸活动非常活跃。罗马时代的伦敦逐渐成为不列颠岛的重要港口，成为欧洲大陆沟通岛屿的海运中心。大陆上的货物输往不列颠岛通常以伦敦为集散地，然后经由伦敦运往岛屿各地。不列颠岛出口的货物也以伦敦为集散地，然后跨越海峡，运往欧洲大陆。4世纪时，伦敦的人口大约为3万人，面积增长到330英亩（1英亩约为4046.86平方米），是罗马时期巴黎面积的两倍以上。[2]在长期的经济交往中，伦敦逐渐成为不列颠岛公认的地理、商贸、政治中心。

与欧洲其他国家相比，英国的地理中心出现较早，这在一定程度上维护了国家的统一。近代以后，伦敦又依靠其强大的经济实力成为推动工业革命的重要引擎。

---

1 ［英］比德：《英吉利教会史》，陈维振、周清民译，北京：商务印书馆，1996年，第30页。

2 ［英］阿萨·布里格斯：《英国社会史》，陈叔平等译，北京：商务印书馆，2015年，第43页。

在古代世界，早期移民像过客一般，来也匆匆，去也匆匆，他们给不列颠留下了文明的最初印记，但这样的印记终归不够鲜明，不够持久，所以也就无法影响历史的进程。后来的移民却像主人一般，长期驻留，移植文明，他们给不列颠带来了深刻持久的影响，主导着英国的历史进程。大体而言，这两个阶段以盎格鲁–撒克逊人的入侵为界，“在此之前历史只是片断，在此之后它连成了一条线”[1]。

盎格鲁–撒克逊入侵与习惯法的传统

公元407年，驻扎在不列颠的罗马军队为争夺帝位撤出不列颠，两年后所剩无几的罗马军人和官吏被不列颠人彻底赶出不列颠岛，罗马对不列颠的统治就此结束。伴随着罗马统治的结束，不列颠岛出现了权力真空，居于高地的西北蛮族乘机侵入，岛上秩序再度陷入混乱状态。岛上居民随即向大陆上的盎格鲁–撒克逊人求援，以求保家卫国，守卫疆土。

5世纪，盎格鲁–撒克逊人以雇佣兵的身份进入不列颠。当这些外来者到来之后，他们发现不列颠是一块丰腴之地，五谷丰登、牧草肥嫩，特别是岛上居民温和柔弱，不善征战。盎格鲁–撒克逊人便以主人翁的心态定居下来。随后，持续不断的盎格鲁–撒克逊人进入英国，开始了近两个世纪的征服活动。“可怜的不列颠人，面对这些自己天真地请来的客人，节节退守，一直退到威尔士和相邻的国家，退到德文郡，退到康沃尔郡，这部分英格兰土地长期未被征服。”[2]在持续的征服过程中，原住居民被赶到不列颠岛的西北高地，留下的原住民便成为盎格鲁–撒克逊人的奴隶。正因为如此，盎格鲁–撒克逊人的入侵时间虽然很长，但大规模的流血冲突并没有出现。

1 钱乘旦、许洁明：《英国通史》，上海：上海社会科学院出版社，2012年，第37页。

2 ［英］狄更斯：《写给孩子们看的英国史》，马凉译，北京：中国青年出版社，2007年，第10–11页。

盎格鲁–撒克逊人来自欧洲大陆，本属于日耳曼人的一个分支。关于盎格鲁–撒克逊人的资料非常有限，我们只得借助于罗马作家对日耳曼人的描述来加以推测。入侵之前，盎格鲁–撒克逊人尚处于军事民主制阶段，原始社会的民主遗风在社会生活的诸多方面被保留下来。“国王的权力并不是无限的，他不能一意孤行，将军们也不是以命令来驾驭士兵，而是以身作则地统率着士兵，他们借作战的勇敢和身先士卒的精神来博取战士们的拥戴”，“如死刑、囚禁、甚至鞭笞等种种事务都只有祭司们才能执掌，因为他们并不把这些视为刑罚或是将军的军令”。[1]部落首领的权力并非不受约束，其对部族成员的影响不是来自强迫，而是以身作则。部落重大事务的决策也不取决于首领个人，而是采取部落成员商议的形式，“如果人们不满意他的意见，就报之以啧啧的叹息声；如果大家很满意他的意见，就挥舞着他们的矛；这种用武器来表示同意的方式，乃是最尊敬的赞同方式”[2]。正如陈乐民先生所言：“不同于这些来自罗马帝国的传统，原始日耳曼人强调的是个人的权利和责任。”[3]

在日耳曼的日常生活中，维持社会秩序的是一些约定俗成的习惯，日耳曼人严格地遵守着这些习惯。“会议的日期是固定的，或在新月初上的时候，或在月盈的时候；因为他们相信在这个时候处理事务最吉利了；但若有紧急事务则不在此例。”[2]即使是日常赌博的结果也是严格遵守，“他们对输赢冒险极了，甚至当赌本输光了的时候，把自己的身体自由拿来作孤注之一掷。输家情愿去做奴隶；即使他比对方年轻力壮一些，也甘心被缚着去拍卖”[4]。

1 ［古罗马］塔西佗：《阿古利可拉传·日耳曼尼亚志》，马雍、傅正元译，北京：商务印书馆，1959年，第59页。

2 同1，第61页。

3 陈乐民、周弘：《欧洲文明的进程》，北京：生活·读书·新知三联书店，2014年，第46页。

4 同1，第67页。

▲ 日耳曼民族全民大会

伴随着日耳曼民族的大举迁徙，日耳曼社会的这种历史传统也被传入到日耳曼民族的统治区域。但是令人费解的是，日耳曼的这种历史传统并没有在欧洲大陆上很好地延续。伴随着大陆移民的渡海，日耳曼社会的原始习俗反而在英格兰生根发芽。

通过口耳相传、世代承袭，这些被社会普遍认可的原始习俗逐渐演变成英国早期的习惯法。“这种背景下产生的法律，决定了它具有自下而上的传统渊源。”[1]这与欧洲大陆的罗马法产生方式有着很大的差异，“罗马人视法律为统治者意志行为的结果，日耳曼人则视法律为民间不可改变的习俗”[2]。既然法律源于社会普遍认可的习俗，那么习惯法就天然地蕴含了所有的社会力量都应该承认法律权威的文化传统，就是王权也不例外，这从公元894年编纂的《阿尔弗雷德法典》的序言中可以看到，“我，阿尔弗雷德，现将我的祖先遵奉的法律集中在一起记述下来……我认为这些都是好的法律，那些我认为不好的法律没有记入……我未敢写入我自己制定的法律，因为我不知道哪些能获得人们的赞同”[3]。

1 陈晓律：《世界现代化历程》（西欧卷），南京：江苏人民出版社，2010年，第10页。
2 钱乘旦、许洁明:《英国通史》，上海：上海社会科学院出版社，2012年，第29页。
3 程汉大：《英国宪政传统的历史成因》，载《法制与社会发展》，2005年第1期。

日耳曼的原始习俗为什么在英格兰得以留存下来

缘何如此，我们可以从海峡两岸的民族构成和语言习惯来做简要分析。

就民族构成来看。在欧洲大陆（主要是高卢，现在的法国），“新来的（5—6世纪时期）法兰克人约有15万至20万人，占约有600万至700万人口的2%～3%”[1]。法兰克人深受罗马的影响，其也以罗马的继承者自居。法兰克人继承了罗马的政治传统，编著的《萨利克法典》就以罗马法的内容为基础，并以拉丁语写就。但在不列颠，罗马人的人数始终处于少数，并且罗马对不列颠的统治也仅限于少数交通要道、军事要塞、商业城镇。不列颠的罗马化程度非常有限。5世纪初，伴随着罗马人的撤退，盎格鲁–撒克逊人迅速填补了不列颠岛的权力真空。岛屿的英格兰部分成为盎格鲁–撒克逊人的天下。

就语言习惯而言。盎格鲁–撒克逊人的法律基本用本土语言写成，法兰克的法令则用拉丁语写成。久而久之，英格兰建立了本土的法律体系，能够有效抵制罗马法的传入，并使英格兰的法律体系自成一派。所以，对于不列颠而言，盎格鲁–撒克逊人的迁徙虽然持久，却在一定程度上保留了盎格鲁–撒克逊社会结构的完整性。欧洲西部的不列颠岛逐渐走出了一条与众不同的道路。

习惯法是大众约定俗成的产物，是社会公意的体现，而非统治者强权意志的产物。在英国人看来，习惯法先于国王而存在，法律具备与生俱来的崇高权威，一种法律至上的法治观念逐渐形成。“依靠公认的法规来处理各种民事事务的传统在民众中扎下了根，而其中隐含对民众权利的保护

1 ［英］科林·琼斯：《剑桥插图法国史》，杨保筠、刘雪红译，北京：世界知识出版社，2004年，第47页。

和对统治者权力制约的因素则为逐步形成法治传统提供了一种观念的基础。”[1]这种观念一方面孕育出了“王在法下”的历史传统，另一方面使民众从法律中找到了庇护的藏所。

历史经验告诉我们，如果单纯从技术和经济的角度出发是无法完整理解工业化发端的内在逻辑的。一个王权不受约束的社会，个体的人身自由和私有财产是无法保障的；缺少法治传统的国家也很难孕育现代社会所必需的工业精神。英国之所以能够成为人类历史上最早的工业化国家，就在于其很早就出现了有利于经济发展的社会结构。这种社会结构集中表现在悠久的法治传统及由法治传统演化出来的对最高统治权力——王权的制约。这种传统的历史源头与盎格鲁-撒克逊人的大举入侵息息相关。可以说，“盎格鲁-撒克逊人是英国政治法律文明的创始者”[2]。

盎格鲁-撒克逊人的入侵改变了不列颠的历史进程，罗马文明、拉丁文化、凯尔特语在异族持续的入侵中几乎烟消云散，但盎格鲁-撒克逊的入侵却给英国留下了永恒的记忆。真正意义上的英吉利民族历史实际是从盎格鲁-撒克逊人的入侵开始的。

维京人的入侵

就在盎格鲁-撒克逊人渐趋定居，开始过上恬静的农业生活时，来自朔方的冲击再次打破了不列颠的安宁。8世纪，居住于北欧的维京人大举南下，其中一支便在东盎格利亚登陆。每年春季，维京人乘小船顺风南下，然后沿内河深入陆地劫掠当地财富，事后再返回北欧。维京人有着天生的航海本领，“对于像维京人这样的水手来说，英吉利海峡是一条林荫大道，而决不是什么障碍。他们的抢劫团伙攻击不列颠和攻击欧洲大陆海岸线一样轻松”[3]。

---

1 陈晓律：《世界现代化历程》（西欧卷），南京：江苏人民出版社，2010年，第12页。

2 程汉大：《英国宪政传统的历史成因》，载《法制与社会发展》，2005年第1期。

3 ［美］朱迪斯·M. 本内特、C. 沃伦·霍利斯特：《欧洲中世纪史》，杨宁、李韵译，上海：上海社会科学院出版社，2007年，第135页。

维京人首次入侵不列颠

8世纪末的一天，威塞克斯的海岸突然出现了三只长船，船上载有数百人。威塞克斯的地方官前去查问，反而被残忍杀害。维京人随即开船离开，地方官竟然没有来得及召集群众前去抓捕他们，这就是史籍中所记载的维京人首次入侵西欧的情景。通过这则简单的史料，我们至少获得了两个信息：维京人极其残忍，维京人的航海技术非常先进。

当不列颠的财富被劫掠一空后，维京人又看上了不列颠丰腴的土地，原本为外族的维京人逐渐定居下来，这与当年的盎格鲁–撒克逊人并无二致。维京人嗜战成性，所到之处无不是文化毁灭、文明倒退。在当时看来，维京人的入侵对不列颠而言无疑是一场史无前例的灾难，但从后世来看，维京人的入侵却为不列颠注入了新的精神因子。许多史家都认为正是维京人的入侵让沉寂已久的城镇生活和航海习惯得以再次复苏。“如果历史上无第9世纪的大变而我国种族不能取到斯干条那维亚（今译斯堪的纳维亚）人新的血泽，不列颠的航业及商业殆永不会发达如今日的荣盛。”[1]

维京人的强力侵入使不列颠各王国倍感压力，北部不列颠沦为维京人的土地，时称“丹麦区”，但南部威塞克斯阿尔弗雷德大帝的崛起，却阻挠了维京人的南侵，避免了不列颠完全沦陷的厄运。维京人的强力冲击使不列颠萌生了建立统一国家的念头，而完成不列颠统一大业的竟是和维京人同属一个民族的法兰西诺曼底公爵。

诺曼入侵与“王在法下”历史传统的形成

诺曼底公国本为维京人入侵法国后受封于法王的封建领地，但王权式

1 ［英］屈勒味林：《英国史》（上），钱端升译，北京：东方出版社，2012年，第72页。

微的法王根本无法慑服强悍善战的诺曼人。故此，诺曼底公国仍旧保持着很大的独立性，类似一独立王国。诺曼底公国受法兰西影响，在其领地内推行严格的封建制度，但诺曼底公国的封建制度又有别于大陆的制度，是一套建立在君主制度下的封建制度。诺曼公爵的权力之大，使欧洲大陆的各个君主都难以望其项背。

1066年，诺曼底公爵威廉以继承英格兰王位为借口，率大军横渡英吉利海峡。登陆后，威廉与英王哈罗德交战于苏塞克斯临海的黑斯廷斯。英王依靠手执旧式长矛战斧的步兵迎战渡海而来的新式骑兵，哈罗德战败，威廉入主英格兰。威廉的胜利实际上是欧洲大陆先进的封建军事制度对落后的军事民主制的胜利。诺曼征服是英国历史的重要转折点，在征服者威廉的骑兵推进下，英格兰首次实现了统一，英国统一王朝的历史就此开端。诺曼征服不仅仅实现了英格兰的统一，更重要的是威廉对欧洲大陆君主制度和封建制度的移植，“但他们所移来的君主制度则是强有力的诺曼公之制度，而不是困居于巴黎，微弱不振的法兰西王之制度”[1]。中世纪的

▲ 诺曼底公爵征服英国时的黑斯廷斯战役

1 ［英］屈勒味林：《英国史》（上），钱端升译，北京：东方出版社，2012年，第108页。

英格兰遂成为王权最强大的一个王国，有别于中世纪早期法兰西王权的羸弱和德意志王国的分裂。

黑斯廷斯战役

1066年9月28日，来自法国的诺曼底公爵威廉在英格兰南部登陆，当时的英王哈罗德刚刚成功抵御过挪威人的入侵，军队正处于精疲力竭之中，尚不能马上迎战。但哈罗德却作出了错误的决定，马上迎敌，与诺曼底公爵的军队交战于黑斯廷斯山。当时的诺曼底公爵只有5000精兵，但都是装备精良的大陆骑兵。哈罗德虽有7000兵马，在人数上占优势，但大多是临时召集而来，是未经严格训练的传统步兵。哈罗德没有骑兵，其弓箭手和挥动石斧的士兵根本不敌诺曼底公爵骑兵的冲撞。最终，哈罗德及其亲卫兵全部战死在黑斯廷斯，诺曼底公爵威廉成为英格兰的新主人。

诺曼底公爵对英格兰的征服开启了诺曼王朝的统治。诺曼征服后，征服者威廉把欧洲大陆的封建制度移植到英国。但英国的封建制度和欧洲大陆的封建制度有着很大的差异：英国贵族的领地分散于英国的许多地区，任何一个大贵族都无法拥有一块广阔的领地。这样一来，任何单一英国贵族都不能和国王分庭抗礼，更不会出现和国王实力相当的割据势力。英国贵族只得联合起来，通过对过往传统的汲取及封建法律的理解寻找对抗王权的理由，盎格鲁-撒克逊时代的习惯法就提供了这样的合理依据。另外，英国是一个岛国，国王在和平时期不需要备有常备军，缺少了压制贵族的强制力量。这也为贵族联合对抗王权提供了一个有利的条件。“只有在英国，国王和贵族始终不分上下，谁也难以彻底制服对方，结果形成

长期的抗衡。”[1]在国王和贵族的长期对抗中，国王与贵族实现了妥协。“强大王权和贵族联盟便形成一种奇特的二元平衡结构。”[2]在这种力量对比条件下，国王不可能独断专行，而只能遵循法律习惯，盎格鲁-撒克逊的习惯法便被顽强地保留下来，以此作为对抗王权的依据。诺曼诸王也不得不承认既成的事实，以英国旧有的习惯法为基础创建了通行于全国的普通法。这种普通法虽是统治者个人意志的体现，但对旧有习惯法的继承又有效地保留了传统习俗中捍卫民众权利、限制国王权力的积极因素。

1215年，国王与贵族斗争的结果以法律文献的形式被确立下来，这就是《大宪章》。它第一次以法律的形式限制了国王的权利，这通常被认为是英国“自由”传统的源头。《大宪章》是英国宪政史上一个非常重要的文件。就内容而言，《大宪章》是一个“彻头彻尾的封建文件”，它规定了国王的权限和义务，承认了诸侯的权利。《大宪章》规定的内容很多，但最为精髓的却是两条：“王国内不可征收任何兵役免除税或捐助，除非得到本王国一致的同意”“若不经同等人的合法裁决和本国法律之审判，不得将任何自由人逮捕囚禁、不得剥夺其财产、不得宣布其不受法律保护、不得处死、不得施加任何折磨……”[3]这两条本是针对封建权利和义务而言的，但后人却对此进行了新的解释。前一条变为“不经过人民的同意不得征收一切税”，后一条则变为“不经法律审判不得加以处罚”。[4]

《大宪章》将国王置于法律之下，国王并非无所约束，当国王的行为违背封建权利和义务时，贵族就会以《大宪章》为依据反抗国王的暴行，争取“自由”。《大宪章》以文字条款的形式确立了英国历史上的“自

1 钱乘旦、陈晓律：《在传统与变革之间：英国文化模式溯源》，南京：江苏人民出版社，2010年，第29页。

2 程汉大：《英国宪政传统的历史成因》，载《法制与社会发展》，2005年第1期。

3 钱乘旦、许洁明：《英国通史》，上海：上海社会科学院出版社，2012年，第60、61页。

4 同1，第32页。

由”传统，奠定了英国的宪政基础。此后，《大宪章》又被多次确认，“13世纪至16世纪期间，共有三十多位国王这样做了。不仅重新肯定，而且为了维护和发展大宪章，还加进了新的条款。因此，可以说它的生命从未间断过”[1]。这样，英国“皇权，即使在其鼎盛时期，也从来不是权力的全部所在或不受阻扰的绝对权力”[2]。《大宪章》确立的“自由”传统在早期仅为少数贵族所享有，但《大宪章》所体现出的“自由”精神却被后人加以发挥，成为后人反抗暴政，争取“自由”的历史依据。

议会传统是中世纪英国政治的另一典型特征。13世纪，英国议会逐渐形成，“作为各种社会力量的代表的议会和王权的互动，形成英国政治史的一个重要方面”[3]。议会集中了各方力量的代表，为提高行政效率，国王的决策往往依赖于议会，逐渐形成了“王在议会”的传统。王权受议会制约，议会逐渐成为英国人维护“自由”传统的机构。

“工业革命的必要前提之一就是，这个国家的社会、政治结构具备以下条件：它既不压制人们的追求，又能把这种追求引导到目标合理的渠道中去。”[4]英国这种“自由”的传统在中世纪便已逐步形成。

古代不列颠文明是外来民族不断交融的结果，无数民族在此驻足停留、繁衍生息，而伴随着移民渡海而来的还有物质文明、精神文明和制度文明的移入，各种文明在此缓慢积淀，塑造着英国的历史。但受制于英国独特的地理环境和一系列偶然的历史事件，不列颠走出了一条与欧洲大陆迥异的道路。这种独特性的影响还未完全显现，但在向近代的转变过程中却发挥着重要的作用。

1 ［法］基佐：《欧洲文明史》，程洪逵、沅芷译，北京：商务印书馆，2005年，第232页。

2 ［法］基佐：《1640年英国革命史》，伍光建译，北京：商务印书馆，1985年，第8页。

3 应克复、金太军、胡传胜：《西方民主史》，北京：中国社会科学出版社，2012年，第194页。

4 钱乘旦、陈晓律：《在传统与变革之间：英国文化模式溯源》，南京：江苏人民出版社，2010年，第64页。

迈向大洋深处

新航路开辟后，欧洲文明的天平终于向大西洋沿岸倾斜。在海洋浪潮的冲击下，得地理优势的英国迈出了大举进军海洋的步伐。在进军海洋的背景下，一个海洋性的世界帝国形成了。

都铎王朝与海洋强国的崛起

1485年都铎王朝（1485—1603年）的建立是英国历史上的一件大事。在都铎时期，英国人始终在追赶着时代的潮流，他们发展商业、开拓海洋、改革宗教、解放思想，英国的近代历史就在这样的背景下缓缓地拉开了大幕。

都铎时期的典型特征当为宗教改革，宗教因素始终贯穿其间。1527年，亨利八世以一场戏剧性的“离婚案”拉开了英国宗教改革的大幕。1534年，在国王的授意下，英国议会通过了“至尊法案”，明确宣布国王及其继承者为英国教会在尘世的最高领袖，教皇被称为“罗马主教”。英国教会与罗马教廷之间的上下级从属关系就此切断，英国教会走上了“民族教会”的发展道路，英国国教逐渐形成。虽然此后的英国教会与罗马教廷之间的关系仍是若即若离，藕断丝连，但到了伊丽莎白时期（1558—1603年），这种关系还是被彻底切断了。女王再次宣布，英王是英国教会在尘世间的最高领导人，《圣经》权威至高无上，《三十九条信纲》是教徒信仰的基本准则。

宗教改革的影响不仅局限在精神领域，还为英国的海外开拓创造了有利条件。宗教改革后的英国再也不需要把大量的人力、物力、财力耗费在大陆上的宗教纷争之中，得地理优势的英国终于可以在岛国安心发展了。宗教改革后的英国逐渐从大陆上的羁绊中解放出来，英国人积蓄了千年之久的海洋意识终于有了用武之地。16世纪中后期，当法国等大陆国家还陷在持续不断的宗教战争中不能自拔时，英国的船只已经在遥远的大洋中驰骋了。

都铎时代的英国海军

都铎时期是英国开拓海洋的时代，但开拓海洋必须要有一支强大的海军，没有海军的支持自然也不会有海洋深处的探险。亨利八世（1509—1547年在位）时期，一支由国王控制的海军开始建立起来。这支海军有着很强的军事性，船只的设计也以作战为目的。英国的船只是一种帆船，这比地中海各国的"桨行扁船"更为敏捷，也比西班牙人横渡大西洋的"圆船"更为便利。新式的英国战船长是宽的三倍多，而通常的"圆船"长不及宽的两倍。"亨利八世的战舰上皆装大炮，炮眼则一一凸出于船身的两旁，命令一发，则同列的大炮便一起开火，其势猛不可当。"[1]此后的历史逐渐证明，一支强大的海军是英国称雄海洋的关键所在。海军的强大使英吉利海峡变得更加难以逾越，英国得以免受大陆国家的武力侵扰；海军的强大还使英国商人的远洋开拓具备了强有力的武力支持，英国商人得以在大洋上纵横驰骋。

都铎时期还是重商主义大行其道的时代，贸易活跃、商业繁荣。在伊丽莎白统治时期，一些大规模的垄断性贸易公司开始建立起来。1579年，英国商人成立"东方公司"，由其负责北海和波罗的海流域的纺织品贸易和木材贸易；1581年，伦敦商人成立了利凡特公司，主要经营地中海区域的贸易；1600年，伦敦商人成立了东印度公司，由其垄断好望角以东的贸易。这些公司通过发行股票把全民的贸易热情调动起来，从而使发展海外贸易成为全体国民的共识，在商业贸易的支撑下，英国逐渐强大起来。这

1 ［英］屈勒味林：《英国史》（上），钱端升译，北京：东方出版社，2012年，第324-325页。

正如伏尔泰所描述的那样："英格兰人之所以强大，是因为自从伊丽莎白时代以来，所有的党派一致赞成重商的必要性。同一个议会一边斩国王之首，一边若无其事地忙于海外商栈的业务。"[1]

在巨大利润的刺激下，在军事力量的支撑下，英国开始了向海洋的大举进军，而这一时期恰是伊比利亚国家称雄海洋的时代。作为大西洋时代的"后起之秀"，此时的英国还不足以与伊比利亚国家直接抗衡。精明的英国人只得采取一些权宜之计，分得其中的一杯羹。在航路的选择上，英国选择了伊比利亚国家未曾涉足的西北、东北方向，从而避免了与其正面冲突，但这样的探索还是以失败而告终；在对抗的方式上，英国凭借海盗式的劫掠方式多次偷袭西班牙运输金银的船只，从而获得巨额收益。

英国的海上劫掠行为引起了西班牙的强烈不满。1588年，西班牙远征英国。英西海战是大西洋时代的一场重要战役，虽然从人数上来看，西班牙占据着明显的优势，但英国人灵活机动的战术还是让西班牙惨败而归，战争最终以英国的胜利而告终。实际上，英国在海战中的胜利并不是历史的偶然，而是英国长期奉行重商主义的结果。英国历史学家特里维廉曾对此有过精辟的论述：

> 依利萨伯（今译伊丽莎白）朝海战及斯图亚特时殖民的成功，俱有赖于国内商业的发达。腓力（西班牙国王菲利普二世，1556—1598年在位）的政治及军事势力不可谓不盛。他的帝国不可谓不大，人口不可谓不多，然而卒因本国的商业不盛，不足为海外事业的基础之故，西班牙的海权竟不能敌一小小岛国，也不能当荷兰沙丘泥堆中的几个谋叛城市。西班牙人因不知如何和新发现的地方贸易而败，英人荷人则因知如何互市而胜。[2]

1 ［英］艾伦·麦克法兰：《现代世界的诞生》，管可秾译，上海：上海人民出版社，2013年，第26页。

2 ［英］屈勒味林：《英国史》（上），钱端升译，北京：东方出版社，2012年，第381页。

英西大海战

1588年春，西班牙无敌舰队起航，其目的是控制英吉利海峡，并与西班牙驻尼德兰总督会合一起入侵英格兰。西班牙战舰在数量上明显超过英国，有130艘船、19 000名士兵、8000名水手、2000名奴隶，以及2000～3000门大炮。西班牙的船只高大笨拙，用缆绳联成横队缓慢前行。西班牙舰队的作战方式是利用巨大的船体冲撞对方，待靠近对方后，派步兵登上敌舰。这是一种传统的海战方式。

准备迎击无敌舰队的英国舰队是皇家海军与武装商船的混合舰队，共有大小舰艇140艘，9000名作战人员，但全部是水手。从人数上来看，英军的数量尚不及西班牙人数的三分之一。英国战舰的船体较小、活动灵活，舰队的作战方式是充分利用火炮优势及战舰的灵活性痛击对方。

起初，英国的战舰尾随无敌舰队之后，随时准备进攻。7月27日，无敌舰队到达加来附近的海面，西班牙驻尼德兰总督未能及时接应。而此时的英国派出6艘火攻船，未能靠岸的西班牙船只看到火攻便乱作一团，慌忙砍断缆绳乘机逃脱。这时英军利用远程火炮猛烈轰击西班牙舰队，无敌舰队损失惨重，慌忙逃遁，英军穷追不舍。此后，大西洋的飓风又给逃散的西班牙舰队以重创。1588年的英西大海战最终以英国的胜利而告终。

英西大海战意味着西班牙控制海洋能力的下降，英国迅速从漂浮于北海之中的小国崛起为欧洲西北端的强国，一个新兴的海洋强国就此出现。“历推铎尔（今译都铎）的数朝，岛民日渐发现不列颠的地位已由极端的西北，进居于海洋的腹地，它且握有近代航线，贸易线及殖民线的中心，而十分辽远的大洋彼岸，则有惊人的财货玉帛，以及其他一切的物华天宝

▲ 伊丽莎白派遣海军元帅德雷克前往加的斯港[1]

1 ［英］狄更斯：《写给孩子们看的英国史》，马凉译，北京：中国青年出版社，2007年，第273页。

等着英吉利人来开采，来利用。”[1]

英国革命

技术革新、工业革命还依赖于一个自由宽松的社会环境。16世纪的宗教改革使人们在精神领域中获得自由，随之而来的则是世俗领域中“自由”诉求的日渐高涨，“差不多同时，世俗社会中也出现了一种自由运动，一种对政治自由的需要，这种需要是前所未有的”[2]。17世纪的英国就是在追求这种“自由”中度过的，其主要表现便是专制王权的消失。

1603年，苏格兰的詹姆士一世（1603—1625年在位）入主英格兰，斯图亚特王朝（1603—1714年）的统治就此开启。詹姆士一世在苏格兰长大，其对英格兰的历史传统和议会制度缺乏深刻了解。詹姆士一世入主英格兰不久便大肆宣扬“君权神授”，强调君主的权力来自上帝，并且还把国王权力与上帝直接等同起来，以此凸显国王权力的至高无上。“当詹姆士一世宣称，国王们可以被尊称为神时，应该视为是统治者率先破坏了原有的游戏规则。”[3]英国混合政体中的权力制衡关系被打破，英国历史上形成的“自由”传统受到王权的压制。

查理一世（1625—1649年在位）继位后进一步强化“君权神授”，国王与议会的矛盾更加尖锐。查理一世企图跳过议会强行征税，不经司法程序随意捕人。国王的做法违背了《大宪章》确立的“自由”传统。1640年，忍无可忍的议会对国王的行为进行责难，国王与议会的矛盾无法调和，最终只能诉诸武力，于是革命爆发。英国革命是议会与国王长期争斗的产物。内战最终以议会的胜利而结束，在革命浪潮的推动下，查理一世于1649年被送上断头台，英国废除了君主制。

1 ［英］屈勒味林：《英国史》（上），钱端升译，北京：东方出版社，2012年，第375–376页。

2 ［法］基佐：《欧洲文明史》，程洪逵、沅芷译，北京：商务印书馆，2005年，第231页。

3 陈晓律、于文杰、陈日华：《英国发展的历史轨迹》，南京：南京大学出版社，2009年，第3页。

君主制废除后，英国确立了共和政体。“君权神授”结束，代之而起的是“议会主权”，共和国建立，“自由”传统在英国得以恢复。但现实又使革命形势急转直下。1653年，克伦威尔解散议会，开始了个人的军事独裁。这样，“自由”再一次被压制，只不过换了一种形式。克伦威尔的军事独裁，再一次背离了英国的“自由”传统。

1660年，斯图亚特王朝复辟，革命仿佛又回到了最初的原点。复辟初期，国王与议会在权力上暂时处于平衡状态，但是谁是最高主权并没有明确规定，这种权力之争迟早会出现。查理二世（1650—1685年在位）、詹姆士二世（1685—1688年在位）想竭力恢复不受约束的专制权力，试图越过议会进行统治，国王与议会的矛盾再次尖锐。1688年，议会向詹姆士二世的女婿荷兰执政威廉发出邀请，请他到英国继承王位。威廉（1689—1702年为英国国王，称威廉三世）欣然同意，詹姆士二世则悄然逃遁。国王与议会的冲突以和平的方式得以化解，这就是英国后世史家津津乐道的“光荣革命”。

英国革命的成果以《权利法案》的形式确立下来。议会逐渐成为国家的权力中心，历史上的“自由”传统被再次重申。虽然从表面上看，国王依然存在，但王权再也不能为所欲为。一种宽松的社会环境逐渐出现。正如钱乘旦所言：光荣革命以后，英国形成一种宽松的社会和政治环境，这是工业革命在英国得以发生的最基本的保障。没有这个宽松的环境，工业革命不会出现……工业革命是人的创造力的焕发，如果社会是压制性的、控制性的，那么任何创造都会被扼杀在萌芽阶段。[1]

17世纪的英国在当时的欧洲无疑是一个特例，当大陆上的国家把君主专制推向顶峰时，英国却在一场并不激烈的革命中最先把专制王权铲除。英国能够成功和英国独特的岛国特征有很大的关联。英国是一个岛国，海洋的天然屏障使英国不需要维持一支常备军队，而常备军队的缺失也意味着国王强制力量的缺失，民主政体容易在这样的背景下诞生，并且，独特

---

1 钱乘旦：《西方那一块土》，北京：北京大学出版社，2015年，第252页。

的岛国环境还在一定程度上保卫着英国的安全。当英国的革命猛烈冲击着专制王权时，欧洲大陆的专制王权势力却因海峡阻碍及海军的不足未能干预其中，“英人藉了海军的遮隔，可丝毫没有被侵或被邻国干涉之虞，因得一心一意的解决本身的许多问题”[1]。

“光荣革命”后英国贵族成为国家的主人，但英国贵族不同于大陆上的贵族，是一种资产阶级化了的贵族。这些贵族凭借政治上取得的优势开始积极向外开拓，从而还造就了一种积极开拓的民族精神。“它不特使人民获得比前更要宽大的新自由，而且也使全帝国的国家及政府得到视前益觉振作的新精力及新效率。”[2]

争霸海洋与“日不落帝国”的建立

1688年，英国以“光荣革命”的形式终结了近半个世纪的英国革命，长期的战乱动荡、宗教纷争就此结束，商人及新贵族开始在国家中发挥着日益重要的作用，原本就活跃的商业资本更趋活跃。革命之后的英国积极向海洋开拓。这样一来，英国与旧有海洋强国的冲突便不可避免。所以，英国在18世纪的海外扩张不可避免地卷入到欧洲大陆上的一系列争霸战争中。

1700年，西班牙国王卡洛斯二世（1665—1700年在位）死后无嗣，法国的波旁王朝和奥地利的哈布斯堡王朝都拥有王位的继承权。法国的路易十四（1643—1715年在位）希望借此实现法国和西班牙的合并，从而实现称霸欧洲大陆的目的，作为欧洲均势维持者的英国则不希望出现法国独霸欧洲的局面。1701年，英国联合荷兰、奥地利以及德意志的各邦国组成了“反法同盟”。战争从1702年开始一直延续到1713年，长达11年。从表面看，这是一场因王位继承问题引发的战争，但掺杂了更多的殖民争夺色

1 ［英］屈勒味林：《英国史》（下），钱端升译，北京：东方出版社，2012年，第419页。

2 ［英］同1，第533页。

彩。“西班牙王位继承战争是第一场很少带有宗教色彩的战争，是第一次商业和海上权力唱主角的战争。”[1]

1713年和1714年，《乌得勒支和约》和《拉什塔特和约》分别缔结，西班牙王位继承战争结束。法国独霸欧洲大陆的梦想破裂，荷兰让出欧洲强国的位置，西班牙的欧洲属地被瓜分殆尽，英国一举成为欧洲强国，成了战争的最大赢家。战争期间，英格兰和苏格兰实现了合并，联合王国建立起来；英国在直布罗陀海峡和梅诺卡岛获得立足之地，英国成为影响地中海地区的一个强国；英国从法国手中夺取了美洲属地纽芬兰和新斯科舍半岛，与法国存有争议的哈德逊湾也得到法国的承认；更为重要的是，英国从西班牙攫取了向西属美洲贩卖非洲黑奴的特许权，垄断时间为30年，英国的布里斯托和利物浦借由奴隶贸易迅速繁荣起来，因贸易而积累的财富迅速增加。西班牙王位继承战争是欧洲近代史上重要的战争，它影响了欧洲后来的历史走向，传统意义上的欧洲强国衰落了。英国和法国成为欧洲最具生气和活力的两个国家，18世纪之后的海外霸权争夺就在英、法两个国家之间展开。

西班牙王位继承战争后，德意志邦国的普鲁士悄然崛起。1740年，腓特烈二世（1740—1786年在位）成为普鲁士国王。同年，奥地利哈布斯堡王朝的卡尔三世（1711—1740年在位）去世，王位由其独生女玛丽·特蕾西亚（1740—1780年在位）继承，随后腓特烈入侵西里西亚，奥地利王位继承战争爆发。在战争中，法国、西班牙站在普鲁士一边，英国、荷兰则支持奥地利。1748年战争结束，战争的结果是普鲁士吞并西里西亚的事实被确认，普鲁士崛起为欧洲中部的大国，奥地利的哈布斯堡王朝依然完整，但民族成分日益复杂，战争后的欧洲版图和海外殖民地版图并没有太大调整。但这场战争充分显示了英、法两国的战略侧重点，法国的战略重点在欧洲，其更关心欧洲大陆的霸权，为了保持其霸权地位，法国不得不保有一支强大的陆军；英国则依靠欧洲各国形成的均势，得以从大陆脱

1 ［美］R. R. 帕尔默：《现代世界史》（上），孙福生等译，北京：世界图书出版公司，2009年，第154页。

身，从而把其战略重点放置于海洋之上。

奥地利王位继承战争之后，欧洲各国展开了一系列外交活动，大国之间的关系实现了戏剧性的反转。结果是，英国支持普鲁士，法国则与奥地利结盟。1756年，战火又起，战争在大陆和海洋上同时进行。在大陆上是普鲁士与奥地利争夺中欧的霸权，在海洋上则是英国和法国争夺对海外殖民地的控制权。英国与法国的争夺主要集中在北美大陆和印度次大陆。在北美殖民地，英国移民的数量远远超过法国，英国的海军实力也在法国之上，加上英国国内坚实的工业基础，战争的天平从一开始便向英国人倾斜。英法之间的战争从1756年开始一直延续到1763年，前后持续时间达7年之久，称为“七年战争”。“七年战争是英国走出欧洲、与法国争夺世界霸权的一场决定性战争。”[1]

英法之间的战争最终以签署《巴黎条约》的形式宣告结束。根据条约，英国取得加拿大及密西西比河以东地区，用哈瓦那交换了佛罗里达，西班牙则从法国那里得到路易斯安那作为补偿。至此，法国在北美的势力几乎完全被清除，英国在北美的殖民帝国基本定型。通过战争，英国人把法国人的军事势力赶出印度，法国人仅在本地治里等据点保留了商业设施。英国与印度的关系日益密切，逐渐走上了侵占印度领土的道路。与此同时，英国人还在非洲抢夺了一些殖民地。这样一来，一个世界范围的英帝国已初步形成，这个帝国被称为英国的“第一帝国”，也被称为“日不落帝国”。在英国人抢占的殖民地中，印度的地位尤为突出。这块人口稠密、幅员辽阔的次大陆在日后成为英国向亚洲扩张的基地，同时也成为英国通向现代世界的一个跳板。

“七年战争”一结束，英国继续以重商主义的做法压榨北美殖民地。英国封锁法属西印度群岛，不准北美殖民地与其贸易；殖民地人民被禁止向阿巴拉契亚山脉以西移民；为增加税收，英国又相继开增粮税、蜜糖

1　刘成、刘金源、吴庆宏：《英国：从称霸世界到回归欧洲》，西安：三秦出版社，2005年，第90页。

税、印花税。英国的做法导致殖民地人民的极大不满，于是战争爆发，这就是北美独立战争。战争的结果是大西洋沿岸的英属北美殖民地获得独立，英国的“第一帝国”土崩瓦解。虽然英国的殖民地事业遭受严重挫折，但是北美的独立并没有损害英国人的商业利益，英国放弃了军事胜利，但保全和扩大了它的市场优势。北美独立后，大批欧洲移民翻越阿巴拉契亚山脉，一个全新的市场向英国人打开了。

美国独立后，英国在北美的殖民地便剩下了加拿大。加拿大原是法国的殖民地，“七年战争”中被英国占领。为避免重蹈美国独立的覆辙，英国议会于1774年颁布《魁北克法》，该法案允许当地的法国移民保留天主教信仰，并继续实行法国法律。这一措施是为了保证法国移民在美国革命时仍旧对英国表示忠诚。结果在美国革命后，加拿大并没有发生分离运动。相反，大批在美国革命中站在英国一边的原殖民地人逃亡加拿大，在加拿大出现了一批英裔移民，人数相当多。1791年，英国又颁布了《加拿大法》，将该地分割成两个省，西边的叫上加拿大（即安大略省），由英国人居住，实行英国法律；东边叫下加拿大（即魁北克省），由法国人居住，实行法国法律。加拿大就这样被保留在英帝国内，但此时的加拿大地广人稀，气候寒冷，不适于居住，英国虽然占有这样一片广阔的土地，但其重要性在当时并没有显现出来。

18世纪中期，英国人展开了对南太平洋地区的探索。1770年，英国航海家库克船长发现澳大利亚东海岸，将其命名为“新南威尔士”，并宣布这片土地属于英国。南太平洋上的澳大利亚及新西兰也成为英帝国的重要组成部分。

18世纪后期，英国的殖民地已经遍布世界各地，已是当之无愧的世界帝国。又一个“日不落帝国”出现在地球之上。

贸易的增长与财富的积累

英国人建立起来的“第一帝国”是一个典型的商业帝国，1700—1780年，英国外贸增长了将近一倍，而大多已实行联营的海运业也随之翻了一番。[1]在不断地殖民扩张中，英国人把他们的商业触角延伸到了世界五大洲。在这个帝国中，英国是当之无愧的中心，负责生产；各殖民地则处于边缘地带，并为英国这个生产中心提供原料。在18世纪，英国对这个商业帝国的依赖性越来越强。据相关数据显示，英国为国内市场生产的工业产量从基数100增为150，而为出口生产的工业产量从基数100增为550。[2]所以，海外贸易对于英国而言，不仅仅是财富的积累，还意味着工业的进步。因此在对外政策中，英国政府总是顾及商人的需求。用亚当·斯密的话说，英国成了一个“其政府深受店主影响的国家”[3]。

18世纪的英国人越来越相信商业和贸易是一个国家的根基所在，他们也充分地意识到：国家应将其财富主要建立在贸易基础上，而非军事掠夺基础上。[4]在这样的背景下，英国人自中世纪就形成的“合理求富”的观念被强化了。

当国内的工业生产已经无法满足日益扩大的贸易需求时，一场技术上的变革就成为必然的历史趋势。“企业家对于通过技术改革获得利润可能的敏感性在十八世纪和十九世纪初期的英国达到高峰。而英国向发明者提供了比以往任何时候或任何国家更加光明的前景。”[5]在这样的背景下，孕育了数个世纪之久的技术累积终于演变成了一场工业革命。

众所周知，工业革命诞生于大西洋上的岛国英国，但工业革命并不仅仅是一种特有的英国现象，还是一种欧洲现象。缘何长期处于落后状态的

---

1 ［英］阿萨·布里格斯：《英国社会史》，陈叔平等译，北京：商务印书馆，2015年，第208页。

2 ［法］费尔南·布罗代尔：《十五至十八世纪的物质文明、经济和资本主义》（第三卷），顾良、施康强译，北京：商务印书馆，2017年，第727页。

3 ［英］艾伦·麦克法兰：《现代世界的诞生》，管可秾译，上海：上海人民出版社，2013年，第26页。

4 同2，第26页。

5 ［意］卡洛·M. 奇波拉：《欧洲经济史》（第三卷），吴良健等译，北京：商务印书馆，1989年，第180页。

欧洲能够引领时代潮流，缘何长期处于领先的东方大国在近代之后反而落伍了。在此，我们试图在海洋的背景下重新看待工业革命的发生和发展。

实际上，历史上的许多民族都曾涉足海洋，深入大洋。但为什么只有欧洲人的航海活动最终导致了工业革命，而其他曾经涉足海洋的民族却只能被动接受？在开拓海洋的过程中，欧洲又有着怎样的独特之处？这其间又有着怎样的不解之谜？就让我们从历史出发，重新探索海洋背后的历史意义吧！

第一章
面向海洋：找寻工业化的精神动力

众所周知，最先步入工业社会的是西方国家，而非有着悠久历史的东方古国。自近代以来，在工业化浪潮的推动下，西方便走上了一条与众不同的发展道路，从而使东西方之间的差异日益明显。事实上，西方发展道路的独特性在其文明初期便已凸显出来，只不过当时的社会条件尚未具备，还不足以推动社会转型。但西方发展道路的独特性却留下了一份丰厚的遗产。在步入近代后，这份独特的遗产重新复活，从而为欧洲的工业起飞注入了合理因素。

早期的西方文明围绕地中海展开，是一种典型的被海洋浸润的文明形态。因此，对西方文明特质的理解及其与其他文明的比较理应置于大海的背景之下。

地中海：文明的摇篮

地中海是一个几乎封闭的地理单元，周围被亚洲、欧洲和非洲三块大陆包裹着，西部与大西洋相沟通，横亘在其间的是一湾浅浅的海峡——直布罗陀海峡，其最短距离仅仅14千米。地中海的东部也是一处狭窄的海道，通过达达尼尔海峡和博斯普鲁斯海峡与黑海相通。借由这一狭窄的通道，地中海民族很早便与黑海民族有了交往。地中海东南部还有一处狭窄的地峡，跨过地峡便是欧洲人一直向往的印度洋。

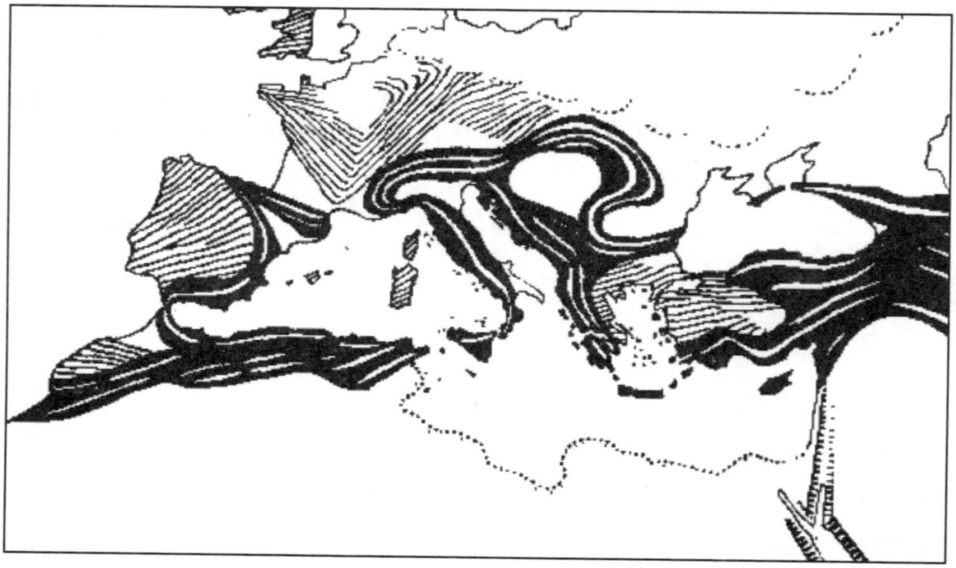

▲ 地中海周边的褶皱山系

地中海缘何成为古代世界的航海摇篮

地中海周边的大部分海岸被大山包围。阿尔卑斯山脉、比利牛斯山脉、亚平宁山脉、高加索山脉、安纳托利亚高原山脉、黎巴嫩山脉把这片水域包裹着，地中海位于其间。这些大山重峦叠嶂、地势险峻，一直延伸到紧靠大海的岸边。在古代世界，地中海周边的居民主要生活在靠近沿海的狭小平原地带。在背靠大山、面向海洋的地理环境中，生活在这里的居民很早便以大海为生。大山的存在使地中海周边的陆上交通异常艰难。在生产力不发达的古代，大山成为人们难以逾越的天堑。水路自然成为人们有效沟通的唯一途径。

地中海独特的海域环境也非常便于海上航行。地中海是“海洋的集合体”，海域中分布着许多小的海域：爱琴海、亚得里亚海、第勒尼安海。这些海域的天然疆界就是地中海中众多的岛屿，知名者如克里特岛、马耳他岛、塞浦路斯岛、科西嘉岛、撒丁岛、西西里岛，当然还包括无数名不见经传的小岛。但这些岛屿分布并不均衡。在东地中海，大部分海域的各个港口间航行始终能够看到陆地，这使得东地中海的海上航行非常便捷；而在岛屿较少的地中海西部海域，只要保持航线的平直，海上航行也并无多大风险。

这些岛屿的存在使本来就不宽阔的地中海变得更为“狭窄”。借助于这些岛屿，早期人类的交往就变得更加便利。人们甚至可以在一直看到陆地的情况下航行。独特的地理环境使地中海成为远古时代人类航海的摇篮。

地中海的魅力不仅仅在于其特殊的海陆环境，还在于它是人类文明的摇篮。它不仅孕育了三大灿烂的古代文明，还见证了三种伟大宗教（犹太教、基督教、伊斯兰教）的诞生和传播。环顾全球，怕也是仅有的一片海域了。

公元前7000 年到公元前6000 年，克里特岛和塞浦路斯岛已经有人定居。这些居民身处茫茫大海之中，四周都是海水，唯一的交流工具便是船只，原始的小舟和木筏早已出现。在文明出现之前，船只就是传播文化的主要工具。在古代世界，海洋对人类而言既是难以逾越的畏途，又是人类通向未来家园的天然通途。居住在大海之边的民族总会受到海潮的影响，但受制于陆地环境的差异，这种影响却是千差万别。

埃及人虽然临近地中海，但温和的尼罗河却让埃及人选择了陆地，在海洋经济与农业经济之间，他们认为农业经济更为重要；腓尼基人曾是一个善于航海的民族，但过分的逐利本性反而使其堕落为金钱的奴仆，文化建设、政权建设同时缺乏。当罗马大举入侵时，腓尼基人根本无力抵御，最终只得国破家亡；希腊人的祖先从亚欧大草原游牧而来，但优越的海洋环境却使他们选择了大海，最终成为优秀的海洋民族，并留下了一份丰厚的遗产。

在海洋大潮的冲击下，每一种文明都有着自己的选择。对于不同文明的道路选择，我们很难判别出哪种文明更为优越、哪种文明相对不足。但是随着历史的推移、时间的流逝，不同文明的道路选择留下了不同的遗产，而每一种遗产却决定着此后不同的历史轨迹。

“陆地”或是“海洋”：早期文明的环境选择

文明受制于环境，历史依托于地理。历史文化与地理环境的关系一直是众多学者探讨的问题。古希腊历史学家希罗多德认为，所有历史都必须用地理观点来研究，地理提供了历史和文化的自然背景和舞台剧场；近代法国启蒙学者爱尔维修则强调环境对人的制约，进而提出“人是环境的产物”的著名论断；法国年鉴学派大师费尔南·布罗代尔则在长时段的背景下理解历史的进程。“地理创造历史”的格言固然夸大了地理环境对历史的作用，但地理环境对历史的影响却是不争的事实，“地理诚为历史之所由成，尤其在人类未能驾驭造物以前，在最初移民之时，历史可说完全由地势所定”[1]，在生产力低下的情况下，地理对历史的制约作用就显得尤为重要。

走向专制王权的古埃及文明

地中海世界的文明从地中海东南部的埃及开始。埃及地处亚洲、非洲两大洲的交汇之处，尼罗河自南向北贯穿其间。在进入埃及后，尼罗河变得平缓起来。河水的冲刷使埃及南部形成了一个平底河谷，在注入地中海前，尼罗河又呈扇形展开，形成三角洲，但三角洲海岸却是一片没有港湾的海岸。尼罗河把埃及分为上、下两部分。上埃及河谷长约750千米，宽度为15 ~ 25

1 ［英］屈勒味林：《英国史》（上），钱端升译，北京：东方出版社，2012年，第8页。

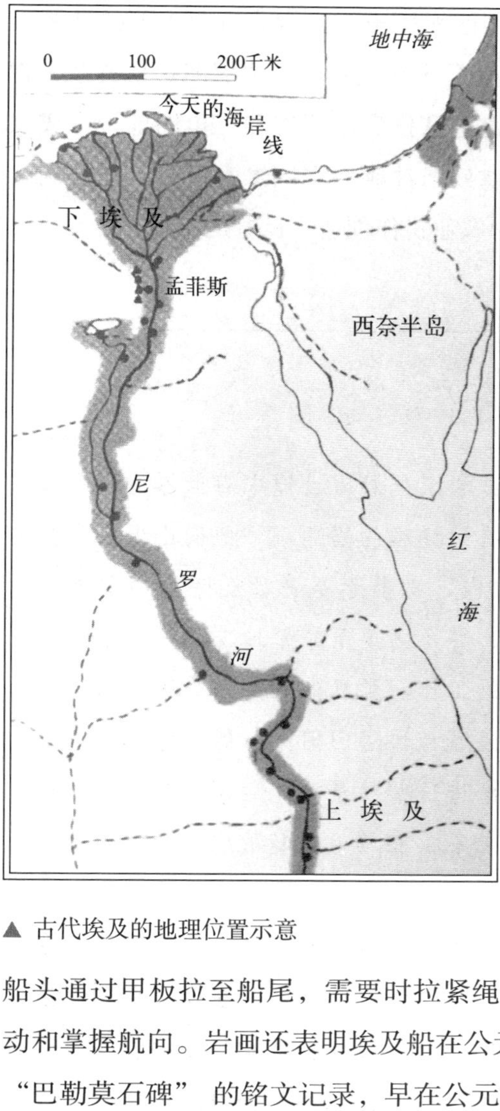

▲ 古代埃及的地理位置示意

千米，河谷两侧矗立着石灰岩和花岗岩的峡壁，在峡壁之外是浩瀚无垠的大沙漠，南部则为原始森林。北部三角洲为沼泽地带，土壤肥沃，适宜耕种。就地理位置而言，埃及是一块封闭的地理单元，兼具大河与大海的特征。

尼罗河平缓温和，使得从南向北的航行非常便捷，而盛行的西风、西北风又使返航毫不费力。在很早以前，埃及人便泛舟于尼罗河之上，并通过尼罗河走向大海。从岩画可知，早在公元前6000年左右，埃及就出现了船只。这种船只用芦苇扎成，顶端绑在一起，向上弯曲构成船头和船尾。芦苇船没有龙骨，用一根长绳从船头通过甲板拉至船尾，需要时拉紧绳子以固定船体。船尾设长桨用来推动和掌握航向。岩画还表明埃及船在公元前3300年左右就开始用帆。[1] 另据“巴勒莫石碑”的铭文记录，早在公元前2500年前，埃及人就派出40 多艘货船，沿地中海东岸航行，到达西奈半岛、黎巴嫩、叙利亚等地，运回砂岩、铜矿石、橄榄油和雪松。[2]

1　刘景华：《中古阿拉伯人造船与航海技术的考察》，载《湖南师范大学社会科学学报》，1997年第3期。

2　阎万钧：《地中海——古代航海的摇篮》，载《中国远洋航务公告》，2002年第8期。

因为靠近大海，埃及有着悠久的航海历史，又因为有着大河的灌溉，埃及的农业生产条件异常优越。每年6月中旬至10月，尼罗河定期泛滥，弥补了沙漠气候雨水不足的缺点。河水上涨使沿岸河谷和三角洲地带变成水乡泽国，同时也把上游的泥土和植物残骸冲刷而下。洪水退后，河谷两岸便沉淀下了一层肥沃的黑土，从而为农业耕作创造了良好的条件。

希罗多德笔下古埃及的农业生产

希罗多德是古希腊著名的历史学家，游历过地中海世界的许多地方，他曾对埃及的农业生产情况有过详尽的描述。“他们比世界上其他任何民族，包括其他埃及人在内，都易于不费什么劳力而取得大地的果实，因为他们要取得收获，并不需要用犁犁地，不需要用锄掘地，也不需要做其他人所必需做的工作。那里的农夫只需等河水自行氾滥出来，流到田地上去灌溉，灌溉后再退回河床，然后每个人把种子撒在自己的土地上，叫猪上去踏进这些种子，此后便只是等待收获了。”[1]希罗多德的描写或许有点夸张，但埃及优越的农业生产条件却是毋庸置疑的。

“埃及是尼罗河的赠礼”，得天独厚的地理条件使埃及的农业在公元前6000—前5000年前就很发达，这使得埃及文明在诞生之初便沾染上了浓厚的农业色彩。发达的农业为埃及人提供着稳定的收入，而波涛汹涌的大海总有着众多的不确定性。在海洋与陆地的选择上，古代埃及人更倾向于陆地。

---

1 ［古希腊］希罗多德：《历史》（第二卷），王以铸译，北京：商务印书馆，1997年，第14节。

▲ 逆流而上的埃及商船。图片为埃及贵族的墓葬画，这幅绘画作品显示了埃及人在尼罗河上奋力划桨的情景

“人类历史其实是一部关于某个饥饿的生物四处寻找食物的记录。”[1] 当其他区域的人们还在为生存而奔波时，古埃及的一些人却因为尼罗河的“天然赠礼”拥有了一定的闲暇时间。他们思考过去，遥想未来，并对一些神奇的自然现象作出所谓的“合理解释”，早期的祭司阶层就在这样的背景下诞生了。祭司阶层在古埃及文明中占有重要的地位，他们掌握知识的话语权，拥有政治的主导权。在祭司阶层的影响下，古埃及人的宗教情结尤为浓厚。他们认为人生仅仅是来世的准备阶段，人生的最大理想便是在死后进入奥西里斯[2] 的王国。“重视死亡，为各人——尤其是国王——的来世做好物质方面的准备，是埃及宗教信仰的一个主要特征。”[3] 浓厚的宗教情结使古埃及文明多了几分保守性，少了几分世俗性。埃及人的技术创新也围绕着宗教展开，他们把大量的精力投入到金字塔及大型陵墓的建设

1 ［美］房龙：《人类的故事》，徐明皓译，北京：中国妇女出版社，2015年，第12页。

2 古埃及主神之一，也是公认的葡萄树和葡萄酒之神。据传，他统治已故之人，并使万物自阴间复生，如使植物萌芽、使尼罗河泛滥等。对奥西里斯的崇拜遍及埃及，而且往往与各地对丰产神和阴间诸神的崇拜相结合。

3 ［美］斯塔夫里阿诺斯：《全球通史》（上），董书慧等译，北京：北京大学出版社，2005年，第65页。

之中，其规模之宏伟、技术之精湛堪称人类工程史上的伟大奇迹。在公元前100年至公元前50年间，在埃及的亚历山大，一位名叫希罗的“工程师”已发明出一种蒸汽动力装置，但这种装置不是用于生产，而是用来从远处打开或关上神庙笨重的大门。[1]

◀ 乘舟猎鸟图

尼罗河水定期泛滥，而如何处理泛滥的积水，进行有组织的灌溉耕作便成了急需解决的问题。灌溉排水是一项复杂的工程，需要建立一个全国性的中心组织进行组织调控，而掌握这一组织的个人就演变成了后世的专制君主，这就是魏特夫在《东方专制主义》一书中所要表达的观点。布罗代尔也表达过类似的观点，“文明诞生于河流沿岸：必须征服河流，才能固定河泥，并辅以人工灌溉，因为河泥种植方便，肥力会自动恢复。功夫不负有心人，结果是：空前的综合实力和个体的约束制度同时产生”[2]。排

1 ［法］费尔南·布罗代尔：《十五至十八世纪的物质文明、经济和资本主义》（第三卷），顾良、施康强译，北京：商务印书馆，2017年，第686页。

2 ［法］费尔南·布罗代尔：《地中海考古：史前史和古代史》，蒋明炜等译，北京：社会科学文献出版社，2005年，第42页。

水灌溉与专制君主是否存在必然联系，这仍需讨论。但在古代社会，农业文明容易产生专制政体却是一个不争的事实。

古代埃及的自然条件相对优越，但地理环境也相对封闭。这样的自然条件极易形成统一的国家，但也为专制王权的形成创造了条件。在政治上，法老的权力至高无上，他可以役使臣民做任何事情（比如耗费人力修建规模巨大的金字塔和神庙）而毫无顾忌；在军事上，法老垄断着武器的使用权力，一般民众只得小心翼翼，唯命是从；在经济上，法老控制着全国的土地，臣民的土地有随时被侵占的危险。“我们认识到，这种所有权的安排窒息了进取心，阻碍了发展。”[1]

技术的革新乃至于产业革命的发生往往是多种因素促成的结果，它不光需要像技术之类的硬性条件，还需要特定的社会氛围。虽然古埃及文明可以延续数千年之久，但因其文明的专制特征、宗教色彩，这种延续反而成了一种停滞。实际上，在人类历史上，这种专制帝国曾普遍存在。在这样的国家中，个人投入大量劳动力和资金反而得不到应有的财富回报，政府可以肆意压榨、随意剥夺。在这样的社会环境中，人的创造性始终处于压制状态。这样的国度无法孕育出产业革命的土壤。所以说，在一个专制主义国度里，政府的高压态势始终是人们追求财富的重要障碍，也是技术革新的重要阻力。

腓尼基：一个纯粹的“商业帝国”

在古代地中海世界，腓尼基人是真正意义上的航海民族。腓尼基人来自何方，我们知之甚少。但在公元前2000年前，他们便定居在地中海东岸的黎巴嫩地区。这里西临地中海，东倚黎巴嫩山，北连小亚细亚，南邻巴勒斯坦。其境内多山地，因盛产各种珍贵木材而闻名；沿海平原土质肥沃，极易农耕，但面积狭小；坡地则利于经济作物的种植，橄榄、葡萄和

1 ［美］戴维·S. 兰德斯：《国富国穷》，门洪华等译，北京：新华出版社，2010年，第33页。

椰枣是其典型作物。总之，这里濒海靠山，既没有广阔的平原，也没有流淌的大河，农业生产条件并不优越，但邻近海洋、连接小亚细亚和埃及的地理优势却使这里成为著名的商贸中心，西顿、推罗、比布罗斯就是因此而兴起的商业城市。在海水的浸润下，腓尼基人在很早的时候便成了勇敢的水手和精明的商人。

▲ 腓尼基城邦推罗景色

腓尼基人的船只呈平底状，船头雕刻着一个高高昂起的鸟头，船尾竖着一条栩栩如生的鱼尾，这种船只非常便于运输货物。早在公元前2500年前，他们就能利用太阳和北极星辨别方向；公元前2000年左右，腓尼基人已在埃及、克里特岛等地进行贸易；公元前12世纪，腓尼基人在地中海建立了商业霸权，其身影遍及地中海的各个角落，西西里岛、撒丁岛、巴利阿里群岛、西班牙、法国南部、非洲海岸都留下了他们的航海足迹。为了保证港口的安全，腓尼基人还沿非洲北海岸建立起一系列商业殖民地，大约每30英里（1英里约为1.6千米）就有一个。这些殖民地中最重要的一个便是迦太基。

◀ 腓尼基人的硬币。图中的硬币大约出现于公元前340年，硬币中的图案为长条船，船艏带冲角。现藏于贝鲁特国家博物馆

腓尼基人甚至还驾驶着他们的船只穿越直布罗陀海峡，到达了今天法国的大西洋海岸及大不列颠岛。公元前6世纪初，腓尼基人还受法老委托环绕非洲。他们从埃及的红海港口出发，一路南下沿非洲海岸航行，在绕过好望角后又回到了埃及，从而完成了人类历史上首次环绕非洲大陆的航行。在航行期间，他们经常同非洲的黑人进行贸易。希罗多德在他的著作中对此有着详细的记载：

> 腓尼基人在海滩上卸下货物后，返回船上，升起一缕黑烟作信号，黑人看到后，来到海滩上，在货物旁放上一些金子，然后躲进树林。腓尼基人上岸，见金子数量满意，就收起金子离开，不满意就回船上等，直到黑人增加的金子使他们满意为止。

公元前4世纪，腓尼基人的商业中心迁至非洲北岸的迦太基。“在那个时期，迦太基帝国包括了巴利阿里群岛、马耳他、科西嘉岛和大部分西西里岛及撒丁岛，还有利比亚、半个摩洛哥和半个西班牙，所有这些地方都流行布匿语，这是迦太基的官方语言。”[1]整个西地中海地区，犹如迦太基

1 ［德］埃米尔·路德维希：《地中海历史》，刘毅译，北京：人民日报出版社，2015年，第69页。

控制下的一个“内湖”。迦太基海员无不傲慢地说：“如果不得到我们的允许，罗马人想要在大海里洗洗手都是不可能的。”[1]迦太基以商业立国，海外贸易十分活跃。地中海沿岸各国的各种产品在此交汇流通，西班牙的铜和银、不列颠岛的锡和铅、南部非洲的象牙、埃及和希腊的奢侈品大多以迦太基为商品集散地，迦太基的货币也通行于地中海西部，一个庞大的商业帝国建立起来。

腓尼基人建立起一个庞大的商业帝国，但政治、文化建设却极度缺乏。政治建设的缺失使腓尼基人始终没有建立起一个统一的国家，他们最终败于政治统一、军事强大的罗马。文化追求的缺失则使腓尼基人的精神追求非常乏味，他们驰骋海洋2000年竟没有留下过多的精神财富，这与古希腊形成了鲜明的对比。

▲ 腓尼基人的双排桨战船。图片所示为刻在尼尼微浮雕上的作品，描绘的是公元前8世纪推罗和西顿国王卢利在亚述辛那赫里布的军队前溃逃的情景。现藏于伦敦大英博物馆

1 郭圣铭：《世界文明史纲要》（古代部分），上海：上海社会科学院出版社，2013年，第212页。

腓尼基人是勇敢的水手，也是精明的商人，长期经商和海外贸易使其积累了巨额财富。对于腓尼基人而言，财富即是目的，赚钱即是生活。为了获取财富，他们可以不择手段，其商业活动始终充满血腥、暴力和贪婪。希腊历史学家波利比乌斯曾说："在迦太基，凡是不能获利的事，都被认为是可耻的。"

腓尼基人获取钱财的手段

历史记载，腓尼基人对待与其贸易的民族极其苛刻和残忍。他们用一艘船的油从西班牙人手中换取了不计其数的白银，船上的白银太多以致差点压沉了他们的船只。他们对居住在非洲内陆的黑人强征暴敛，征收钱财时毫无恻隐之心。他们还极力推崇那些最能榨取民脂民膏、待民如虎的人为总督；他们不齿于做强盗，公开拦截在大海上航行的船只，抢劫船上的财物，搞得人心惶惶。他们还公开贩卖奴隶，甚至要诡计诱骗自由人为奴隶，比如将靠岸者的船只推入茫茫大海中，使靠岸的人失去交通工具而被迫为奴。

腓尼基人的行为可谓劣迹斑斑，他们依靠卑劣的手段积累着财富。

历史的经验已经告诉我们，对财富的追求往往是技术革新的动力，但对财富的追求并不一定导致技术革新。如果这种追求财富的方式始终充满着暴力掠夺、血腥侵占，人类的贪欲往往很难转化为技术革新的动力，腓尼基人就是这样的典型代表。实际上，在人类历史上，这种纯粹以财富为目的的商业帝国始终存在，它们渴望财富，但又不择手段。"不择手段地牟取暴利并不能积极有效地推动生产的发展。只有人的谋利动机转化为目标合理的社会行动，才可能产生工业革命的动力。"[1]

1　钱乘旦、陈晓律：《在传统与变革之间：英国文化模式溯源》，南京：江苏人民出版社，2010年，第64页。

依海洋而生的希腊文明

当尼罗河畔与两河流域的文明早已熠熠生辉、光彩夺目时，地中海东部的希腊地区才初露文明的曙光，但这相对晚到的希腊文明却呈现出了别样的色彩。“希腊自有人类社会以来，称得上是一个‘奇迹’，她的地理条件也有助于她成为一个开放的、富有开阔想象的地方。”[1]

古希腊文明的发源地是希腊半岛及爱琴海中的克里特岛。希腊半岛多山地，山脉呈西北—东南走向，贯穿半岛，半岛北部是一系列崎岖的山地，从而将南部的希腊与北部的马其顿分割开来。尽管半岛上的山脉并不高耸，但由于山势陡峭，翻越起来并不轻松。因此，在山谷地带便形成了许多相互隔绝的地形单元，从而为日后城邦政治格局的形成奠定了基础。

▲ 米诺斯文化时期的船舶。该壁画发现于锡拉（桑托林），是大约公元前1500年的作品。壁画描绘了爱琴海上的船队到港和离港的情景。现藏于雅典国家考古博物馆

希腊半岛没有广阔的平原地带，山地面积占到80%，可耕种面积极其有限，再加上用以农业灌溉的河流缺乏，希腊的农业生产条件并不

1 陈乐民、周弘：《欧洲文明的进程》，北京：生活·读书·新知三联书店，2014年，第22页。

优越，粮食自给率长期维持在一个很低的水平。但独特的山地环境却为经济作物的种植提供了便利的条件，葡萄和橄榄是希腊半岛常见的农作物，希腊人把其加工为葡萄酒、橄榄油。在内部经济的压力下，希腊人不得不远离家乡、开拓海外，而希腊独特的海洋地理环境又使这种开拓成为可能。

希腊文明依托于爱琴海，这片独特的海域位于地中海东部，四周被希腊半岛和小亚细亚半岛以及横卧于其间的克里特岛所包裹。爱琴海犹如地中海中的一个内海，480多个大小不等的岛屿散布期间。它们一字排开，形成了天然的岛屿桥梁，非常便于舟楫往来。在狭窄的海域范围内，希腊人掌握了最早的航海技术。

希腊半岛的海岸线“支离破碎”、良港众多，几乎所有城邦距离海洋的距离都不超过40千米，再加上爱琴海中便利的航行条件，适宜的气候环境，生活在其间的民族很早便乘浮于海，逐利于大海之间。

公元前8世纪的诗人赫西俄德说，商人们要靠航海来谋生，因为收入对贫穷的濒死者意味着生命。[1]在生存压力的背景下，古希腊人成为地中海世界的海洋民族。他们外出贸易，移民海外，在海水的浸润下，希腊人逐渐形成了一种开放、包容的心态，从而造就了一种独特的文明形态。

文明的选择依托于地理，“在地理环境所施加的种种限制之下，在先民生产力比较落后的情况下，能选择什么样的环境来发展自身，既是一种人类主动的选择，同时也是一种大自然所强加给他们的规定”[2]。古埃及因其得天独厚的农业生产条件，陆地成为其文明的重要依托，而古希腊则因为农业生产条件的不足，从而选择了海洋。在日后的发展历程中，每一种文明都曾创造过自己的辉煌。但在古代世界，因海洋而兴起的希腊文明则显得有点“特立独行”。

1　马克垚：《世界文明史》（上），北京：北京大学出版社，2004年，第211页。

2　李友东：《先秦中国和古代希腊文明起源的地理环境之比较》，载《史学月刊》，2007年第5期。

为什么罗马的兴起要晚于希腊

如果说雅典依托于希腊半岛，那么罗马便兴起于意大利半岛。意大利与希腊相距不远，两者同为半岛，自然环境、气候条件还有着诸多相似之处。但在文明的早期，两者与海洋的关系则是大相径庭。

从地图上看，意大利半岛呈皮靴状，半岛东岸多为悬崖峭壁，极不适于舟楫停泊、人员往来。正因为如此，意大利的东部海岸虽在地理上接近希腊文明，但其受希腊文明的影响却非常有限；半岛西岸虽分布着优良的港湾，但西岸所面向的区域却是文明尚未完全开化的西地中海世界，对外贸易并不发达。半岛内部有亚平宁山脉贯穿南北，冲积平原、山区丘陵散落其间，这种地理环境非常适宜农业生产、畜牧放养。所以，罗马在地理上虽然接近海洋，但在罗马早期历史上，海洋对罗马文明的影响并不深刻，罗马文明有着较为浓厚的大陆农业色彩。这或许能够解释，为什么大约同时（公元前2000年左右）进入希腊和意大利世界的印欧语系诸部，其文明轨迹差异会如此之大（定居于希腊半岛的印欧民族摒弃其游牧特性，开始涉足海洋，从事贸易，进而争夺商业霸权，而定居在意大利半岛的印欧民族则依然过着农耕和畜牧生活）。“因此雅典能在百年之内迅速崛起，罗马却要花费500年的时间才能走向辉煌。”[1]

虽然在文明早期，罗马默默无闻，但罗马的地理位置却很独特。它恰位于台伯河上方便架桥的地势最低处和小船能够到达的地势最高处。濒河（台伯河）联海的优越地理位置注定会使罗马崛起为地中海世界的佼佼者。

1 ［德］埃米尔·路德维希：《地中海历史》，刘毅译，北京：人民日报出版社，2015年，第28页。

希腊文明的遗产

依托大海而生的民族

希腊文明从爱琴海中的克里特岛发端。在古代，克里特岛林木资源极为丰富，从而使船只的建造非常容易。岛上的居民很早便依靠其简陋的船只在全然未知的大海上航行。

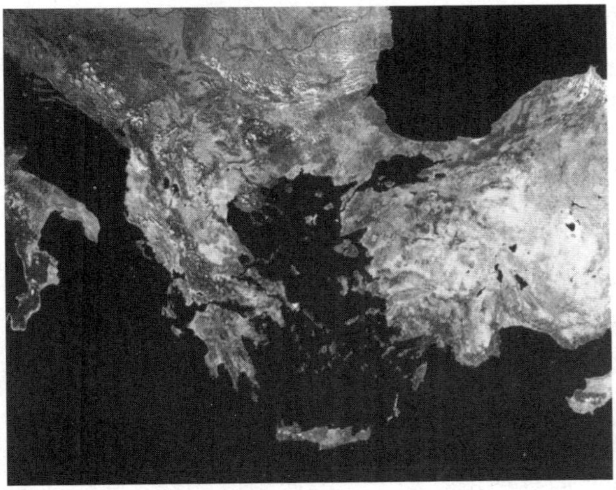

◀ 卫星图片中的爱琴海世界。图片充分显示了爱琴海世界的地理特征，这里山地起伏，海岸曲折，有着众多的港口。爱琴海南部的最大岛屿便是希腊文明的发源地克里特岛

克里特文明还以手工业著称，其陶器制造精美绝伦、金银制品巧夺天工、纺织产品风靡一时，这些手工业产品被地中海民族争相竞购。正因为此，克里特岛的海外贸易在公元前2000年前就很发达，在其鼎盛时期甚至还垄断着地中海东部的贸易。来自海洋的财富汇聚于此，从而支撑起了克诺索斯宫殿的辉煌和奴隶主贵族的奢侈豪华。海外贸易带来了源源不断的财富，同时也推动着岛内手工业的进步，“古尔尼亚这样的纺织城应运而生……克里特甚至还向埃及，或许还有迈锡尼出口了一批技术劳动力”[1]。

公元前17世纪，希腊文明开启了迈锡尼时代。迈锡尼文明的创立者为

1 ［法］费尔南·布罗代尔：《地中海考古：史前史和古代史》，蒋明炜等译，北京：社会科学文献出版社，2005年，第102页。

操印欧语的游牧民族——亚该亚人，他们自北方而来，逐渐定居于希腊半岛，最终建立起强大的军事王国。希腊便利的航海条件竟使亚该亚人弃草原游牧而从事海外贸易，埃及、叙利亚、腓尼基、塞浦路斯以及意大利南部出土的迈锡尼时代的陶器即是明证。

迈锡尼的商业扩张与扼达达尼尔海峡的商业名城特洛伊产生冲突。希腊城邦组成联军，渡海远征，这就是历史上有名的特洛伊战争。据传这场战争因美女海伦而起，但战争背后的逐利性质却无法掩饰，这从《伊利亚特》中，一位士兵对阿伽门农的批评便可看出，“你是不是想要更多的黄金，希望某个驯马的特洛伊人会把黄金从伊利蒂翁带给你，以赎回被我或其他阿卡亚人抓获的儿子？你是不是还想要个少女，好和她同居，将她完全占为己有”？希腊联军大肆劫掠财富后，特洛伊城从此销声匿迹。

特洛伊战争后，伴随着多利安人的入侵，迈锡尼文明陷入衰落，希腊进入了一段“黑暗时期”。希腊与东方各国的贸易戛然而止，随之而来的则是商业的衰落，城市的消亡，希腊重新回到一种单纯的农业经济中。大海不再是财富聚集的源泉，反而成为商品交换的障碍。

公元前8世纪，伴随着文明的再次复苏，希腊人又一次把目光投向大海。城邦居民开始远涉重洋，向外殖民。向东，希腊殖民者在小亚细亚西部海岸建立殖民城邦，米利都是其典型代表，希腊哲学的米利都学派就诞生于此；向南，希腊人在埃及、突尼斯等地建立商业据点；向西，希腊殖民者移民于意大利半岛南部，先后建立塔兰托等诸多城邦，以致后来的罗马称其为“大希腊”。希腊人还在西西里岛建立了墨西拿、叙拉古等城邦，在法国南部建立了要塞——马赛利亚，在西班牙东部建立了萨贡托。向北，希腊人则穿过达达尼尔海峡，定居于黑海沿岸，克里米亚半岛南端的克森尼索和小亚细亚北面的锡诺普是其重要代表。在博斯普鲁斯海峡通往黑海的海角上则建有拜占庭，后来成为拜占庭帝国的首都。用希腊人的话说，这些城邦犹如雨后池塘周围此呼彼应的青蛙一样，扩大了希腊人的活动空间。对于殖民扩张的动机，历来多有争论，但对财富的追求却是不争的事实，“也许土地私有制的确立以及随之而来的对私有财富无节制的

◀ 货物装船（约公元前560年，巴黎国家图书馆）。图片所示，货物都悬在网袋里，肯定来自凯里尼亚的非洲殖民地。国王坐在帐篷下面监督装船，图中人物都标有姓名，用古希腊字母书写，属于科林斯字母

追求和社会矛盾激化才是推动希腊人扩张海外的根本性原因”[1]。

海外殖民极大地拓宽了希腊人的贸易空间，一个东至小亚细亚，南通非洲，西及欧陆，北出黑海的地中海贸易圈建立起来，其贸易规模远超爱琴海区域，甚至有学者认为此时的地中海俨然成为一个庞大的共同市场。[2]“到了公元前7世纪末，希腊各城邦的经济几乎完全变成了外向型，其中最显著的标志是海上贸易成为经济主导。”[3]海外贸易使粮食、铜、铁、锡等原料汇集于希腊各城邦，希腊各城邦的手工业产品则销往各殖民地。希腊的工商业空前繁荣，改变着希腊的经济结构，“扩张的结果使商业和手工业从农业中彻底分离出来，并成为主导性行业”[4]。

古希腊哲学家柏拉图说过：“我们环绕着大海而居，如同青蛙环绕着水塘。”这是两千多年前希腊哲人对自身文明特质的深刻认知。希腊文明依托于海洋，海洋是希腊文明兴衰的关键所在。一部希腊文明史实则是一部希腊人与大海的关系史，文明兴衰系于海洋。

---

1 黄洋、赵立行、金寿福：《世界古代中世纪史》，上海：复旦大学出版社，2005年，第133–134页。

2 ［法］J. 阿尔德伯特等：《欧洲史》，蔡鸿滨等译，海口：海南出版社，2000年，第62页。

3 徐新：《西方文化史》，北京：北京大学出版社，2002年，第64页。

4 同3，第65页。

希腊民主：海洋文明的副产品

在古代地中海世界，希腊文明犹如一个“例外”，当其他文明逐步演化出专制王权时，希腊人却采用民主政体，伯利克里在阵亡将士的演说中就表达了这样的自豪之情，“我们的政治制度不是从我们邻人的制度中模仿得来的。我们的制度是别人的模范，而不是我们模仿任何其他的人的。我们的制度之所以被称为民主政治，因为政权在全体公民手中，而不是在少数人手中”[1]。如果说希腊文明是地中海的产物，那么民主政治便是海洋文明的副产品。

希腊有着优越的航海条件，海外贸易在其经济生活中占据着重要的位置。海外贸易的发达导致了商品经济的活跃。商品经济属于横向经济，它要求买卖双方人格平等、公平竞争、自由交换。这样一来，经济活动中的自由平等观念自然而然地渗透到了希腊人的政治生活中，这种观念正是希腊民主政治建立和发展的一个思想前提。另外，商品经济的活跃也使希腊人产生了这样一种观念：既然人们可以选择物美价廉的商品，那么是否也可以选择自己心仪的领导人呢?

希腊民主政治的产生还与频繁的海外殖民有着紧密的联系。在海外殖民的过程中，贵族和平民同处一室，共同面临大海的汹涌波涛，共同经历凶险的长途旅行。旧有的血缘关系、传统的等级观念便在海外殖民的过程中逐步瓦解，这必然要求建立一种全新的社会制度。所以有学者认为，希腊民主政治有可能形成于殖民城邦，而后反馈到希腊本土母邦。

海外贸易的发达、商品经济的活跃动摇了城邦旧有的经济状况，货币资本变得比土地资本更为重要。经济上的变化促使城邦的政治中心由土地贵族向货币贵族转移。在这样的背景下，一个强有力的工商业阶级迅速崛起。他们的财富在不断增加，力量在不断强大，但在政治上却处于无权地位。工商业阶级要求分享贵族的权力，提高自己的地位，也需要通过制度

1 ［古希腊］修昔底德：《伯罗奔尼撒战争史》（上），谢德风译，北京：商务印书馆，1985年，第130页。

变革来保护私有财产。在与贵族的斗争中，工商业者与平民联合起来，共同反对旧式血缘贵族的统治。

公元前6世纪初，在工商业贵族梭伦的主持下，雅典开始了一场政治变革。这场改革把原始社会遗留下来的民主以法律的形式再次确定下来。梭伦按财产划分社会等级，从而使工商业者跻身社会上层，改变了以往按照血缘出身决定身份等级的制度；公民大会被确立为城邦的最高权力机构，第一次准许没有财产的公民参加；四百人议事会和公民陪审法庭成为最新的民主机构，普通公民在其中发挥着日益重要的作用；债务奴役制被彻底废除，雅典公民的人身自由有了法律保障。梭伦试图采取一种折中的方法来消除雅典各阶层公民的争执，虽然旧式血缘基础依然存在，但雅典民主政治的基础还是奠定了。

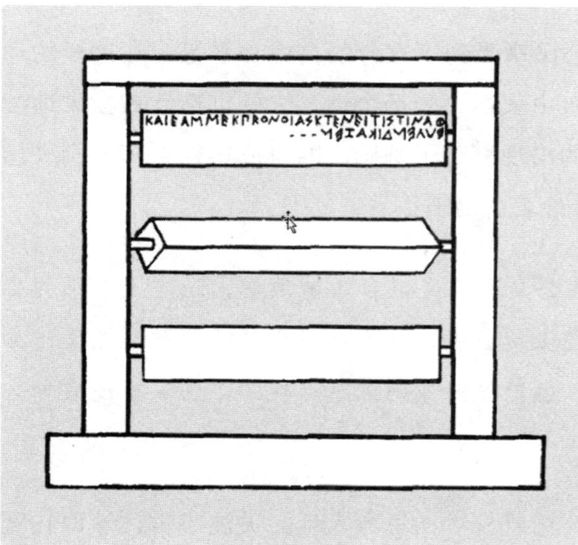

◀ 载有梭伦新法典的一种装置的大概复原图。梭伦颁布的法典被写在带轴的、可旋转的木块上，装在框架里公开展示

公元前6世纪末，贵族出身的克里斯提尼就梭伦改革尚未触及的血缘团体和选举体制进行了更为深刻的改革。传统的血缘部落在这次改革中被打破，取而代之的是按地域划分的十个地区部落；官员按地区部落进行抽签产生，普通平民也可以参加到国家的管理中，这种做法在当时被称为“民主”；克里斯提尼还创造性地发明了“陶片放逐法”，一些威胁城邦民主

政治的权势人物在经由公民投票后可以被放逐海外。克里斯提尼的改革进一步打击了旧式贵族的残余势力，雅典民主政治就这样确立起来了。希腊的民主政治虽然存在这样那样的缺陷，但在古代世界，这称得上是一个奇迹。在当时，希腊人已经意识到了自己政体的与众不同。在希腊人看来，希腊与波斯的斗争就是民主政体与专制政体的斗争。希波战争最终以希腊的胜利而告终，希腊的民主政体得以保留。

希波战争期间，雅典公民的民主热情被充分地激发出来。战争一结束，雅典民主政治便达到了顶峰。在伯里克利统治时期，几乎所有的城邦官职都向平民开放，并都以抽签的形式产生；公民大会、五百人议事会、公民陪审法庭掌握着充分的权力；为鼓励底层平民参政，城邦还向其发放工资和观剧津贴。在当时的雅典，民主不仅仅是一种治理方式，早已内化为雅典公民的生活方式。

民主政治的确立使雅典公民享受到了充分的自由和平等，在这样的环境中，人们能够独立思考、自由表达、张扬个性，人的创造性被极大地激发出来，从而为各种新思潮的出现奠定了基础。欧里庇得斯在其戏剧《恳求的妇女》中把这种自由充分地表达出来：

> 只有天生自由的人在公众面前可以自由地演讲，这才是真正的自由。如果他能够也愿意自由地演讲，便能赢得崇高的赞誉，相反，如果他不能或不愿意的话，也能保持他的沉默。在一个国家里还有什么比这更公正的事情呢？[1]

当时的希腊人创作戏剧、钻研科学、思考人生、关注宇宙，从而在宽松的社会氛围中推动着古典文化的繁荣。“尽管雅典的民主不尽完美，但毕竟揭开了西方历史上意义非凡的新篇章，并具有长久的吸引力。”[2]

---

1 ［英］保罗·卡特里奇：《剑桥插图古希腊史》，郭小凌等译，济南：山东画报出版社，2005年，第331页。

2 ［美］丹尼斯·谢尔曼、乔伊斯·索尔兹伯里：《全球视野下的西方文明史》（上册），陈恒等译，上海：上海三联书店，2011年，第75页。

公元前4世纪，伴随着城邦制度的衰落，曾经辉煌的雅典民主政治逐渐走向没落，甚至在中世纪被人遗忘。但文艺复兴以来，伴随着古希腊文化的重新发掘，古希腊的民主政治再次受到关注。在资产阶级革命时代，古希腊的民主政治被作为反专制的利器加以重新利用及改造。虽然近代民主与古希腊的民主并不一致，但古希腊时代的一些做法仍旧启示着后人。“只是到了16世纪，它才在一个迥然不同的外表下再次出现。尽管如此，当人民自治的观点作为一种严肃的，起初是革命性的政治体系被再次拿出来讨论的时候，人们仍然给了它一个具有希腊词源的名称‘民主’。”[1]

在借鉴了古希腊民主政治的经验及教训后，适应近代民族国家的民主政体诞生了。在这样的政体中，专制王权要么被废除，要么被约束，普通民众通过代议制机构表达自己的权利诉求。尽管这样的民主政体依然存在诸多弊端，但压制型的社会还是变得宽松起来。在这样的社会环境中，人的创造力被充分地激发出来，而这恰恰是技术变革的一个必要前提。

理性意识：大海孕育出的精神财富

浓郁的神权色彩往往是早期文明的共同特征。因此，从某种意义上说，人类历史的进程就是逐步摆脱神权走向世俗的过程，在这一点上，希腊人可以说是“捷足先登”。当其他文明还在崇信超自然神灵时，希腊人却用批判、独立的眼光看待周围世界，理性意识就这样萌发了。而理性意识的觉醒与大海有着紧密的联系。

希腊人是古老的航海民族，他们在从事海外殖民和海外贸易时很容易发现天文、气象、洋流等自然现象的规律。一旦人们知道通过自己的经验可以发现规律，并能做出正确的预测时，人们眼里的世界就不再是受外部

1 ［英］保罗·卡特里奇：《剑桥插图古希腊史》，郭小凌等译，济南：山东画报出版社，2005年，第7页。

力量任意支配、变化无迹可寻的现象。[1]那么，外界的力量便不再神秘，超自然力量也可以怀疑。当人们用已知的知识来解释未知的世界时，科学便诞生了。

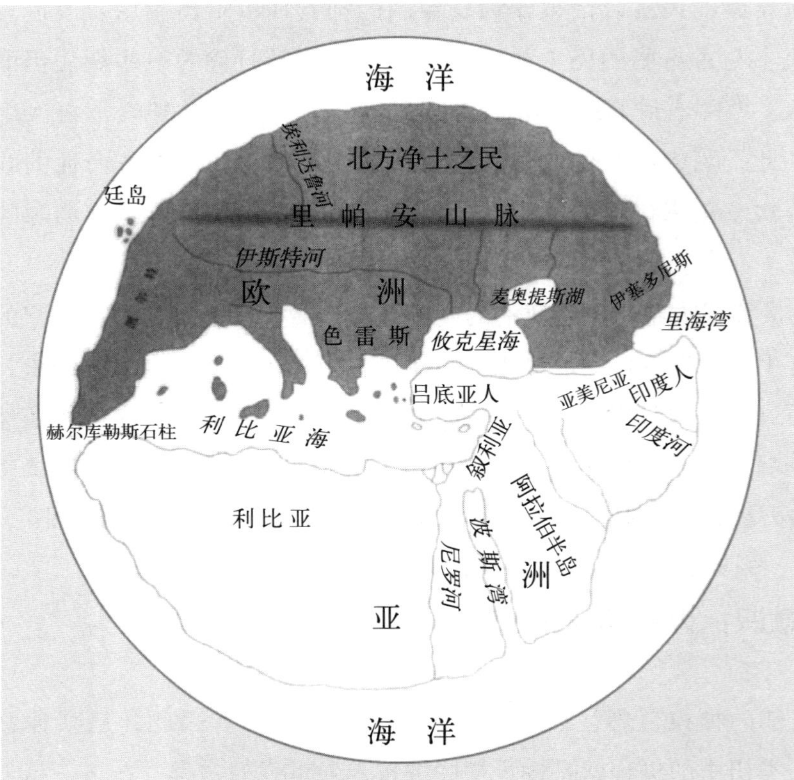

▲ 根据赫卡泰奥斯两本书中对世界描述所重新绘制的，带有推测性质的世界地图。这也是当时希腊人所知道的世界

希腊海外贸易的发达还造就出了一个相对独立的工商业阶层，他们可以不依赖于土地收入而谋生，不依赖于贵族政府而过活，一个超脱于祭司阶层、统治集团的商人群体或知识分子群体就这样诞生了。他们既敢挑战贵族政治，又敢质疑祭司阶层，他们能够以自由的身份，独立的态度思考自然、关注人生，这就是理性精神。

1 赵敦华：《西方哲学简史》，北京：北京大学出版社，2012年，第3页。

泰勒斯

泰勒斯，古希腊哲学家，出生于古希腊城邦米利都，他认为世界万物的本源是水。

泰勒斯早年外出经商，周游列国，并以科学的方法解决了众多实际问题。在对波斯的战争中，他主持挖掘一条人工水渠，从而分流了一部分河水。这样一来，大河就成了两条较浅的小河，架桥也变得轻而易举，这让吕底亚国王军队的渡河问题迎刃而解；在埃及旅行时，泰勒斯想出了一个测量金字塔高度的绝佳方法：在一天中，当他的身高和影长相等时，他只要测量金字塔影子的长度就知道了金字塔的高度；在公元前585年5月28日，泰勒斯还以他掌握的科学知识成功地预言了日食；在米利都时，出于实用考虑，他制作了一个仪器，用来测量海上船只之间的距离；他还促使水手们利用小熊星座作导航来确定北方，这对远洋航行很有帮助。[1]

科学孕育出了理性精神，在理性精神的指引下希腊人对世间万物都保持着极大的求索欲望。正如西方学者评论的那样，“希腊人的文化是第一个以知识第一——自由探究精神至上为基础的文化。没有任何主题，他们不敢去研究；没有任何问题，他们认为超出理性范围。对于一个以前从未认识的范围，理智高于信仰，逻辑和科学高于迷信”[2]。当科学理性逐渐占据人们的头脑时，宗教思想便被剔除的一干二净。“希腊的思想摆脱了过去以神话解释说明未知事物的方法，力求用已知事物和逻辑推理解释未知事物；希腊人因而成为后来西方发展的实验科学的创始者。”[3]

1 ［美］撒穆尔·伊诺克·斯通普夫、詹姆斯·菲泽：《西方哲学史：从苏格拉底到萨特及其后》，匡宏、邓晓芒等译，北京：世界图书出版公司，2009年，第3–4页。

2 ［美］菲利普·李·拉尔夫等：《世界文明史》，转引自徐新：《西方文化史》，北京：北京大学出版社，2002年，第90–91页。

3 ［法］J. 阿尔德伯特等：《欧洲史》，蔡鸿滨等译，海口：海南出版社，2000年，第91页。

理性意识造就了希腊人世俗的人生观，而这种人生观在古代地中海世界则是独有的。希腊人坚信，人活着就是为了完善自己的人生，充分展示自己的个性，摆脱外界的各种束缚。人类只有从对宗教迷信的崇拜中走出来，其自身的创造力才能被激发出来。所以说，理性精神是科学创造的前提，理性意识恰是技术革新的精神内核。这里我们可以对比一下中世纪的阿拉伯帝国。中世纪阿拉伯的科技领先于世界，但过分的宗教神权色彩却使其背上了沉重的包袱，理性精神的缺失最终导致阿拉伯科技在近代的落伍。

进入中世纪之后，希腊的理性精神被宗教神权压制着，教会的权威阻碍着人们的正常思考。进入近代以来，伴随着文艺复兴、宗教改革及启蒙运动的相继发生，宗教的权威开始受到质疑。希腊的理性精神被再次发掘，从而成了现代社会的重要原则。“古希腊人对自然界的看法，比如德谟克利特的自然世界观，确实预示了文艺复兴时期和现代早期西方社会中占主导地位的、非宗教的科学观。”[1]

工业化是生产力的一次巨大飞跃，但“生产发生飞跃的关键就不在于生产本身……而在于社会能不能创造条件，使人的才能和知识得以运用”[2]。金观涛认为，“‘现代性’意味着以下两种全新价值在人类社会中涌现：第一为‘工具理性’成为社会行动（制度）正当性的最终根据；第二是个人权利观念的兴起”。这两种社会价值观都能在希腊文明中找到源头。

民主思想与理性精神可以说是希腊文明的精神内核，也是古希腊人留给后人的宝贵遗产。在古希腊时代，民主与理性造就出了辉煌灿烂的古典文化；在步入近代之后，古希腊留下来的遗产推动着近代西方社会的转型。民主政治为产业革命的发生营造出一个宽松的社会环境，理性精神则为技术的革新注入了精神动力。在向工业社会的转型中，民主与理性发挥着不可替代的作用。这就是希腊留给我们的财富，也是西方的与众不同之处。

---

1 ［英］保罗·卡特里奇：《剑桥插图古希腊史》，郭小凌等译，济南：山东画报出版社，2005年，第330页。

2 钱乘旦：《第一个工业化社会》，成都：四川人民出版社，1988年，第47页。

第二章

从大海出发：缘何东方国家没有开启工业化

公元500—1500年是西方史学家笔下的中世纪。对于西方而言，中世纪前期可谓黯淡无光，中世纪后期则是缓慢复苏；对于东方而言，中世纪则是一段辉煌的时刻，东亚地区的中华文明与亚洲西部的伊斯兰文明都曾引领世界、显赫一时。在北印度洋海域，是阿拉伯人的纵横驰骋、贸易垄断；在东亚海域，是中华文明的四处扬播、各国来朝。但在步入15世纪后，东方文明古国的航海活动却戛然而止，它们都不约而同地选择了陆地，背对海洋，与此形成鲜明对比的则是欧洲国家的海外冒险。在持续不断的海外冒险中，欧洲传统的社会结构瓦解了，从而培育出了工业化的土壤，东方国家则依然停留在农业社会中，最终错失了开启工业化的先机。

从面向大海到转向内陆：阿拉伯帝国的航海事业

从浅黄走向深蓝：阿拉伯人的航海事业

中古时期的航海民族当推阿拉伯人。早期的阿拉伯人是一个逐水草而居的游牧民族，阿拉伯半岛是其主要的活动区域。半岛景观以沙漠为主，仅有少量绿洲点缀其间，这里气候干燥、降水稀少、物产匮乏，农业生产条件极其恶劣。虽然环境恶劣，但其战略地位十分重要。阿拉伯半岛地处欧洲、亚洲、非洲三大洲的交汇处，是连接地中海和印度洋的重要枢纽。阿拉伯人凭借着优越的交通条件积极发展海外贸易，一些重要的贸易城镇在阿拉伯半岛边缘迅速兴起，麦加和麦地那是其重要代表。

大概在6世纪，拜占庭与波斯展开了激烈的争夺，在两强相争的背景下，曾经荒芜的阿拉伯半岛迎来了发展的契机。频繁的军事活动使经由美索不达米亚通向远东的陆路变得更加危险。为了安全起见，君士坦丁堡和埃及的商人决定经由麦加开辟到达红海的水路；其他商人则穿越阿拉伯半岛，开辟从波斯湾到达东方的水路。贸易的繁荣、商业的活跃，使阿拉伯半岛的一些绿洲城市获得了更多的财富。

7世纪初，伊斯兰教诞生，这成为阿拉伯历史上的重要转折。在宗教的号召下，原本松散的游牧部族逐渐向国家过渡。公元622年，穆罕默德出走麦加，逃往麦地那，伊斯兰政教合一的国家诞生。公元632年，当穆罕默德去世时，阿拉伯半岛已统一在伊斯兰教的旗帜之下，红海和波斯湾连成一体。此后阿拉伯帝国便开始了对外扩张，在宗教圣战的感召下，阿拉伯帝国势如破竹，迅速席卷地中海世界。到8世纪初，阿拉伯帝国已控制了地中海东岸、南岸和西岸。一个地跨亚洲、欧洲、非洲三大洲的庞大帝国建立起来，地中海成为阿拉伯帝国的“内湖”。阿拉伯帝国的建立切断了欧洲与东方的商贸联系，阿拉伯人居于其中，独享中转贸易带来的巨额利润，曾经游牧于阿拉伯半岛和中亚腹地的游牧民族逐渐向往来于三大洋（太平洋、印度洋、大西洋）的航海民族转变。

阿拉伯人建立起来的帝国是一个庞大的帝国。在这个帝国中，贸易不仅仅是获取财富的手段，更是维系帝国统一的重要纽带。“伍麦叶（倭马亚）王朝和阿拔斯王朝在伊斯兰第一个世纪建立起来的穆斯林世界经济体系的经济根基，靠三个因素支撑：定居农业、城市化以及远途贸易。”[1]阿拉伯帝国的贸易网络从印度洋延伸至地中海，亚欧大陆的货物沿阿拉伯人控制下的商路川流不息。

---

1 ［英］弗朗西斯·鲁宾逊：《剑桥插图伊斯兰世界史》，安维华、钱雪梅译，北京：世界知识出版社，2005年，第124页。

航海技术的发达

在对外征服的过程中，阿拉伯人越发感觉到造船和航海的重要性。在被征服居民的帮助下，阿拉伯人的造船业开始建立起来，并迅速成为阿拉伯帝国的支柱产业。帝国各地遍布着数量众多的官方和私家船坞。波斯湾岸边的巴士拉、西拉夫、忽鲁谟斯，地中海东岸的阿卡里、推罗，埃及的劳达、亚历山大，北非的的黎波里、突尼斯，西班牙的塞维利亚、瓦伦西亚和阿尔梅里亚，都是阿拉伯世界著名的造船中心。各种类型的船只无论其大小如何，在建造时都是使用整块的船板，从船舷的一边通到另一边。所造的船只中，有千吨以上的大商船，也有载1500人以上的大战舰。[1]

阿拉伯人用于海上航行的船只，通常是独桅三角帆船和双桅三角帆船。这种船的船体呈尖形，船幅宽、吃水浅、航速快，它既能最大限度地装载货物，也便于逆风航行时的曲折前行。波斯湾和红海最常见的船型是双桅三角帆船，船长约40米，宽15米，排水量达数百吨。造船材料采用柚木和阿拉伯橡胶树，船体不是用铁钉固定，而是用鲸油浸制的防腐椰棕绳绑扎。海船上一般都配有潜水员，如船在海上发生意外时，仍可进行修船工作。[2]

大三角帆的应用是阿拉伯人掌握的关键性航海技术。大三角帆通常挂在可移动的桅樯上，随着船只的移动，风帆与船体呈现出不同的夹角，从而充分利用风力，船速也比风速快。大三角帆操纵起来并不容易，尤其是确定风帆与船体之间的夹角更为困难，而当时真正掌握这一技术的就是阿拉伯人。

阿拉伯的水手在长期的航海实践中还掌握了一套根据北极星的高度来判断方向、识别纬度的方法，这被称为“过洋牵星术”。13世纪后，指南针由中国传入，阿拉伯人的航海事业又得到了进一步的发展。

出于商业上的需要，阿拉伯人还多次组织海上探险队，对印度洋南部和大西洋、太平洋西部的一些海域进行探险航行。在8世纪中期组织的一次

1　刘景华：《中古阿拉伯人造船与航海技术的考察》，载《湖南师范大学社会科学学报》，1997年第3期。

2　魏峰：《中世纪阿拉伯人的海上扩张和航海业》，载《阿拉伯世界》，1996年第3期。

探险航行中，阿拉伯人在印度洋西部海域发现了科摩罗群岛。后来，他们又南航到莫桑比克岛，并在那里建立了商业据点，该岛成为阿拉伯人在非洲最南的一个据点。

东西方贸易的“中间商”

在古代，受制于落后的交通条件，国家间的贸易一般限制在邻近地区和国家，远距离跨洋贸易通常以分区段的接力方式进行，中介商在其中便发挥了必不可少的作用。阿拉伯帝国因其特殊的地理位置，在中古时代便成为沟通东西方贸易的重要桥梁。

阿拉伯人有着悠久的航海传统。公元前4世纪，阿拉伯人就曾到达过埃塞俄比亚、伊朗和印度。阿拉伯帝国建立后，阿拉伯人迅速从一个沙漠游牧民族转变为一个善于航海的海洋民族，并成功扮演了东西方贸易中间商的角色。

在东面，阿拉伯帝国的贸易伙伴以中国为主。阿拉伯帝国通往中国的商路主要有两条：一是陆上丝绸之路，一是海上丝绸之路。阿拉伯帝国同中国的贸易以丝绸和瓷器为主，这已被考古发掘所证实。9世纪中叶，阿拉伯帝国与中国的贸易十分发达，广州、扬州、泉州是阿拉伯人集聚并从事贸易的中心。据史料记载，在广州，以阿拉伯商人为主体的外商达十多万人。公元879年，黄巢起义攻占广州时，就有12万外国人丧生，其中以阿拉伯人居多，这也从一个侧面反映出阿中贸易的繁荣。

在西面，阿拉伯人的贸易主要集中在欧洲东部。阿拉伯商人沿伏尔加河北上，直抵波罗的海沿岸地区，并与斯拉夫人或诺曼人进行贸易，这已被出土的铸有哈里发肖像的阿拉伯硬币所证实。阿拉伯还与拜占庭保持着紧密的商贸联系，叙利亚的阿勒颇是其重要的集散地。阿拉伯与欧洲西部的贸易主要通过意大利商人进行，阿拉伯商人通常把东方各国的商品转运到地中海东岸，然后再由意大利商人输往西欧各国。在众多产品中，香料最受欢迎，其价格相当于黄金。阿拉伯商人凭借中间商的地位几乎垄断了香料贸易，并获取巨额财富。

在非洲，阿拉伯商人还在撒哈拉沙漠中开辟了一条商道，把非洲中部的乍得湖同地中海和欧洲的贸易联结起来。

中古时期阿拉伯人的贸易路线

穆斯林的船只驶出霍尔木兹海峡，驶出红海的曼德海峡，一路向东驶往印度、东南亚、中国。两三年后，穆斯林的船只装载着丝绸、瓷器、玉石及其他珍贵的货物满载而归。来自东方的货物一部分在红海北端的库尔卒姆卸下，然后再由骆驼运往开罗和亚历山大；一部分在波斯湾的乌布、巴士拉卸下，然后装上河船，经由幼发拉底河运往美索不达米亚的城镇，最后再由骆驼运往地中海东部的阿勒颇和大马士革。

每当商业季节来临，亚历山大、叙利亚的安条克、拉塔基亚、的黎波里、俾布罗斯、西顿、推罗和阿克便挤满了来自希腊、意大利和北非穆斯林的船只。[1]

◀ 正在驶往印度等地的船只。9—10世纪，阿拉伯人垄断了东西方贸易，成为重要的贸易中介商。虽然海上航行存在许多变数，但在巨大利润的刺激下，阿拉伯商人仍然冒着风险前往东方

1 ［英］弗朗西斯·鲁宾逊：《剑桥插图伊斯兰世界史》，安维华、钱雪梅译，北京：世界知识出版社，2005年，第128–130页。

在中古前期，阿拉伯人控制着东西方之间的贸易。东南亚的香料、中国的丝绸和瓷器、印度的棉布在欧洲市场上备受青睐。印度商品被卖给亚历山大的意大利中间人时，其价格是成本的20倍以上。[1]

阿拉伯人通过这样的贸易方式掌控着世界的财富，用现代经济术语来说，阿拉伯属于发达国家。阿拔斯王朝的首都巴格达发展成了世界上最大的城市之一。来自印度、中国和印度尼西亚的丝绸、辣椒和香木源源不断地涌入巴格达的港口；来自遥远斯堪的纳维亚的皮毛、蜂蜜和奴隶也运抵此地；来自非洲撒哈拉地区的黄金、奴隶和象牙也出现在巴格达的市集之上。巴格达也是当时的金融中心，其银行系统遍及伊斯兰世界，在各大城市都设有分支机构。从巴格达发出的一张支票，可以在4000英里以外的摩洛哥提取现金。阿拔斯的皇宫占据巴格达整整三分之一的面积，内有无数宫殿和公共房间，以及一个无比辉煌的接待室。[2]

巴格达是世界的商贸中心。整个卡尔赫形成一个大市，在这个大市里，每一行业又各有市，或称“路”，其中有果市、布市、食品市、羊市、钱市、书市……在底格里斯河东岸，即东巴格达，路撒发区即马赫迪营垒附近一带地方也有市，其中有鲜花市、食品市、金银细工市、羊市、书市，另外还有一个专售中国商品的市。[3]在阿拉伯人和中国人的共同努力下，中古时期的航海事业又达到了一个新的高度。

总之，我们可以看到，阿拉伯帝国在诞生和壮大的过程中都与海洋有着紧密的联系。在海洋的浸润下，阿拉伯自古就有着发达的商品经济和浓厚的商业传统，并在诸多领域已具备了较15 世纪的西方更有利于产生重商主义的条件，然而现实的情况却是阿拉伯帝国的商业传统并未催生出西方式的重商主义传统。重商主义以追求财富为目的，而谋利恰是工业革命出现的前提，在向工业社会的迈进中，阿拉伯人反而错失良机。

---

1 ［美］斯塔夫里阿诺斯：《全球通史》（下），董书慧等译，北京：北京大学出版社，2005年，第354页。

2 ［美］朱迪斯·M. 本内特、C. 沃伦·霍利斯特：《欧洲中世纪史》，杨宁、李韵译，上海：上海社会科学院出版社，2007年，第96页。

3 孙培良：《中世纪的巴格达》，载《世界历史》，1980年第1期。

阿拉伯帝国从大海转向陆地

中古时期的阿拉伯人，其航海技术长期领先世界，他们发明了最早的三角帆，很早就掌握了逆风航行的技术，他们在中古时期的长距离航海也实属罕见。在近代地理大发现的过程中，理应出现阿拉伯人的身影，但随着帝国版图的扩大，阿拉伯人的重心反而由海洋转向了陆地。

在帝国扩张初期，攫取战利品是国家收入的主要来源，而后随着征服的逐渐停止，战利品锐减，税收成为帝国经济的主要支柱。在生产力落后的古代，农业税收较游牧业、商业更为稳定。所以自第二任正统哈里发欧麦尔起，帝国的统治者开始采取鼓励发展农业的政策。阿拉伯帝国的经济模式逐渐从崇尚商业转向重视农业。农业以土地为根本，封建贵族可以凭借土地获取巨额税收。当土地收入能够维持贵族的奢侈生活时，其开拓海外的动力也就丧失了。疆域的扩大还使帝国获得了充足的资源，金、银、铜、铁等贵金属远比欧洲丰富得多。阿拉伯人也不必像欧洲人那样为了获取足够的贵金属积极从事海外活动。再加上阿拉伯帝国掌控着旧航路的要冲，因而能够坐享其成，独享利益。因为没有区域性强国的出现，阿拉伯人牢牢地控制着印度洋海域，在相对和平的海域中，阿拉伯人并没有对船只进行武装。正是因为缺乏强有力对手的竞争，阿拉伯人的航海技术在达到一个高度后并没有取得实质性的突破，在中世纪后期，反而被欧洲人超越。当15世纪的欧洲人在开辟新航路时，曾经主导大洋的阿拉伯人反而退居陆地，缺席了这一改变世界进程的历史事件。

促使阿拉伯帝国从大海转向陆地的另一个因素则是中亚草原游牧民族的崛起。13世纪后期，在陆上游牧民族的持续侵入下，阿拉伯帝国衰落了。阿拉伯人的事业最终由突厥人继承下来，这些突厥人来自亚欧大陆的草原深处，既没有航海习惯，也没有商业传统，他们对陆地的兴趣远胜于海洋。

从海洋转向陆地，对阿拉伯人而言其影响是深远的。正是对世界贸易的控制，欧洲人得以富裕起来，而巨额财富的涌入又推动着欧洲社会的转型。海外贸易的活跃激发了欧洲人追求财富的热情，而在谋利动机的推动下，欧洲人的生产动力日益强烈。而曾经辉煌的阿拉伯帝国则因缺少对世界经济的参与，长期处于停滞状态，伊斯兰社会依然维持着中古的传统，毫无改变可言。而在一个进取心缺失的社会自然也不会孕育出工业革命的土壤。

1498年，当葡萄牙人闯入印度洋时，阿拉伯人的船只根本无法抵御欧洲人的坚船利炮。1509年在第乌海战中，由佛朗西斯·德·阿尔梅达指挥的葡萄牙船队打败了由埃及和古加拉苏丹组成的联合舰队，从而打开了通往印度的航线。此后的西方人便长驱直入，阿拉伯的贸易垄断地位就此终结。

从开放到内敛：古代中国的航海事业

中华古文明是一种典型的大河文明，广阔的东亚腹地是其主要的活动区域，尽管如此，中国的先人们还是没有放弃对海洋的探索。汉武帝时期，一条连接汉帝国与西洋各国的海上丝绸之路正式开通。大唐帝国建立之后，古代中国的航海事业逐渐达到了一个新的高度。

“中国既是内陆国家（其影响直达亚洲的心脏），也是海洋国家——太平洋的陆缘海以及沿海各国都在它的势力范围之内。”[1]

制度与文化的传播：唐帝国时期的东亚海域

公元618年，唐朝建立，一个重新统一的大帝国再度出现在东亚的版图上。唐朝建立后，社会稳定、经济繁荣，对外贸易日趋活跃。但旧有的陆上贸易仍以骆驼、马匹等畜力为运输工具，再加上陆上运输成本较高，货物损失消耗巨大。传统的“陆上丝绸之路”已难以满足日益活跃的对外贸易。

---

1 ［法］费尔南·布罗代尔：《十五至十八世纪的物质文明、经济和资本主义》（第三卷），顾良、施康强译，北京：商务印书馆，2017年，第610页。

▲ 耕获图，敦煌榆林第25窟，北壁。此图客观形象地描绘了农家一年四季耕田、播种、收割、扬场等生产劳动的场景，反映了大唐盛世的平安祥和景象

7世纪还是阿拉伯帝国和大唐帝国争夺中亚的时代。唐军对突厥等西域国家发动长期战争，阿拉伯人则对波斯、中亚各国采取军事行动。这些战争通常发生在丝绸之路沿线，从而使这条著名的陆上交通要道时通时断。陆上贸易有着极大的安全隐患，在这样的背景下，唐代的海上贸易活跃起来。据地理学家贾耽所述，唐代通往邻国的海上交通路线主要有两条：北方有“登州海行高丽、渤海道”，南方为“广州通海夷道”。[1]

1. 发达的航海业

对外贸易的活跃依赖于发达的航海造船业。在唐代，造船基地遍及全国各地，宣城、润州、常州、苏州、湖州、杭州、越州、台州都是当时的造船中心。这些造船中心都设有规模不等的造船工厂，能生产各种大小船只、海船、战舰等。仅明州、温州两地，每年就可造船只600艘，不但数量

1　陈定樑、龚玉和：《中国海洋开放史》，杭州：浙江工商大学出版社，2011年，第79-80页。

多，而且造船工艺先进。[1]

唐代的造船技术在当时的世界可称得上先进。榫接钉合技术被广泛使用，从而使建造出来的船只更加坚固；水密隔舱技术的推广则进一步增强了船只的抗沉能力。这两项技术的结合使唐代的船只具备了远洋航行的能力。

唐代先进的航海技术

在唐代，一些经验丰富的船员已经学会了依靠天文现象来辨别方向的方法。船员们通过观察两地北极星的不同高度，推断南北两地之间的距离。尽管这种方法并不能准确地确定船只的方位，但在指南针没有被广泛使用之前，这种方法仍然推动了当时的远洋航行。

在唐代，船只的航行不光依赖于天文条件，还依赖于水文环境。在长期的海洋航行中，船员对海上的季风与气象规律已经有了较为深刻的认识。李肇的《国史补》中就曾记载："江淮船溯流而上，常待东北风，谓之'信风'。七、八月有'上信'，三月有'鸟信'；五月有'麦信'。"经过长期的实践与探索，中国航海者对北起日本海、南至南海的季风变化规律有了正确的认识，并成功地将信风运用到航海活动中。[2]

在海外贸易方面，当时的唐政府采取了鼓励的政策。唐代在广州设立了管理外贸的机构——市舶司，从而使先前混乱的贸易秩序变得井然有序。8世纪中叶，出入广州的外商船特别多，鉴真和尚在公元750年从海南

1 陈定樑、龚玉和：《中国海洋开放史》，杭州：浙江工商大学出版社，2011年，第90-91页。

2 同1，第93页。

岛到广州时，见到“江中有婆罗门、波斯、昆仑等舶，不知其数”，载有香药、珍宝等货物。从广州起航的船只通航于波斯湾、阿拉伯半岛和东非。如果在正常情况下，当时抵达广州的船舶每日平均有40艘左右，若以最宜返回的旧历五六月计算，广州约有60艘船进港。[1]当时的广州港内挤满了来自世界各国的船只，其中阿拉伯商船居于第一位，中国船只只能屈居第二位。

总之，在大一统王朝的背景下，在航海技术的推动下，唐代的船只遍及好望角以东的东方海域，唐人与世界各地的人们从事着商业与文化上的交流。

2. 唐代制度文明在东亚海域的传播

7世纪，东亚地区的政治格局发生了显著的变化。公元618年，唐朝建立，一个重新统一的大帝国再度出现在东亚的版图上，一套影响后世的典章制度也随之建立起来；公元645年，日本的孝德天皇即位，他励精图治，为推行社会变革极力推崇唐朝制度；公元676年，新罗崛起并统一朝鲜半岛，结束了朝鲜历史上的三国时代，统一后的新罗也在推行制度变革。当时的唐帝国是东亚地区的大国，其制度和文化对周边各国有着很强的辐射力，尤其是对朝鲜半岛上的新罗及东亚岛国的日本有着更为深刻的影响。出于对大唐文化的仰慕及国内政治经济变化的需要，这些国家的商人、使者和留学生频繁来华。在7—9世纪，太平洋西北部的东亚海域出现了海外交往的活跃局面。

（1）大唐与新罗的交流

新罗与唐朝的贸易主要通过海路进行。从大唐去往新罗的船只一般从登州（山东蓬莱）离港，中途停靠辽东半岛，然后再沿朝鲜半岛南下，至大同江口、汉江口后溯源而上。这条航线基本沿陆地行进。在早期，新罗与唐朝的贸易主要在官府的主持下进行，这种贸易的“朝贡”色彩很强。新罗商人把牛黄、人参、海豹皮、朝霞绸、金、银等物运至唐朝，然后把

1　陈定樑、龚玉和：《中国海洋开放史》，杭州：浙江工商大学出版社，2011年，第95页。

丝绸、瓷器、茶叶、书籍等贩回新罗。

8世纪以后，新罗与大唐的民间贸易兴盛起来，当时的商人又开辟了从新罗直抵明州（现宁波）的直航道路，这是一条远离陆地的航线，存在着诸多风险。海外贸易的繁荣以及唐王朝与新罗频繁的交流吸引着大量新罗人来中国定居。唐后期的登州、莱州、密州、青州、泗州、海州、楚州、扬州都分布着新罗村、新罗坊、新罗馆、新罗院等新罗侨民居留地。

新罗与大唐的海上交往不仅仅是物质的交流，同时还伴随着大唐制度与文化的移植。有唐一代，新罗向大唐派遣大量留学生。据估计，新罗先后派遣到唐朝的留学生人数达2000人之多，同一时期在唐的留学生也多达一二百人。[1]唐朝的外国留学生中，以新罗最多。唐开成五年（公元840年），学成归国的新罗学生“共一百五人”。不少新罗学生还参加科举考试，从唐长庆元年（公元821年）至唐末，中举的新罗学生有58人。

归国后的新罗留学生积极推行大唐文化，移植大唐文明。新罗仿照唐制改革行政制度，在中央设执事省，相当于唐朝的尚书省，在地方设州、郡、县、乡，与唐相似。新罗还模仿唐朝的科举制度开科取士，所考内容也以中国的儒家经典为主。7世纪中叶，新罗学者薛聪还创造了用汉字作音符来标注朝鲜语的“吏读”法。唐玄宗就认为“新罗号为君子之国，颇知书记，有类中华”。所以，一些西方汉学家也把新罗看作是唐朝的微型翻版。

（2）大唐与日本的交往

中国与日本的交往有着悠久的历史，唐王朝建立后，中日之间的交往密切起来。大唐与日本之间的航道有两条：一条是从山东半岛南端出发，沿朝鲜半岛南下，到达日本九州岛北部的肥前；另一条是从明州出发，到达九州岛南部的长崎。在唐代，日本派出的遣唐使在中日之间的交往中发挥着重要的作用。

---

1 樊树志：《国史概要》，上海：复旦大学出版社，2010年，第178页。

早在隋朝，日本就派出过“遣隋使”。唐朝建立后，日本派出的遣唐使更是不绝于途。据日本学者研究，有唐一代，日本派出“遣唐使”达19次。遣唐使团人数不定，少则百人，多则500多人，其中还包括一定数量的学问僧和留学生。遣唐使通常会给皇帝带来珍珠绢、琥珀、玛瑙、水织绝等贵重礼品，唐朝则回赠一些高级丝织品、瓷器、乐器和文化典籍。

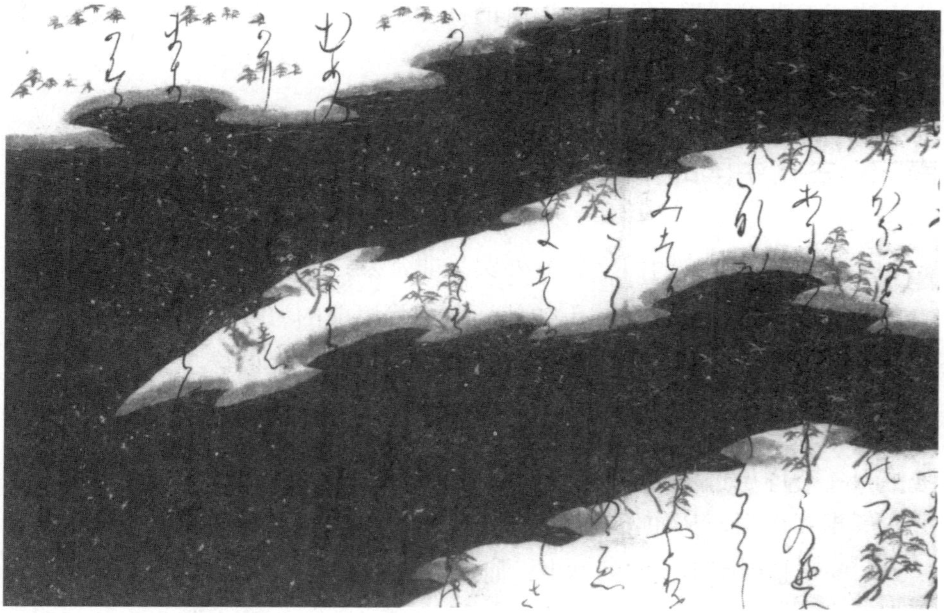

▲ 日本印花纸。这张印花纸是从一部诗文集中选取的用彩色纸拼贴出的自然景色，其细部则是彩印的或手绘的。这种纸是使用中国发明的历史悠久的造纸术生产的

留学生和学问僧积极学习唐朝文化。学成归国后则将中国的典章制度、物质文化、生活习俗移植到日本。日本孝德天皇大化元年进行“大化革新”，仿照唐朝三省六部制和州县制，改革了从中央到地方的官制；根据《唐律》制定《大宝律令》；参照唐均田制和租庸调制，施行“班田收授法”和租庸调法；在京都设立太学，所学内容与唐相仿。当时的日本也成为唐朝的另一个微型翻版。

除大唐与新罗、大唐与日本的交往外，新罗与日本之间也有着贸易往来。7—9世纪的东亚海域，各国的交往日趋活跃，与商贸交往不同，这种

海洋活动具有很强的制度移植与文化传播色彩。在唐王朝的影响下，周边国家频繁来华，大唐的典章制度、物质文明得以移植他国。汉文化在这一时期进一步外传，儒家文化圈的范围也进一步扩大。东亚海域的这种交往主要表现为文化的传播与文化的接纳，商业与贸易色彩并不强烈，并且官府在其中发挥着重要的作用，民间力量尚未成为主导。因此大唐帝国的海外活动还不足以从根本上改变旧有的社会结构，更不足以催生出技术革新的动力。

南宋：古代中国的“大航海时代”

唐代是一个开放的国度，海外贸易非常发达，为此，政府还设立了专门管理海外贸易的官员——市舶使。但唐代以前的海外贸易基本以追求奇珍异宝、宣扬国威为目的，经济功能并不突出。唐代以后，尤其是南宋时期，中国政府主导下的海外贸易才以追求经济利益为主要目的。许多学者都认为：宋代是中国的一个航海时代。大规模的航海事业和宋朝内部的经济变革相互作用，从而使宋代具备了某些近代因素。日本学者内藤湖南就认为，唐朝是中国中世纪的结束，而宋代是中国近代的开端。

宋代积极开拓海外与北方草原游牧民族的大举入侵有着很大的关联。在宋代，汉族政权始终受到游牧民族政权的压制。北宋时期，辽、西夏分别盘踞东北、西北，传统意义上的陆上通道——丝绸之路被切断；到了南宋时期，金人更是深入中原腹地，而西夏仍旧阻断通往西域的道路，南宋王朝只得偏居东南一隅，对外交流的通道只得借助于茫茫大海。历史有时就是这样的吊诡，在游牧民族的大举压迫下，宋人竟然开启了一个“航海时代”。

海外贸易的繁荣推动了造船业的发达。北宋时期的赣州、吉安、温州、明州（宁波）都是著名的造船中心。宋真宗时期，漕运船年产量2910多艘，其中赣州、吉安两地就占1130艘。北宋后期，温州、明州已经跃居第一位，额定年产量各600艘。[1]南宋时期，中西陆上通道几乎完全断绝，海上交通尤为重要，造船业获得进一步的发展。1974年，在福建泉州发掘出南宋末期的海船，据估算载重量当在200吨以上，船舱竟多达13个。[2]

宋代的船只体积庞大，载重量亦相当大。宋徽宗时期出使高丽的大船，载重量约为1100吨。[1]船大不畏风浪，但怕搁浅，一旦搁浅便用"鬼奴"（指黑人），泅水补之。船只在航行中，夜晚以星空来确定方向，白天以太阳来明确方位，阴雨的日子则以指南针指导航向。宋高宗还鼓励海商打造海船，购置货物到海外贸易。在海岸线上，每隔30里，就建有一个灯塔导航系统，引导航行的海船。宋高宗还请商人协助，组成了一支舰队，这支舰队足以取代阿拉伯人在印度洋上长期掌握的制海权。从那时起，中国人就与阿拉伯人一道，控制了印度洋的海权。[3]

南宋时期与中国通商的国家有五十多个。这些国家的商人夏至以后乘海船前来贸易，抵达南宋各贸易港口，十月以后又乘船陆续回国。南宋商人去海外贸易的国家达二十多个，每年十一月至十二月由广州、泉州出发，至苏门答腊贸易，然后再横渡印度洋，抵达波斯湾沿岸的阿拉伯国家。[4]

海外贸易的发达也改变着南宋王朝的经济政策。朝廷全力经营海洋，在当时著名的贸易港口明州、泉州、广州设置市舶司进行管理。宋高宗在位晚期，市舶司的收入达200万贯，超过北宋最高额一倍，约占南宋政府年度财政总收入的二十分之一。[4]这在一个以农业税为主的国家中已算是很高的比重了。

南宋时期的航海事业与国内商品经济的发展有着良好的互动。在海外贸易的推动下，宋代的商品经济达到了很高的高度。传统意义上的坊市界限被打破；商税在政府税收中所占的比重越来越大；世界上最早的

1　朱绍侯等：《中国古代史》（下），福州：福建人民出版社，2004年，第50页。

2　同1，第75页。

3　刘刚、李冬君：《宋朝，中国开启大航海时代》，载《资治文摘》，2013年2月。

4　樊树志：《国史概要》，上海：复旦大学出版社，2010年，第256页。

纸币交子也通行于全国各地。商业的发达往往是工业革新的前提。到12世纪末，中国国内人口已经超过1亿，成为世界上第一个人口过亿的国家。

13世纪中期，来自漠北草原的蒙古族大举南下，在宋代开启的“商业革命”时代就此戛然而止。蒙古人以草原为本位，对汉地实施无情的掠夺从而获取财富，汉地的商品经济活动逐渐衰落，中国丧失了最先步入近代社会的时机。

特权商人垄断下的海外贸易：元代航海事业

1. 元朝的海上征服活动

蒙元帝国是蒙古人依靠武力征服建立起来的庞大帝国。伴随着陆上征服的不断胜利，蒙古统治者已不满足于陆地上的成功，而要在海洋上继续开拓。元朝一经建立便发动了一系列远洋征服战争。这些海上活动实际上是蒙古军事征服在海洋上的继续。

▲ 日本的屏风画家记载了蒙古入侵者的失败

蒙元海军在西太平洋海域的军事征服活动[1]

- 二度越海征讨日本。至元十一年（1274年），元廷以各种类舰船900艘，载士卒25 000人征讨日本，后因遭遇台风而败北。至元十八年（1281年）元朝再次征伐日本。其中，东路军4万人分乘900艘战舰、南路军约10万人分乘3500 艘战舰分别从今韩国南部与宁波进军，激战2 个月后台风突至，元军败绩。
- 越洋收复占城之战。元至元十八年（1281年），元朝在占城国设立行中书省，后占城国王子反叛。至元十九年（1282年）元廷派遣五千军队乘战船及海船350 艘浮海伐占城。翌年又发兵万五千人、舰船200 艘助征，占城势穷而降。
- 二征安南。至元二十年（1283年），元军首次从占城方向讨伐安南。二十四年（1287年）元军7万人乘500 艘战船再攻安南，一战歼灭安南水军4000 人，后因水土不服而撤军。
- 占领库页岛。至元二十一年（1284年）后，元军三次渡海作战，征服了库页岛。
- 征伐爪哇。至元二十九年（1292年）初，爪哇国王将元朝使者黥面。于是，2 万元军乘战舰千艘于翌年正月兵临今加里曼丹西南端。恰逢爪哇王被葛朗国所杀，爪哇王婿转而向元军求救，元军一战击破葛朗国10 万大军。战后，爪哇人趁元军不备之际，偷袭成功。
- 两次经略台湾。元至元二十九年（1292年）、元大德元年（1297年），元军先后两次渡台湾岛，并在澎湖设立巡检司，征收盐课。

1　本文此处引用了于逢春先生的统计整合资料。具体内容参见《中国海洋文明的隆盛与衰落》一文，载《学术月刊》，2016年第1期。

元朝初年的海外征服虽然没有取得完全的成功，但元朝经过这些征服活动展示了自己的军事力量。一个北起鄂霍次克海，中经日本海、黄海、东海与南海，南至爪哇海的“环中国海域”终于形成了。在这片广阔的海域中，蒙元帝国是当之无愧的主宰者。当时的蒙元帝国与东亚、东南亚各国都有着频繁的商贸交往，中国的丝绸、瓷器等特色产品遍及海岸诸国，甚至元代的货币也成为当时各国外贸时的通行货币。在广阔的西北太平洋地区出现了一个由蒙元帝国主导的“自由外贸区”。

2. 海外贸易的繁荣

蒙元帝国的建立者是漠北草原的游牧民族，相较于汉族王朝的统治者，蒙古统治者的“重农”色彩要淡一些，再加上对外征服活动的不断胜利，蒙古统治者的心态更为开放。他们在商业上推行宽松的政策，在海外贸易中采取鼓励的态度。中国古代的海外贸易在元代又达到了一个新的高度。

元朝沿袭宋朝制度，在南方的一些港口城市设立市舶司管理海外贸易。元朝初年先后设有七个市舶司，元中期后合并为泉州、广州、庆元（宁波）三市舶司。泉州港是宋元时期的世界第一大港。据相关资料记载，与宋王朝有海外贸易关系的国家和地区共56个，而在元代则达到140多个。而据《岛夷志略》记载，与泉州港有贸易往来的国家多达220个。[1]在马可·波罗的笔下，这里船舶甚多，印度、波斯等国的商人携带香料、胡椒在此贸易。外国产品多经此地流入内地。宋代的泉州港不仅是外国商品的输入港，还是本国产品的重要输出港。据《诸蕃志》记载，宋时从泉州出口商品61种，其中农副产品类有23种；元代泉州港出口的商品70种，农副产品占11种。[2]庆元港也是元代的重要港口，其贸易对象为日本和高丽。广州第一大港的地位在宋代以后虽然被泉州取代，但在当时仍是重要的外贸港口。元代《大德南海志》中详细开列了从海外诸国进口的货物清单，及

1 吴晓波：《浩荡两千年：中国企业公元前7世纪—1869年》，北京：中信出版社，2015年，第202页。

2 陈定樑、龚玉和：《中国海洋开放史》，杭州：浙江工商大学出版社，2011年，第163页。

与当地通商的海外国家和地名147个。[1]

为鼓励海外贸易，元政府规定的进口货物税率并不高：凡外贸货物每十份抽取其一（粗货每十五份抽取其一），又另抽取三十分之一为商税。但因海外贸易繁荣，元朝政府还是获得了丰厚的利润。元朝前期，市舶所入黄金占“岁入之数”的六分之一强，到元泰定年间时，舶税收入是全国包银税额11万锭的数倍。[2]

贸易的繁荣推动着商业的活跃，但丰厚的商业利润却被一个名叫“斡脱”的商人集团长期垄断。“斡脱”商人以色目人为主，专门为蒙古贵族经商、放贷。因其受政府委托，所以在商业活动中享有特权，长期垄断课税征收、高利贷发放和国际贸易。“斡脱”商人所获利润极其丰厚，成为当时社会最为富裕的一个阶层。“斡脱”商人因特权而迅速崛起，其利润自然也归特权阶层（蒙古贵族）享有。在这样的背景下，巨额的社会财富很难进入生产投资领域，而是被统治阶级尽情挥霍。

明代：古代中国航海事业的“绝唱”

1368年，大明王朝建立，汉族地主阶级再次成为中国的统治者。“当汉人从蒙古人手中重新夺回统治权柄之后，他们首先想到的是如何不再旁落。于是，‘稳定’成为一切政策的出发点。”[3]在维护专制统治，以防大权旁落的背景下，明代的治国策略渐趋保守，中国古代的航海事业也从开放转向内敛。

1. 海禁政策

明王朝建立之初，朱元璋便“罢市舶，申海禁”“严禁交通外番”“敢

1　卜宪群：《中国通史肆·辽西夏金元》，北京：华夏出版社，2016年，第206页。

2　陈高华、吴泰：《宋元时期的海外贸易》，转引自朱绍侯等：《中国古代史》（下册），福州：福建人民出版社，2000年，第153页。

3　吴晓波：《浩荡两千年：中国企业公元前7世纪—1869年》，北京：中信出版社，2015年，第215页。

于私下诸番互市者，必置之重法”。明成祖即位后，仍旧延续明初海禁政策。明永乐二年（1404年），朱棣再次颁布禁海令，要求民间海船“悉改平头船，所在有司防其出入”。明嘉靖年间，海禁政策再次加码，浙江、福建、广东三省市舶司皆被废黜，并对私自下海者给以严厉惩处，“查海船但双桅者，即捕之”“一切违禁大船，尽数毁之。自后沿海军民，私与赋市，其邻舍不举者连坐”。

在对待海外扩张的态度上，明政府更是缺乏应有的世界眼光，“四方诸夷，皆阻山隔海，僻在一隅，得其地不足以供给，得其地不足以使令”。在统治者看来，海外贸易、对外开拓并不能带来实际利益，反而会使统治增加许多不稳定的因素。对于一个国家而言，只要安心农业生产便可实现长治久安。

在严厉海禁政策的打击下，宋元以来逐渐兴旺的民间私人贸易日渐凋敝，曾经繁荣一时的世界级港口也迅速衰落，从而使中国丧失了参与世界贸易的机会。进入15世纪后，当欧洲人正在积极开拓新航路时，中国人却选择了背对海洋，面朝大陆。

2. 郑和下西洋

就在厉行海禁的背景之下，当时的明朝政府却派遣出了一支庞大的远洋船队出使西洋，这就是被后人津津乐道的郑和下西洋。1405年，郑和的船队从太仓刘家港出发。在此后的20多年中，郑和的船队先后七下西洋，其足迹遍及西南太平洋、南亚、印度洋和东非等30余国，最远航程达7000海里以上，并且绘制成了最早有航路指针的航海图。从时间上说，郑和首次出海比哥伦布横渡大西洋要早87年。论船队规模，郑和七下西洋，人数多半在2.7万人以上，而哥伦布、达·伽马、麦哲伦所统水手分别是87人、140多人、260多人。同郑和相比，是小巫见大巫了。当时中国的海船大者可载物千吨以上，而哥伦布开到美洲的船则只要几十人操纵就可以了。郑和的航行，其船队规模之大、航行距离之远、航海技术之先进，在当时的世界上可谓首屈一指。

郑和的船队虽然庞大，但不以追求经济利益为目标，宣示国威、满足君主私欲、寻找下落不明的明惠帝是其远洋航行的主要目的。在这样的背景下，郑和的航海事业始终是政府推动下的产物，其对国内经济的影响极其有限。当明政府无力承担远洋事业费用时，郑和的航海事业只能戛然而止，郑和航海也成为中国古代航海事业难以磨灭的一段“绝唱”。

3. 朝贡贸易

在推行海禁之后，明朝以天朝上国自居，逐渐发展出一种新的贸易形式——朝贡贸易。明朝皇帝习惯性地将海外各国视为藩属，将其与明朝的外交活动称作“朝贡”。在外交政策上，明朝以“西洋琐里，世称远番，涉海而来，难计年月，其朝贡无论疏数，厚往而薄来可也”。对于“四夷”进贡之物，除按价值付款外，还照例给予丰厚礼品回敬，贡品之外的附带商品则允许他们开市贸易，由此可见，明朝热衷于政治上万国来朝的独尊地位。在明朝政府的推动下，在西太平洋地区出现了一个以中国为中心，以白银为统一货币，无关税壁垒的政治经济联盟，这也是当时世界上覆盖面积最大、人口最多和结构最稳定的区域性国际体系。清军入关后，清政府延续了明代的“海禁”政策，并把这种政策发挥到极致，推行闭关锁国。

在明清两朝五百多年的时间里，民间私人贸易一直处于压制状态，巨大的海外贸易长期由政府垄断，其利润成为专制王权的重要基础。民间贸易的萎缩使这种海外贸易始终缺乏广阔的社会基础，其对传统经济结构的冲击非常有限。政府限制海外贸易又使中国的海外事业缺乏强有力的支持，从而影响到中国海外事业的持续性。

海外贸易的萎缩限制了东方国家海外市场的开拓，也不利于资本的原始积累。这些因素都阻碍着东方国家向现代社会的迈进。16世纪以后，当西方国家开发海洋的时候，东方国家反而固守于广阔的大陆腹地，小农经济成为其典型的经济特征，从而丧失了工业革命发生的原发动力。

第三章

向着海洋再出发：探索工业化的源头

在现代化研究领域，工业革命通常被看作是现代化进程中的一个标志性事件。就发生的时间而言，工业革命出现于18世纪后期的欧洲，然后于19世纪形成了一股潮流；但就起源而言，工业革命又不局限于18世纪后期，而是有着更为深远的历史背景。一些研究现代化的学者都认为，工业革命的起源可以追溯到11—12世纪的西欧。

实际上，从历史的长河来看，11世纪的确是欧洲的新起点，在经历了一系列的衰退后，欧洲出现了缓慢的复苏，这意味着欧洲“黎明”的来临。在巨大的经济压力下，欧洲逐渐膨胀起来。当欧洲内部的承载空间无法满足巨大的经济需求时，欧洲人便开始了中世纪以来第一轮大规模的海洋开拓。经过这一轮扩张，欧洲人的生活区域已经从大陆深处延伸到了边缘海域。对于欧洲而言，这一轮海洋开拓不仅仅是生存区域的扩大，更重要的是在进军海洋之后社会结构的调整。

11世纪是工业革命的起点，也是欧洲再次向海洋开拓的起点。这两者有着怎样的联系，就让我们再次从大海出发，对此做一番新的探索吧！

“被围困的欧洲”：欧洲失海的500年（公元500—1000年）

5世纪起，曾经游牧于罗马帝国边地的日耳曼人如潮水一般涌入帝国境内，曾经称雄于地中海世界的罗马帝国便在这股“蛮族”的大举入侵下瞬间崩塌，西罗马帝国永久地消失在了历史的长河之中。各迁徙“蛮族”彼此混战，长期征讨，战争的烟云笼罩在欧洲上空，一些小的“蛮族”王国纷纷建立起来，曾经统一于罗马帝国之下的西地中海世界变得支离破碎、分崩离析。东罗马帝国虽然被保留下来，并以“拜占庭”的名称著称于世，但其再也无法恢复到罗马帝国的疆域，统治区域也局限于地中海的东部及北非的部分地区。伴随着外族的渐次入侵，拜占庭帝国的疆域逐渐缩小，并于1453年消失在了历史的尘埃之中。曾经造就了无比荣耀的古典文明就此消失，曾经统一于单一权威之下的地中海世界也不复存在，欧洲进入一段黑暗的历史中，这就是西方史家所说的“中世纪”。

中世纪初期是民族大迁徙的时代，也是暴力肆虐、掠夺横行的时代。在这动荡不安的年代里，整个欧洲呈现出了凋敝的景象：农业衰落、人口锐减。土壤学研究表明，5世纪和6世纪时，欧洲很多地区的森林面积都在增加。大量的考古发现也说明了人口密度的急剧下降。中世纪初期还是瘟疫横行的时代。英国教士比德记载了瘟疫期间的欧洲面貌：“东方许多城市都空无一人了，在意大利几个区里，庄稼和葡萄都枯在地上无人收获。”“人口显然在减少，地球上有些最好的国家，眼看也一直没有恢复。”[1] 7—8世纪早期，城市崩溃，甚至在阿尔卑斯山以北的地区逐渐消失。

7—9世纪，原本疲弱的欧洲又受到了三股外部力量的冲击：一支为兴起于地中海东部受宗教影响巨大的阿拉伯帝国；一支为波罗的海沿岸的航海民族维京人；一支为从亚洲草原游牧而来的马札尔人。这三股势力分别从南、北、东三个方向冲击着本已孱弱的欧洲。

7世纪前期，阿拉伯帝国在地中海东南部的阿拉伯半岛兴起，并以迅雷不及掩耳之势席卷地中海东部和北非海岸，叙利亚、埃及以及北非海岸的柏柏尔人国家相继沦陷。公元649年，阿拉伯人建立海上舰队，并与拜占庭帝国的舰队展开激烈争夺，公元673—678年，阿拉伯人围困君士坦丁堡达5

---

1 ［英］赫伯特·乔治·韦尔斯：《世界史纲》（下），吴文藻、冰心、费孝通译，南京：译林出版社，2015年，第496页。

年之久，虽然拜占庭依靠“希腊火”拯救了都城，但拜占庭在地中海东部却受制于阿拉伯人；公元711年，西班牙的西哥特王国发生内乱，一支皈依了伊斯兰教的柏柏尔人径直越过直布罗陀海峡，进入伊比利亚半岛。到公元718年时，阿拉伯帝国势力已遍及伊比利亚半岛的绝大部分地区。公元732年，阿拉伯帝国在西欧的扩张受阻于比利牛斯山，基督徒与穆斯林交战于普瓦提埃，战争的结果以基督徒的胜利而告终，阿拉伯帝国在西欧的扩张就此止步。基督徒虽然取得了战争的胜利，但也无法收复伊比利亚半岛，更没有能力重新恢复地中海的制海权。伊比利亚半岛的沦陷意味着欧洲西南出海口的丧失，西北欧国家经直布罗陀海峡进入地中海的商路已变成了难以逾越的畏途；公元829年，阿拉伯帝国控制西西里岛，欧洲经意大利的出海通道也受制于穆斯林。游弋于地中海的穆斯林海盗从北非海岸、伊比利亚半岛、西西里岛出发大肆洗劫地中海沿岸城市，并沿内河河道向内陆推进。穆斯林的劫掠使地中海海岸难有安宁之时。“到9世纪末，骄傲自大的阿拔斯王朝哈里发自诩说，基督徒甚至连一块木板也划不起来了。”[1]

8世纪后期，一支来自北方的蛮族势力再次使欧洲陷入恐慌之中，这就是北欧海盗——维京人。维京人入侵是当时欧洲的普遍现象，前后持续近三百年。维京人源于斯堪的纳维亚半岛，主要包括丹麦人、挪威人及瑞典人。维京人的活动区域遍及欧洲各国，北大西洋沿岸，甚至在冰岛、格陵兰及美洲都留有维京人的足迹。

9世纪的欧洲还面临着东部马札尔人的威胁。马札尔人是凶悍的亚洲游牧骑兵，在10世纪上半叶骚扰了东法兰克、亚平宁半岛北部以及西法兰克的东部和中部地区。马札尔人以小队的形式劫掠欧洲一些不设防的城市，并击败了试图抵抗他们的军队。马札尔人的入侵使欧洲东部面临着巨大的压力。

1 ［法］罗伯特·福西耶：《剑桥插图中世纪史（950—1250年）》，李增洪等译，济南：山东画报出版社，2008年，第119页。

欧洲人的恐慌

中世纪前期，欧洲处于一系列外患之中，生活在其中的人们遭受着巨大的痛苦。在南部，人们祈求神明保佑，免受穆斯林的屠戮："永恒的圣三一啊，将您的子民从异教徒的手中解救出来吧。"在北部，人们如此祈祷："哦，上帝啊，把我们从正在涂炭我们家园的野蛮人手中解救出来吧。"在亚平宁半岛的北部，人们哀求道："保护我们吧，让我们不再被马札尔人的箭射中。"[1]

阿拉伯帝国牢固地控制着地中海的制海权，维京人的入侵又使欧洲的北部海岸面临着持续的压力，马札尔人的入侵又在一定程度上阻碍着欧洲人东行的道路，唯一留有出口的就是西面的大西洋。尽管欧洲有着漫长的大西洋海岸线，但此时的欧洲人还不具备开拓大洋的动力和能力。大西洋虽然近在咫尺，但欧洲人选择了故步自封。海路的丧失使西欧国家只得蜷缩于欧洲的西北一角，随之而来的便是商业的衰落、城市的衰退，封建庄园制度在欧洲推广开来。农民被束缚在土地上强制劳动，不得随意迁徙，封建领土则通过政治权力肆意压榨农民，满足着自身的需求。在这样的背景下，农民劳作仅仅是为了满足基本的生存需要，封建领主则依赖庄园过着一种自给自足的生活。

"法兰克王国由于大海的阻碍成为一个以农业为主的内陆国家，一个缺乏长远眼光的农民国家，制造产品都是为了使用而非交换，9世纪成了自给自足家庭的黄金时期。"[2] 罗马时代曾经繁荣一时的商业城镇变成了不事

1 ［美］朱迪斯·M. 本内特、C. 沃伦·霍利斯特：《欧洲中世纪史》，杨宁、李韵译，上海：上海社会科学院出版社，2007年，第130–131页。

2 ［英］M. M. 波斯坦：《剑桥欧洲经济史：中世纪的农业生活》（第一卷），郎丽华等译，北京：经济科学出版社，2002年，第177页。

生产，仅以消费为主的教会聚居之地。罗马大道也陷于无人管理状态，人们时常把它当作采石场，掘取现成的石块以建造自己的房舍。贸易规模和贸易方式都发生了很大的变化，小规模的以货易货的原始交换取代了货币交换。欧洲回到了一种封闭的农业经济中，自给自足而又普遍贫穷，整个社会处于停滞之中。

许多学者认为，西欧经济之所以在中世纪一度落后于东方，主要是因为阿拉伯帝国控制着地中海的海权，掌握着出入印度洋的关键通道，切断了欧洲与亚洲之间的海上商路，从而垄断了地中海的商业贸易。欧洲人所需的香料、丝织品、贵重木材都要经由阿拉伯人贩卖，欧洲的航运和商业不得不仰赖阿拉伯帝国的鼻息。

蛮族的入侵、阿拉伯帝国的崛起使中世纪欧洲的文明中心渐渐偏离地中海地区，向欧洲中部的莱茵河流域转移。大陆取代海洋，商业让位农业。地中海从曾经的贸易通道逐渐变成了文明的疆界。公元500年到1000年是欧洲黑暗的5个世纪，也是欧洲失海的500年。在这500年里，欧洲保守、停滞，商贸衰落、技术落伍，只得局促在欧亚大陆的一角。

然而自8世纪起，一个名叫维京的民族迅速南下，又为欧洲的复苏注入了新的活力。

◀ 农民用镰刀收割庄稼。图片显示在8月，农民正在用镰刀收割庄稼。此图收录于公元809—818年间在萨尔茨堡汇编的《天文学笔记》中，该书现藏于维也纳奥斯特里兹国家图书馆

▲ 中世纪的欧洲庄园生活

朔方冲击波：维京海盗的航海事业

斯堪的纳维亚的航海民族

中世纪前期的欧洲是一个丧失海洋的时代，但维京人的入侵却使欧洲的航海意识重新觉醒。

维京人来自欧洲北部的斯堪的纳维亚半岛，这几乎是一个四面环海的半岛，“大海向为他们的交通孔道；至外界须经海，即他们自己的居留地间的往来亦须由海”[1]，独特的地理环境使其在很早的时候便具备了海洋意识。维京人的民族成分与日耳曼人非常接近。他们的居住环境以峡湾为主，所以“维京人”一词的含义就是“来自峡湾的人”。斯堪的纳维亚半岛的农业生产条件并不优越，但周围的原始森林却为他们提供了皮毛、蜂蜜等物产，同时也为造船业的发展提供了充足的原料。当给养不足时，维京人便出海贸易，甚至公开劫掠，俨然一群游牧的海洋民族。在不断地海外贸易、劫掠中，维京人逐渐具备了海盗和商人的双重身份。

◀ 维京船只，这艘船出土于挪威，时间大约为公元800年。船只雕刻精美雅致，船本身可用于贸易和战争。这种船由桨和帆驱动，在海上航行时可以达到非常高的速度，同时也可以在内河航行，并可以轻松地拖上岸

1 ［英］屈勒味林：《英国史》（上），钱端升译，北京：东方出版社，2012年，第75页。

维京人是“天然的航海民族”，其航海技术领先于当时的欧洲各国。5 世纪时，维京人的船只已装置了“U”形桨架，用以固定桨位。舵桨很长，通常被安装在船尾的右侧，并一直伸到龙骨底部之下，从而保持了船体的稳定。

6 世纪以后，船只开始使用帆，并从小帆发展为大方帆。船只的动力以扬帆为主，兼以划桨助推。为了抗击北部海域的大风，维京人在船上安置的大方帆一般都用皮革制成，或用加了皮革条的布制成。船上还设计有帆脚索，可以牵动帆顶风的那一面，使船在横风的情况下仍能顺风航行。

船底及外壳板的构造比较独特。船底有龙骨，肋骨横接其上时有平、斜两种方式，因此出现了似乎看不见龙骨的平底船和龙骨凸出的尖底船两种船型。两种船各有用途：尖底船瘦削，耐波性好，这是北欧船优于地中海船的地方，也是维京人的主要船型；平底船易于登沙滩，适合维京人侵入别地时涉滩深入内河，这种类型的船也不在少数。

船体为长船状，但船中部要比南方地中海的长船宽得多，船头船尾接近对称，都呈尖翘状，离海面很高。船身为平滑弯曲的线条，头尾都似蛇龙昂头，遇到危险时还可将头尾去掉。

从考古发掘可知，典型的北欧海盗船，一般为14～23米长，没有甲板和尾舵，船头船尾朝上高翘，大多雕成龙首或兽首形状，并且饰以漂亮的涡形图案。船中央竖有橡木桅杆以张挂船帆，船体配有16～30 余支长桨，一次可载60～150名武士。[1] 维京人的船只通常连接在一起，并使用上等原料建造，每块木板的低缘覆盖到其下边的船板上。[2]这种船呈平底状，吃水浅，两头能开，进退自如，适应性强，它既可以在狭窄曲折的河道航行，又能在汪洋大海上驰骋。维京人的航海技术对当时的欧洲来说可谓一场航海革命。

维京人还能够根据海水颜色、潮流和风向，以及对海鸟、海豹、鲸的

1　沈坚：《维金时代：冲突与交融》，载《历史研究》，1989年第5期。

2　［英］阿兰·帕尔默：《波罗的海史》，胡志勇译，上海：东方出版中心，2013年，第24页。

活动规律的观察来判断海岸的方位和距离，还能以太阳和北极星作为航海定向的坐标。

维京人的入侵

8世纪末，或许是因为气候原因导致的粮食歉收，或许是因为贵族所生子弟增多致使土地、财富分配出现危机，原本就躁动不安的维京人开始大举南侵，而此时的欧洲恰是政局混乱之时。每年春天，维京人乘他们的平底小船顺风南下侵扰别国。他们抢夺乡村城镇、掳掠当地居民，尤其喜欢袭击修道院，所到之处无一幸免。“本年麦细亚王基那尔夫洗劫肯特一直到了水草地才止，把肯特的王普稜携回麦细亚，把他的两眼挖了，两手断了。”[1]维京人凶狠残暴，所到之处无不是血流成河、城镇毁灭、人民遭殃，其手段之残忍令欧洲各国胆战心惊、人人自危。维京人在中世纪俨然就是魔鬼的代名词。

维京人残忍地攻击修道院

维京人特别喜欢抢劫修道院，主要是基于以下两点：一是修道院通常不设防，二是那里往往囤积着大量的金银财宝。公元793年6月8日，维京人驾驶着他们像飞龙一样的巨船突袭圣岛大教堂。教堂修道士被害，尸体扔到海里，或作为奴隶被带走。教堂宝物被劫掠一空。[2]维京人的凶狠和残忍引发了人们的恐慌，一些修士、修女为了自保甚至会采取一些极端的手段。中世纪的一位编年史家记载了这样一个故事：科尔丁厄姆的女修道院院长艾巴得知维京人要来洗劫她的修道院，为了保持自己的童贞之身，她就用剃刀割下自己的鼻子和上唇。不光院长这么做，

1 ［英］屈勒味林：《英国史》（上），钱端升译，北京：东方出版社，2012年，第76页。

2 ［英］阿兰·帕尔默：《波罗的海史》，胡志勇译，上海：东方出版中心，2013年，第25页。

所有的修女也都这么做了。当维京人最终来到修道院时，他们确实被这些自残得鲜血淋漓的修女吓坏了，他们转身就走，不过在走之前，他们还是放火烧毁了修道院，所有的修女无一幸免。[1]

▲ 维京人与罗斯人的一场海战。图片描述的是10世纪基辅罗斯（维京人建立的国家）攻打君士坦丁堡的一次尝试

虽然维京人抢劫成性，但在南下侵扰的过程中仍不失其商人的身份，在赫布里底群岛发现的一个维京人首领的墓葬中就有秤与刀斧的陪葬物。[2]无论在陆地或海上，他们遇到陌生人时均会和其交易，如若不然，维京人就会把他们杀死。瑞典一地发现有4万余枚阿拉伯货币、3万余枚英格兰货币、4.8万余枚德意志货币。[3]考古学家在挪威奥斯陆发掘出古代维京人的贸易集市，这里出土有来自莱茵兰的瓷器、来自英格兰的农具、来自阿拉伯的银币。[4]大量出土货币文物表明，当年的维京人与东欧、西欧、中欧乃至西亚都有着商贸往来。

1 ［美］朱迪斯·M. 本内特、C. 沃伦·霍利斯特：《欧洲中世纪史》，杨宁、李韵译，上海：上海社会科学院出版社，2007年，第133–134页。

2 ［英］屈勒味林：《英国史》（上），钱端升译，北京：东方出版社，2012年，第77页。

3 沈坚：《维金时代：冲突与交融》，载《历史研究》，1989年第5期。

4 ［英］阿兰·帕尔默：《波罗的海史》，胡志勇译，上海：东方出版中心，2013年，第33页。

维京人的侵略路线

8世纪开始的维京人入侵几乎遍及欧洲各个角落。维京人的入侵大体分为东、中、西三条线路。东路以瑞典人为主，他们沿波罗的海东岸南下，征服了今天属于芬兰的土地，然后再深入斯拉夫人的腹地，在基辅、诺夫哥罗德等地建立国家。他们还渡过黑海，多次攻击君士坦丁堡，虽然没有攻下，但获得了贸易的特权。中路以丹麦人为主，其掠夺目标是西法兰克王国及盎格鲁–撒克逊各王国。公元845年，120艘达卡尔船沿塞纳河深入内陆并劫掠了巴黎。6年后，350艘维京人的船只出现在泰晤士河与人口稠密的伦敦。[1]因此线路程较近，维京人南下的数量亦多，维京人逐渐定居下来，英吉利海峡两岸均建立起了维京人的政权。西路以挪威人为主，他们很快就控制了苏格兰西海岸和爱尔兰的大部分地区。随后，他们又在人迹罕至的冰岛定居，从冰岛出发，又到达了格陵兰岛及北美大陆的东北海岸。

维京人的征服、掠夺活动持续了两百多年。以9世纪中叶至10 世纪初为界限，可划分为两个阶段。此前，维京人大多采取突然袭击、打了就跑的活动方式，人数不多，机动性较强，以掠得足够的财富和奴隶为目的。此后，可能是迫于日益加重的人口压力，维京人着重组织较大规模的军事远征，试图侵占他国土地，拓殖定居，甚至建立国家。

维京人以北欧海盗的面貌出现在欧洲，在其劫掠欧洲的两百余年中，欧洲各国受到了极大的破坏，王权衰落、社会动荡，欧洲的凋敝几乎到了历史的低点。

1 ［美］保罗·布特尔：《大西洋史》，刘明周译，上海：东方出版中心，2015年，第26页。

为欧洲注入新的因素

维京人的入侵是一种野蛮的海盗征服运动，也是一种劫掠式的航海事业，它同赤裸裸的血腥杀戮和抢劫紧密相连，打家劫舍，杀人越货是其典型特征，仅在西欧，被北欧海盗蹂躏的城市就可列出一长串名字。在这股暴风雨般的袭击中，无数生灵涂炭，河山满目疮痍。但维京人的航海活动也为欧洲注入了新的活力。

维京人通过劫掠和贸易使其收获了大量的白银，1018年居然多达22吨，占银币总量的47%，其中一大部分是与法兰克人的贸易所得。[1]他们把劫掠来的货物在别处出售，用抢夺来的财富购买产品，僧侣和修道院长期集聚的财富再次进入流通领域，从而推动了欧洲的货物和资本流通，为欧洲商品经济的发展注入了新的活力。在维京人的沟通下，原本衰颓的商业活动再次活跃，原本废弃的水路被重新开通，原本隔绝的市场被重新开放。维京人以野蛮入侵者的身份为欧洲注入了商业的因子。这犹如一股清流注入了沉寂的欧洲。

维京人的海外探险还刺激着欧洲人的探索精神。当西欧的基督教徒止步于大西洋海岸，不敢外出探险时，维京人已驾驶着他们的船只在北大西洋扬帆西航，深入大洋深处，直至北美大陆。维京人以大无畏的勇气挑战着大西洋的汹涌波涛，他们以航海民族的身份为欧洲注入了探索大海的精神因子。11世纪以后，伴随着欧洲的复苏，欧洲人又踏上了开拓海洋的道路，当时的维京人就承担了探路先锋的角色。

维京人的大举入侵使欧洲跌入低谷，虽然在当时看来是一场灾难，但随着维京人入侵步伐的停止，以及对基督教世界的皈依，维京人的海外活动反而预示着一个海洋时代的到来。

---

1 ［荷］维姆·布洛克曼、彼得·霍彭布劳沃：《中世纪欧洲史》，乔修峰、卢伟译，广州：花城出版社，2012年，第103页。

“膨胀”的欧洲

社会秩序的安定

恐慌中迎来的新千年

1000年是新千年的开始，但在当时的欧洲却到处流传着“末世论”。修士们经常宣称：一千年将要过去，撒旦就要被释放出来了。这一年九月，天边划过一颗流星，又被说成是神秘可怕事件的前兆，人们的恐慌情绪更为加剧。在这一年中，许多人忐忑不安，等待着灾难的来临。终于，这一年过去了，人们发现新千年的起始并没有出现巨大的灾难，与往年相比并无太大的区别。实际上，1000年并不是欧洲的末世，而是欧洲复苏的新起点。

1000年左右，伊斯兰势力在西方的扩张暂告一段落，伊斯兰世界和基督教王国处于相持之中；来自斯堪的纳维亚的维京人入侵也渐趋减弱，他们逐渐和当地居民融合、通婚，并接受上帝的意旨，逐渐基督教化；10世纪中期，奥托大帝彻底击败了马札尔军队，并终止了他们的侵略。马札尔人在现在的匈牙利定居下来，他们建立起自己的国家，并于新千年伊始皈依了基督教。斯堪的纳维亚和匈牙利成为基督教世界的一部分，欧洲的疆界再次扩大。“1000年时，维京人、穆斯林、马札尔人或被击败、不再出兵侵袭，或已定居下来。欧洲终于能有个机会实现自己的发展，过去千年里不断困扰他们的兵荒马乱已不复存在。简而言之，欧洲已处在爆发性发展的临界点。”[1]

伴随着大规模外族入侵的结束，一些强大的封建王国开始建立起来，中央集权的趋势加强了。公元962年，德意志的萨克森公爵奥托被推举为

1 ［美］朱迪斯·M. 本内特、C. 沃伦·霍利斯特：《欧洲中世纪史》，杨宁、李韵译，上海：上海社会科学院出版社，2007年，第157页。

皇帝，是为奥托一世（公元962—973年在位），神圣罗马帝国出现在中欧的版图上。奥托是帝国历史上少有的雄主，其在位期间励精图治、强化皇权，并成功抵御马札尔人的入侵，使西欧免受外敌的再次入侵。公元987年，法国贵族于格·卡佩被拥为法国国王，法国开始了卡佩王朝（公元987—1328年）的统治。初期的卡佩王朝王室衰微，其统治区域仅限于巴黎周边一带，但从第五位国王路易六世（1108—1137年）开始，法国的王权便开始逐渐强化。1066年，法国的诺曼底公爵威廉渡海征服英格兰，建立了诺曼王朝，结束了英格兰的分裂局面，诺曼王朝是英国历史上第一个统一的封建王朝。诺曼王朝的建立使英伦三岛遭受外族入侵的历史就此画上句号。这些封建君主国的建立及强化，一改西欧孱弱不堪的局面，西欧抵御外族入侵的能力明显增强，不再任由他人摆布。

“经典经济学家认为，一旦机遇和安全条件具备，增长就是自然而然的、不可避免的。排除阻碍，就自然会发展。”[1]11世纪以后的西欧的社会秩序渐趋安定、社会经济缓慢复苏，这预示着一个新时代的到来，一些学者称为“西方的黎明”。

人口数量的增加

布罗代尔说过，人口数量是经济发展程度的“指示器”。在古代社会，人口数量的持续增长通常是经济复苏和发展的重要表征。对过去人口数量的精确统计是历史学研究的一个难题，但通过对大量资料的整理分析，我们还是可以估算到人口增长的大致趋势。

1000年左右，欧洲大陆（包括俄罗斯和巴尔干半岛）的人口为3000万～4000万人，14世纪初为7000万～8000万人。也就是说，300年间欧洲人口翻了一番，年增长率约为0.25%。[2]在意大利，从公元650年到1000年，

1 ［美］戴维·S. 兰德斯：《国富国穷》，门洪华等译，北京：新华出版社，2010年，第32页。

2 ［荷］维姆·布洛克曼、彼得·霍彭布劳沃：《中世纪欧洲史》，乔修峰、卢伟译，广州：花城出版社，2012年，第106页。

人口由250万人增加到500万人，1340年上升到1000万人；在英国，据土地清册资料估计，1086年的英国人口为110万人，1260年增加为260万；在法国，公元650—1000年，人口由300万人增加到600万人，1200年增加为1000万人，1340年上升为1900万人。1050—1350年，整个欧洲的人口增加了3倍。[1]人口的增长还体现在城市人口数量的增加，到1300年，米兰的人口大约10万人，阿尔卑斯山以北的城市人口很多都在2.5万人到5万人之间。巴黎的人口数量则逼近20万人。[2]当然，过去的人口统计不可能完全一致，但大量的统计数据却表明了人口数量呈现出的上涨趋势。

到1300年前后，欧洲西部和南部的人口已相对稠密，北部和东部的人口增长则较为缓慢。1200年时，西欧的人口密度已经远超东欧。“到公元1000年前后（人口增长）已经达到一个临界点，足以推动商业化、城市化和国家形成进程的加速发展，而这种进程又对社会、经济和政治发展至关重要。”[3]

伴随着人口数量的增加，通过垦荒获得足够的土地便成为当时人们的必然选择。人们抽干沼泽，砍去森林，填平大海，欧洲在沉寂了几百年之后再一次向文明的边缘地带进发。公元987年，法国的土地有一半还是森林，而到了菲利普·奥古斯都（1180—1223年）时代，法国王廷就对森林的大规模开发进行监督管理[4]；12—13世纪，不列颠农民为了获取更多的耕地也开始了向森林、沼泽和山地的进军；也是从12世纪起，曾经遍布湿地和湖泊的荷兰，也出现了能够供人类定居的陆地；日耳曼人则越过易北河向森林密布的斯拉夫人定居地进发，波罗的海沿岸随即出现了日耳曼人的定居点。

在人口增长的背景下，欧洲逐渐膨胀起来。人口的增加迫切需要粮食产量的提高，这又推动着农业生产技术的改进。

---

1 黄洋、赵立行、金寿福：《世界古代中世纪史》，上海：复旦大学出版社，2005年，第369页。

2 ［美］朱迪斯·M. 本内特、C. 沃伦·霍利斯特：《欧洲中世纪史》，杨宁、李韵译，上海：上海社会科学院出版社，2007年，第163页。

3 ［荷］维姆·布洛克曼、彼得·霍彭布劳沃：《中世纪欧洲史》，乔修峰、卢伟译，广州：花城出版社，2012年，第106页。

4 ［英］科林·琼斯：《剑桥插图法国史》，杨保筠、刘雪红译，北京：世界知识出版社，2004年，第96–97页。

▲ 11世纪俄罗斯伐木工在诺夫哥罗德地区开垦土地，现收藏于莫斯科科学院图书馆

农业生产技术的革新

在古代社会，农业生产技术的革新主要体现在耕犁技术的改进上。罗马时代的耕犁是一种轻便的无轮耕犁，这与地中海地区干燥的浅层土壤环境相适应，但并不适合耕种北欧地区湿润的黏重土壤。所以在罗马时代乃至进入中世纪前期，英国、法国和德国的大部分地区依然被原始森林覆盖着。1000年左右，一种新型轮式耕犁——重犁在欧洲推广开来。与传统耕犁相比，这种新式耕犁的优势非常明显：耕犁用铁制成，其重量足以切入很深的土壤，所以能够翻耕、清理较为坚硬的泥土。这种犁非常适合北欧地区有着丰富降雨的黏重土壤环境；耕犁装有轮子，操作起来也极为方便灵活；耕犁尖端配有非常耐用的金属刀片，便于切割土壤。

另一项重要的技术成就是挽马方法的变革，罗马时代人们通常把轭套在马颈上，拖拉重物时容易使马窒息而亡。1000年左右，欧洲人开始使用一种架在牲口肩上的马轭，使用这种方法可以使单匹马拉更多的重物，而不至于使马窒息而亡。在古罗马时代，由于轭套使用不当，马只能拉较少的重物，勉强顶四个奴隶工作。12世纪，随着肩轭的出现，动力也增加了4～5倍。[1]另外马掌的使用也使人们更好地驾驭马力。

---

1 ［法］费尔南·布罗代尔：《十五至十八世纪的物质文明、经济和资本主义》（第一卷），顾良、施康强译，北京：商务印书馆，2017年，第420页。

▲ 犁耕图。两头牛一组并肩地拉犁，轭放在牛肩胛骨或牛角之间隆起的部位，马虽然较牛的行进速度快，但饲养的费用高。13世纪时马才逐渐取代牛的位置。现存伦敦大英博物馆

重犁的使用和挽马技术的结合导致一种新的耕作方式出现。这种耕作方式以马为动力牵引耕犁，从而减少了人力、物力的投入，使耕地效率大为提升，粮食产量得以增加。在查理曼时代，一户农民每种下1蒲式耳[1]的东西，大约可以收成2蒲式耳；但到了12世纪，通常情况下收成可达4蒲式耳。[2]以小麦的产量为例：在安纳皮斯的王室地产上，9世纪时可得到2倍的回报，在克吕尼，1155年时可得4倍的回报；在皮卡尔迪，1225年时可得7倍的回报；100年后，在阿图瓦耕种的回报是11倍，几乎接近1900年时法国的情况。[3]

粮食产量的增加使农村的饥荒普遍减少，从而又促进了人口的增长。实际上，重犁的意义不在于亩产量的提升，更重要的则是欧洲农业边界的推进。尼德兰地区的泥炭地得以开垦出来，日耳曼人越过易北河向东进发，西欧、南欧的原始森林则被砍伐殆尽，用于农业生产。在阿尔卑斯山以北的欧洲大平原上出现了一幅农民垦荒的盛景。欧洲内部的自然疆界被一一清除，历来不交往的地区发生了联系，商业城市在交通线路的交会处兴起。

这一时期还有一项重要的农业技术值得提及，那就是“三圃制”的普

1 蒲式耳，英美制容量单位（计量干散颗粒用），英制1蒲式耳合36.37升，美制1蒲式耳合35.24升。

2 ［美］朱迪斯·M. 本内特、C. 沃伦·霍利斯特：《欧洲中世纪史》，杨宁、李韵译，上海：上海社会科学院出版社，2007年，第169页。

3 ［法］罗伯特·福西耶：《剑桥插图中世纪史（950—1250年）》，李增洪等译，济南：山东画报出版社，2008年，第263页。

遍推行。中世纪的欧洲，普遍缺乏肥料，因此保持土壤肥性的最佳方法就是采取休耕制。罗马时代的轮耕制度只有两块地：农民耕种其中的一块，把另一块留空用于休耕。自8世纪始，更有效率的三块地轮休制度出现了，并逐渐普及。三块轮耕地以三年为一个循环单元：一块春天种植、秋天收成，一块秋天种植，次年初夏收成，一块留空。这样，任何时间里都有2/3的土地处于耕种状态，相比先前只用一半土地的轮耕方式进步了许多。[1]“三圃制”的推行改善了土地肥力，从而提高了粮食的产量。

这些农业技术上的变革是持久的，又是缓慢的，但“在11世纪之前给北欧带来了一场不可逆转的农业革命，从而强化和促进了大陆历史的动力中心由地中海诸国转移到北部”[2]。欧洲的经济中心从地中海地区向阿尔卑斯山以北的欧洲转移，一个由西北欧主导的欧洲时代即将到来。

农业技术的变革导致了粮食产量的增加，从而推动着人口数量的迅速增长，原本就地域狭小的欧洲变得更为拥挤，整个欧洲变得躁动不安。

商业及城市的兴起

农业的发展导致了农产品数量的增加，这为商业的发展提供了物质基础，同时农业技术的改进也节省了劳动力的投入，从而为商人阶层的兴起创造了条件。

商品交易会定期举办，地点分布于西欧各地。集会期间，商人蜂拥而至，农民、手工业者借机出售产品。英格兰的贸易集会一年内在各地轮流举办，低地国家的贸易集会则相距不远，可以按时间逐次前往。每年的香巴尼集会堪称全欧商人的盛大集会；封建领主的生产也不再满足于自给自足，而是供应市场，换取货币，庄园的商品化趋势逐渐加强。农民缴纳的

1 ［美］朱迪斯·M. 本内特、C. 沃伦·霍利斯特：《欧洲中世纪史》，杨宁、李韵译，上海：上海社会科学院出版社，2007年，第169页。

2 ［英］J. M. 罗伯茨：《欧洲史》（上），李腾、刘旭等译，上海：东方出版中心，2015年，第183–184页。

地租也一改之前的实物形式，代之以货币地租。货币、金银已成为人们身份的象征，追求财富的观念风靡于整个欧洲，再加上欧洲的金银矿开采量极小，这样对货币的需求量就更大。开拓商业市场，拓展贸易空间，追求金银财富已成为欧洲各界的共识。

▲ 犹太人在从事放款业务。长期以来，货币兑换业是犹太人的专利，因此他们并不遵守基督教的法律。如图所示，犹太人贷出一笔款项，贷款总数等级入册，在背景中可以看到各种贷款抵押品

商业的发展、商人的活跃直接推动了商品交换场所——集市的出现。早期集市通常出现在基督教修道院和封建领主城堡附近，修道院借助集市出售多余的产品，封建领主则通过集市获取工业品。商人在此活动，工匠纷至沓来，农民迁居于此，早期城镇的雏形就此出现。“到1100年或稍后一些，从波罗的海到意大利，从英格兰往东远至波希米亚，整个欧洲都出现了这种中心地区。通常，每隔20或30英里就有一个中心城市。最小的城市仅有几百居民，较大的城市则有两三千居民，有的还更多些。”[1]“到13世纪末，西欧各地的城市总数已超过11 000座，意大利有城市200座，英国

1 ［美］R. R. 帕尔默：《现代世界史》（上），孙福生等译，北京：世界图书出版公司，2009年，第29页。

有140座，德国、法国、西班牙、荷兰、比利时、瑞士等大体上旗鼓相当。不过，这些新兴的欧洲城市总的来说仍属‘小城’类型，绝大多数人口只有两三万，大者如法国的巴黎、英国的伦敦、德国的科隆和汉堡，它们不过四五万人，当时最大的工商业城市如意大利的佛罗伦萨、威尼斯和米兰，也只有10万左右的人口。”[1]

12世纪的伦敦城

我们可以通过12世纪末的伦敦城来了解中世纪城市生活的大致面貌。当时的伦敦，人口数量为4万人左右，是不列颠岛最大的城市和整个西北欧的商业中心。伦敦还是英国的政治中心，许多主教、修道院长和公爵都在城里拥有房子，国王也在威斯敏斯特西区的宫殿处理政事。12世纪末的伦敦有139座教堂，每小时都能听到钟声。

伦敦的街道非常窄小，大部分都未铺上石板，整天都挤满了人、狗、马和猪。街道两旁排满房屋的店铺，大多是木结构的。但在12世纪的居民看来，伦敦仍是一座极其繁华、日新月异的大都市。泰晤士河上的木桥正在被替换成一座全用石块砌成的石桥；街道上的清洁工每天在清除垃圾；城里还有英国唯一的排水系统，街道中心有排水沟。12世纪早期，城里甚至还建造了一个公共厕所。[2]

中世纪的欧洲，封建割据、王权衰落，国王时常处于财政紧张之中。为获取商人的贷款，国王通常要向商人妥协。商人所居住的城市就会获得一系列的“特权”，城镇便享有自治权利。城镇的出现打破了中世纪以来欧洲的沉寂，这与封闭的庄园经济形成了鲜明的对比。庄园充斥着奴役的

1　郭华榕、徐天新：《欧洲的分与合》，北京：人民出版社，2015年，第63–64页。

2　［美］朱迪斯·M. 本内特、C. 沃伦·霍利斯特：《欧洲中世纪史》，杨宁、李韵译，上海：上海社会科学院出版社，2007年，第191页。

氛围，城镇到处是自由的空气。庄园依附于封建领主，城镇则享有自治的特权。“古代曾经有过希腊式的自由城市，乡村居民可以随意出入和活动。中世纪的西方城市则相反，关在城墙里面，受墙的保护。”[1]居住在城镇的居民，其财富不是源于封建赋税的剥削，而是源于商人的苦心经营和手工业者的辛勤劳作。城镇之中的谋利形式有别于中世纪的敛财手段，这“为形成企业家和消费主义的规范和价值观（包括理性地追逐无尽的物质财富，即通过贸易获取利润并将所得利润用于再投资）提供了土壤”[2]。

1000年之后的两个世纪，原本疲弱的欧洲再次膨胀起来。当狭小的欧洲已经无法容纳人口的增长规模时，寻求海外扩张便成为一股不可避免的趋势。

总之，与其他文明相比，欧洲的海洋扩张实际上是一种以生存为目的的扩张，获取财富、追求利益、寻找新的生存空间始终是欧洲人探索大海的根本动因所在。正是因为有了经济利益的驱使，欧洲人探索海洋的动力才能够持续不断。

向着海洋进发：欧洲边界的再次拓展

大概从1000年开始，原本沉寂的欧洲再次活跃起来。人口的增长使土地供不应求，许多农民已无地可种；城市的崛起、商业的复苏使商人阶层日趋活跃，其对市场的需求更加迫切；贵族子嗣的增加以及长子继承制的实行使许多贵族子弟失去了继承土地的资格，成为“无业游民”；教会改革使教皇权力增长，其传教热情空前高涨。总之，此时的欧洲已被一种对外开拓的氛围所笼罩着，扩张已成为一股不可逆转的趋势。“土地、金钱

1 ［法］费尔南·布罗代尔：《十五至十八世纪的物质文明、经济和资本主义》（第三卷），顾良、施康强译，北京：商务印书馆，2017年，第102页。

2 ［荷］维姆·布洛克曼、彼得·霍彭布劳沃：《中世纪欧洲史》，乔修峰、卢伟译，广州：花城出版社，2012年，第194页。

和永恒的救赎——这些就是吸引中世纪武士开垦边境的奖赏。”[1]在十字军运动的感召和商业利润的刺激下，欧洲大陆掀起了一股向欧洲边缘地带殖民和贸易的浪潮。

十字军东征：欧洲重回地中海

1. 教皇的号召

1095年11月，天主教世界的宗教会议在法国南部的克勒芒如期举行。就在会议行将结束时，时任教皇的乌尔班二世（1088—1099年在位）向教众发表了慷慨激昂且极富煽动性的演说。在演说中，他历数基督徒在拜占庭帝国遭受的非人磨难以及穆斯林对基督徒施加的种种暴行。他号召封建领主、骑士、士兵、农民、商人拿起武器，到东方去，“献身援助我们的基督徒兄弟，要像刮旋风那样，从我们大众的国土上刮走那邪恶的民族”。他号召基督徒为获得救赎而战，“过去被雇佣当兵，只得到几个铜板，现在要去取得永生的奖赏”[2]。乌尔班二世的演说使与会者群情激奋，他的演说不时为“阿门”“阿门”的欢呼声所打断。语言的煽动、宗教的狂热，加上东方财富的诱惑，教皇乌尔班二世的演说点燃了欧洲无数教众的远征热情，一场持续了近两个世纪的军事征服活动——十字军东征就此拉开大幕。

但穆斯林对耶路撒冷的统治并不像教皇所描述的那样，穆斯林统治下的教堂依然存在，基督徒的活动仍旧合法。所谓的“解救主的坟墓”仅仅为十字军东征提供了一个冠冕堂皇的借口，使这次军事远征充满了合理性和正当性。但远征背后更深层次的动因则是西欧社会经济的剧烈变动。1000年左右，外族对西欧的大举入侵暂告一段落，随之而来的是社会的安

1 ［美］朱迪斯·M. 本内特、C. 沃伦·霍利斯特：《欧洲中世纪史》，杨宁、李韵译，上海：上海社会科学院出版社，2007年，第233页。

2 ［荷］彼得·李伯庚：《欧洲文化史》，赵复三译，上海：上海社会科学院出版社，2005年，第136页。

定，人口的增加，商业的复苏。人口的不断增加使土地供应严重不足，许多农民因此破产，流离失所；商业的复苏推动着商人阶层的迅速崛起，其对财富的渴望不断增强；世俗君主更是垂涎于东方的财富，希望借机控制通往东方的商路；底层民众则抱着一夜暴富的梦想参与其中；即使是罗马教会也想趁机聚敛财富。西欧社会各阶层都希望通过对外征服改变自身的困顿。十字军东征是一场以“圣战”为名的军事征服活动，有着浓厚的宗教救赎色彩，但再为充足的宗教理由也无法遮掩欧洲各阶层对财富的无限追求。“乌尔班是在向一群已心生此意的人发出呼吁，为这一项没有他也可能会开始的事业提供宗教上的合法性支持。”[1]

2. 向着东方进发

十字军东征从一开始便沾染上了世俗的色彩，在整个征服过程中无不体现着欧洲人对财富的狂热追求。1096年，在正式的十字军出发之前，一支由农民和城市贫民组成的“农民十字军”在财富的感召下便已先行前往。

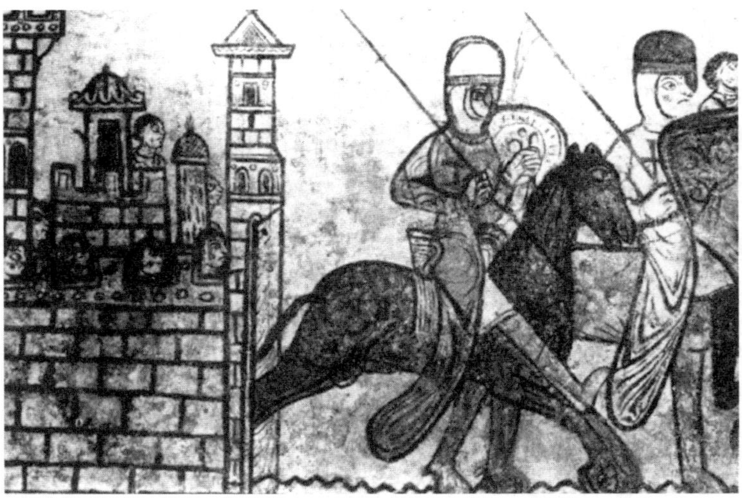

▲ 十字军出征：开路先锋和随从（12世纪夏朗德的克莱萨克地区圣殿教堂壁画）

1 ［英］约翰·朱利叶斯·诺威奇：《地中海史》（上），殷亚平等译，上海：东方出版中心，2011年，第129页。

> 无怪向东方移民川流不息，就像近代群众会奔赴一个新发现的金矿一样——急流的浑水之中挟带着许多废物、流浪者、破产者、随军小贩、叫卖商人、漂泊的修士和逃亡的农奴等，以同样的混杂群集，同样的狂热求生，同样的贫富交替来说明与今天的淘金热是一样的。[1]

这些底层民众虽然目不识丁、不懂教皇的教义，但他们深信远征东方可以帮助他们获取财富，摆脱现实的贫穷。就在去往东方的路途上，这些农民公然抢劫了德国的犹太人社区，平分了犹太人的财富。

5个月之后，一支由封建领主、世袭贵族、破落骑士组成的“正规”十字军正式踏上了东征的征途。1097年，十字军进抵君士坦丁堡。东方的富庶给他们留下了深刻的印象，在巨大利润的诱惑下，甚至还出现了一些零星的劫掠活动。1099年7月，十字军围攻耶路撒冷，5天后耶路撒冷城破。

▲ 十字军攻打耶路撒冷

1 ［英］赫伯特·乔治·韦尔斯：《世界史纲》（下），吴文藻、冰心、费孝通译，南京：译林出版社，2015年，第596页。

伊斯兰历史学家记载的耶路撒冷城破之后的情景

1099年，十字军终于攻下耶路撒冷城，城破之后十字军开始了公开抢劫，所有值钱的东西都被抢夺一空。法兰克人（欧洲人）从天房掳掠了40多个大银烛台，每个烛台重3600德拉姆；还有一个大银灯，重44叙利亚磅。此外，还有150个小的银烛台和20多个金烛台；被掳掠的东西不计其数。[1]

十字军战士还对城内的穆斯林和犹太人展开了疯狂的大屠杀。一位基督徒目击者用这样的文字来描绘他所看见的耶路撒冷城破之后的情景：如果你正好在那儿，尸体里流出的血可以淹没你的膝盖。还要我多说什么呢？没有一个人能活下来。他们连女人和小孩都不放过。[2]伊斯兰历史学家的记载或许有偏颇之处，但十字军战士的亲自描写却充分印证了十字军东征的劫掠性质，“在这样的大流血之后，士兵又到居民住宅中去，劫取其中一切东西，很多穷汉变成了富翁”[3]。

透过这样的文字，我们根本无法感受到基督徒灵魂救赎的色彩，反而把十字军掠夺财富的粗鄙目的暴露无遗。

第一次十字军东征的重要成果是一些基督教小王国在中东的建立。这些国家分布于东地中海沿岸的狭长地带，最初为封建领主的统治堡垒，但随着商人的蜂拥而至，这些海外据点逐渐演变成了商人开拓贸易的据点和海外淘金的大本营。

第一次十字军东征的成功激发了世俗君主的扩张热情，基督教国家又

1 ［荷］彼得·李伯庚：《欧洲文化史》，赵复三译，上海：上海社会科学院出版社，2005年，第137页。

2 ［美］朱迪斯·M. 本内特、C. 沃伦·霍利斯特：《欧洲中世纪史》，杨宁、李韵译，上海：上海社会科学院出版社，2007年，第245页。

3 陈乐民、周弘：《欧洲文明的进程》，北京：生活·读书·新知三联书店，2014年，第84页。

组织起了第二和第三次东征活动。但随着宗教热情的减弱，十字军东征的世俗热情被充分地激发出来，尤以第四次十字军东征最为典型。

第四次十字军东征的目的地是伊斯兰世界的中心埃及，但攻打埃及需要渡海作战，船只便成为必需品。十字军只得寻求威尼斯的援助，希望他们能够提供渡海作战的船只。威尼斯则希望依靠十字军的军事力量，拓宽贸易的范围，进而向地中海东部进行商业渗透。最后双方达成协议：

> 威尼斯将会为4500名骑士提供马匹，为9000名侍从和2万名步兵提供9个月的饮食。此外威尼斯还会自费装备好50艘大船。条件是威尼斯将获得一半的被征服领土。十字军为补给需支付的总价是84 000银马克。[1]

威尼斯人已把支援战争看成是一项商品交易，而非解救“圣地”的宗教理想。商人的参与改变了十字军东征的宗教性质，掠夺财富，开辟商路已是无法掩饰的目的。在威尼斯商人的撺掇下，第四次十字军东征改变了行军路线，竟然向自己的同宗兄弟拜占庭动手。1203年，十字军攻占了拜占庭帝国的首都君士坦丁堡，并进行公开劫掠。大量黄金白银成为私人财富，圣索菲亚大教堂被洗劫一空。

第四次十字军东征是整个十字军征服活动的转折点，这次征服活动把宗教“圣战”的遮羞布完全抛去，代之以赤裸裸的商业掠夺。商人主导了这次对外征服，那么获取利润就成了无须掩饰的目的，十字军东征逐渐丧失了道义上的合理性。

此后，西欧国家又组织了四次征服活动，但都以失败而告终。十字军东征虽没有实现既定的宗教目的，但这种征服却使西欧的各种社会矛盾得到了很好的宣泄。十字军东征结束之后，欧洲各阶层对财富的渴望并没有因此熄灭，反而是更为强烈的涌动。

1 ［英］约翰·朱利叶斯·诺威奇：《地中海史》（上），殷亚平等译，上海：东方出版中心，2011年，第149页。

3. 开辟贸易、航海的新途径

虽然在征服初期，十字军的军事活动破坏了地中海的贸易，但从长远来看，十字军的征服活动却刺激了经济的持续增长。通过十字军东征，比萨、热那亚、威尼斯等意大利商业城市扩大了贸易范围，打通了通往东方的商业通道，欧洲的人口和资本借机涌入地中海东部。威尼斯人乘机在爱琴海、巴尔干半岛、小亚细亚、叙利亚、巴勒斯坦和埃及等地建立商业据点；热那亚人则把商业的触角伸向黑海沿岸、顿河河口，克里米亚半岛也建有热那亚人的贸易站。许多阿拉伯城市专门为意大利商人设立了特别区域。在突尼斯城，仅在1289年的7个月里就有超过300位欧洲商人前来经商。他们带来了皮毛、奴隶、金属、木材、银器和布匹，回家的时候带走了染料、辣油、丝绸、棉花与金子。

13世纪时，一个广阔的商业市场在欧洲形成了。这个市场东至俄罗斯，西到不列颠，南及地中海，北到北欧各国。在这个国际市场中，意大利是当之无愧的中心。意大利商人把东方的商品运往欧洲，欧洲的商品也经由意大利销往东方。总之，“这对西方来说是一个重大突破。从经济上看，西方人已经成为地中海和黑海大部分地区的主人。意大利人可直接与远东开展贸易，不再需要穆斯林充当中间人”[1]。

贸易不仅给欧洲带来了物质利益，还促进了技术上的进步。欧洲人从阿拉伯人那里学到橘子、甘蔗和稻谷等农作物的种植方法，学到了更好的灌溉技术，引进了造纸术、指南针以及能让船逆风而行的三角帆。从中国传来的罗盘经过改造之后被安置在船舶之上；意大利人发明的使用固定舵和方形帆的船削减了人力，增加了货物的载重量。

技术上的进步非常便于商人们在大海上的驰骋，同时也刺激着欧洲人的扩张精神。1291年，热那亚人开辟了经由塞维利亚、里斯本，穿越直布罗陀海峡，最后到达布鲁日的新商路，地中海沿岸的商贸中心便与北海沿

---

1 ［荷］维姆·布洛克曼、彼得·霍彭布劳沃：《中世纪欧洲史》，乔修峰、卢伟译，广州：花城出版社，2012年，第192页。

岸的贸易中心连接起来。这预示着航海新纪元即将到来。“从宗教意义上而言，十字军东征以失败而告终，但是从对外开拓的意义上来说，十字军东征作为西欧第一次对外拓展和冒险，是一次成功的尝试，它由此引发了西欧的进一步对外扩展，形成了一个航海和发现的时期。”[1]

诺曼武士进军地中海

诺曼武士（维京人的后代）是中世纪基督教国家开拓海洋的先锋。11世纪后，伴随着人口的增加以及对财富的无限渴望，诺曼底公国的一些落寞武士开始四处出击，意大利南部及西西里岛是其主要的攻击对象。

1047年，一个名叫罗伯特·吉斯卡尔的诺曼底贵族以强盗团伙头目的身份来到了意大利南部。在小有成就之后，吉斯卡尔踏上了对外征服的道路。1060年，在教皇的庇护下，吉斯卡尔率军入侵穆斯林人口占据优势的西西里岛。在经过30多年的战争后，吉斯卡尔把穆斯林势力逐出西西里岛，西西里岛重归基督教世界。西西里岛经济繁荣，商业活跃，是地中海世界重要的贸易区域。诺曼人的征服使地中海世界的商业格局随之改变，“伊斯兰教的地中海商业霸权重新转入基督教徒的手中”[2]。

诺曼人的征服揭开了欧洲反击的序幕，更大规模的征服活动接踵而至，曾经丧失的海洋重新回归。“11世纪开创了一个新时代，一个革命与探险的时代。”[3]

伊比利亚半岛的“失地收复运动”

1000年时，在伊比利亚半岛的北部分布着一些小的基督教王国，其中影响后来历史的是卡斯提尔和阿拉贡。卡斯提尔位于半岛的中部，阿拉贡

---

1 黄洋、赵立行、金寿福：《世界古代中世纪史》，上海：复旦大学出版社，2005年，第392页。

2 陈乐民、周弘：《欧洲文明的进程》，北京：生活·读书·新知三联书店，2014年，第52页。

3 ［英］J. M. 罗伯茨：《欧洲史》（上），李腾、刘旭等译，上海：东方出版中心，2015年，第149页。

位于半岛的东部，半岛西部则出现了后来的葡萄牙。

11世纪，伴随着安达卢斯和北非的摩尔人在伊比利亚半岛上建立的伊斯兰国家哈里发的去世，伊比利亚半岛上统一的穆斯林政权逐渐分裂成几个相互征战的小王国。伊比利亚半岛的基督教王国迎来了收复失地的良机。1085年，信仰基督教的卡斯提尔王国占领了穆斯林的一个大城市托雷多。此时，在伊比利亚半岛的西侧，一个新的基督教国家——葡萄牙兴起。在半岛东北，基督教国家阿拉贡逐渐壮大起来，并于1118年攻占了穆斯林把持的萨拉戈萨，从而与富裕的基督教城市巴塞罗那联结起来。

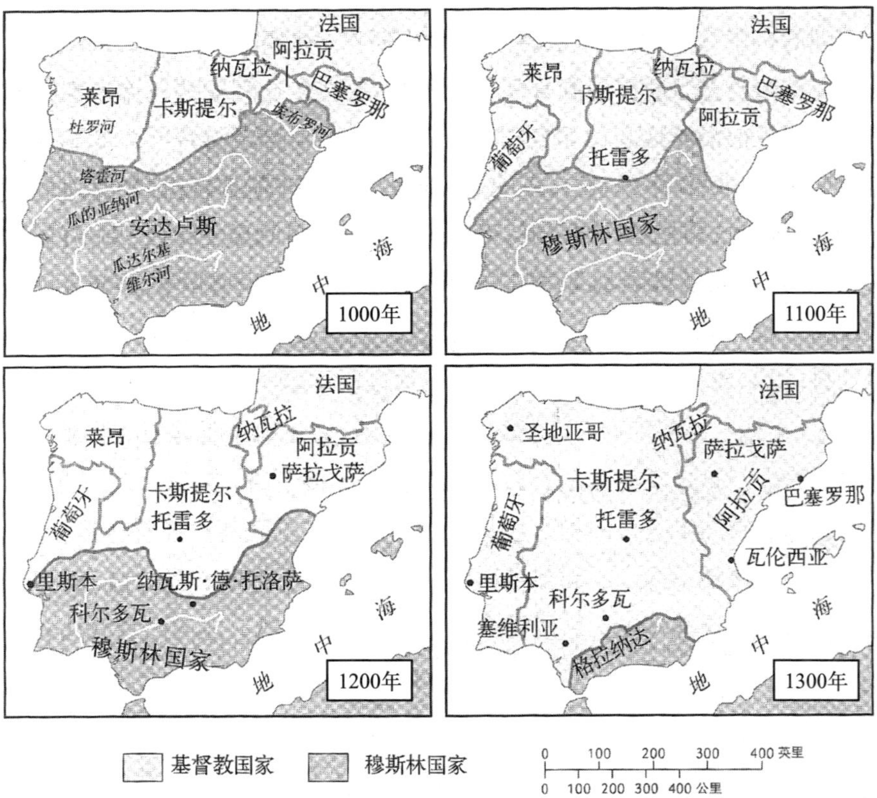

▲ “重新征服”伊比利亚，约1000—1300年[1]

1 ［美］朱迪斯·M. 本内特、C. 沃伦·霍利斯特：《欧洲中世纪史》，杨宁、李韵译，上海：上海社会科学院出版社，2007年，第234页。

1212年之后，基督教王国的失地征服运动加速。教皇英诺森三世（1198—1216年在位）宣布发动宗教战争，扫清伊比利亚的穆斯林。卡斯提尔国王靠着从全欧洲招募来的庞大骑士军队，从托雷多出发，在纳瓦斯-德-托洛萨一役中大败穆斯林军队。穆斯林从此一蹶不振。1236年，穆斯林曾经的都城科尔多瓦被卡斯提尔征服，卡斯提尔占领了伊比利亚半岛的中心地区。在西面，葡萄牙人稳健地往南推进，将住在大西洋沿岸的穆斯林驱逐出去。1250年左右到达了现在葡萄牙的边境。在这几年里，阿拉贡国王向西南进军，越过了富饶的瓦伦西亚沿岸地区，征服了马略卡岛、米诺卡岛以及巴利阿里群岛的其他岛屿。1264年，穆斯林在伊比利亚的势力已经仅限于格拉纳达这个南部小国了。13世纪中叶，基督徒控制了伊比利亚半岛几乎全部的土地，而且主要由三个国家分治：卡斯提尔、阿拉贡和葡萄牙。从政治上讲，重新征服伊比利亚已经基本完成了。[1]到13世纪末，阿拉贡已把其领土推进至地中海边，葡萄牙则完全占据了伊比利亚半岛西南部的海岸，成为一个大西洋国家，卡斯提尔也成为一个兼具地中海和大西洋特色的国家。基督教把他们扩张的边界推向了地中海和大西洋。

日耳曼人挺进波罗的海

当诺曼贵族南下伊比利亚半岛，入侵西西里岛时，当伊比利亚半岛的“失地收复运动”渐趋高涨时，德意志地区的日耳曼人也在积极东扩，他们越过易北河和多瑙河，深入斯拉夫人的腹地。日耳曼人的扩张与诺曼贵族的征服和“失地收复运动”有着明显的不同。

日耳曼人的东扩是一种自发的民间行为，整个过程缓慢而稳定。在1125—1350年，日耳曼人将其东部边界向北面和东面扩张了很多，波罗的海沿岸出现了许多日耳曼人的定居点。

从1000年到1300年，欧洲的基督教王国掀起了一场扩张运动，其范围

1 ［美］朱迪斯·M. 本内特、C. 沃伦·霍利斯特：《欧洲中世纪史》，杨宁、李韵译，上海：上海社会科学院出版社，2007年，第234-236页。

波及欧洲的各个角落。经过这一轮的边疆开拓，基督徒已深入欧洲的各个内海。对欧洲而言，这一轮海洋扩张不仅是生存区域的扩大，更重要的是由此而导致的一系列技术、经济、政治方面的变革。

变革在无声中进行

技术：大航海时代的物质前提

工业革命是欧洲从传统农业社会向近代工业社会演进的关键一环，是一场因技术变革带动经济起飞的"经济技术革命"。传统的历史学家都把工业化的发端定格在18世纪60年代左右的技术变革，这种观点着眼于技术的突然提升，但无法完整理解工业革命的起源。随着研究的不断深入，越来越多的历史学家都认同这样一种观点：工业革命是欧洲几个世纪以来工业技术不断积累的结果，这种观点着眼于技术的持续积累，也就是说，工业革命的答案蕴藏在漫长的历史长河之中。布罗代尔曾说："18世纪50至60年代在英国发端或崛起的工业革命是个极其复杂的过程。工业革命可说是若干世纪前早就开始的'工业化'进程的终点。"[1]美国历史学家斯塔夫里阿诺斯在其著作《全球通史》中也表达了类似的观点，工业革命"描述的不是一个迅速、一夜之间的变化，而是一个在18世纪之前就早已开始并由于各种实际目的而一直持续到现在的'革命'"[2]。可见，工业革命是技术长期积累的结果。

1."12世纪的工业革命"

在古代社会永远不缺乏新技术的发明，只是缺少新技术的广泛应用。"技术应用永远落后于发明，只有当社会达到一定的接受能力时，才谈得

1 ［法］费尔南·布罗代尔：《十五至十八世纪的物质文明、经济和资本主义》（第三卷），顾良、施康强译，北京：商务印书馆，2017年，第677页。

2 ［美］斯塔夫里阿诺斯：《全球通史》（下），董书慧等译，北京：北京大学出版社，2005年，第485页。

上把发明付诸应用。”[1]1000年左右的欧洲，伴随着农业技术的革新、商业的繁荣、贸易的活跃，一场技术上的革命在欧洲悄然发生。这场革命以水力、风力的应用为标志，又被称为“水磨风磨革命”。

▲ 水磨。农作物产量的增加使人们需要更大的磨坊来碾压谷物。图中所示的水磨是现存于叙利亚的一座水磨，它是中世纪水磨技术的完美体现

在欧洲，水力的使用有着悠久的历史。公元前1世纪，罗马工程师就发明了一种使轮子垂直转动的水轮。经过齿轮传动，垂直运动又变成水平运动，从而带动磨盘转动。这样一来，磨盘的转速比动力轮快5倍。[2]然而，这样的“天才”创造在罗马时代并不普及，其主要用于磨制面粉，相比之下，罗马贵族更愿意使用奴隶生产。

1 ［法］费尔南·布罗代尔：《十五至十八世纪的物质文明、经济和资本主义》（第一卷），顾良、施康强译，北京：商务印书馆，2017年，第407页。

2 同1，第431页。

奴隶制缘何阻碍着罗马的技术革新

战争使罗马获得了别国的土地，同时也使外邦人沦落为罗马人的奴隶。在第一次布匿战争中，罗马把7.5万名俘虏卖为奴隶。公元前209年，罗马攻占他林敦，约有3万居民沦为奴隶。卡普亚被罗马攻陷后，全城居民都被卖为奴隶。公元前177年罗马占领撒丁尼亚时，将8万人变卖为奴。公元前167年，罗马占领伊庇鲁斯，俘虏居民15万人，全部卖为奴隶。[1]奴隶的数量急剧增加，以致出现了奴隶价格下跌的现象，奴隶竟然成为廉价物品的代名词。一场战争之后，奴隶的价格不是往常的25元或100元，而是4元或8元。[2]第二次布匿战争之后，20多万战俘送至意大利充当奴隶。如此巨大的奴隶数目改变了罗马社会的性质。罗马的一个普通小家庭就拥有1～3个奴隶，富足家庭会有上百个家奴。共和国时期，意大利有200万～300万奴隶，令人惊骇的是，这个数目占意大利人口总数的35%～40%。[3] 价格低廉的奴隶遍及罗马帝国的各个领域，农业生产、畜牧放养、矿山开采，甚至是家内劳动都以奴隶的辛勤劳作为主。

奴隶的广泛使用严重制约着罗马的技术革新。奴隶备受压迫，从而失去了改进其行业技能的积极性，而大量奴隶的存在，也使其主人丧失了技术革新的动机。罗马皇帝韦斯巴芗宁愿使用奴隶竖立一座方尖碑，也不愿意采用发明家提供的可以方便竖碑的技术措施。水车制造技术在公元前1世纪就已被帝国东部行省所掌握，可直到4世纪，奴隶来源

1 刘家和、王敦书：《世界史·古代史编》（上卷），北京：高等教育出版社，1994年，第358页。

2 ［德］埃米尔·路德维希：《地中海历史》，刘毅译，北京：人民日报出版社，2015年，第110页。

3 ［美］丹尼斯·谢尔曼、乔伊斯·索尔兹伯里：《全球视野下的西方文明史》（上册），陈恒等译，上海：上海三联书店，2011年，第170–171页。

枯竭后它才为罗马所采用。[1]奴隶制度已经成为技术进步的重要障碍。

奴隶制度的存在还使罗马公民，尤其是贵族阶层，逐渐成为一批不事生产的食利阶层。“丝绸和刺绣代替了象征共和美德的粗糙毛织品，而且讽刺作家们尖锐地描写了关于妇女时尚的化妆品、高跟鞋、精美的发型，以及大量的珠宝情况。男人也沉迷于类似的无节制行为以便确保他们的外表反映出他们的财富和地位。”[2]贵族整天享乐，把大笔财富用于购买别国的奢侈品。据普林尼估计，光是购买中国丝绸、印度珠宝和阿拉伯香料花掉的财富就达数百万。[3]罗马食谱中的一张菜单便反映了罗马贵族生活的奢侈及对东方奢侈品的过度迷恋：母猪乳房塞满了盐腌的海胆、耶利哥枣椰、煮沸的鸵鸟、烧腊鹦鹉、煮沸的火烈鸟、非洲的甜蛋糕等。[4]

在严重的享乐生活中，罗马统治者宁愿把财富浪费在无休止的奢侈品消费中，也不愿意把多余的钱财用于生产投资。罗马贵族的奢侈和挥霍还严重地消耗着西方人的硬通货，罗马贵族把大量的钱财用以购买东方的奢侈品，导致贵金属严重外流，从而抑制了罗马经济的持续增长。贵金属的流失还导致通货膨胀的大幅攀升，以粮食价格为例，公元200年时花2个硬币就能购买到的粮食，仅仅一个世纪后就要花上330个硬币。[5]

1080年或1100年前后出现了连柄曲轴装置与凸轮轴相连的机械，这奠

1 ［美］斯塔夫里阿诺斯：《全球通史》（上），董书慧等译，北京：北京大学出版社，2005年，第135页。

2 ［美］丹尼斯・谢尔曼、乔伊斯・索尔兹伯里：《全球视野下的西方文明史》（上册），陈恒等译，上海：上海三联书店，2011年，第206页。

3 ［德］埃米尔・路德维希：《地中海历史》，刘毅译，北京：人民日报出版社，2015年，第106页。

4 同2，第212页。

5 同2，第212页。

定了纺织业中水平转动和碾磨中垂直转动的基础。[1]中世纪时，最初使用水力的是修道院，其目的是保持经济上的自给自足，从而与邪恶的外部世界相隔绝。后来，世俗的作坊主看出了新技术带来的经济效益，在利润的驱动下，他们引进这种技术，并对其加以改进。到12世纪，在诸如玉蜀黍、橄榄、葡萄、木材、炼铁、制革、造纸等行业中都使用水力驱动的机械进行生产。[2]因为西北欧有着众多河流，水力的应用就更为普遍，在湍急的河流上、在桥的拱梁下面以及人工堤坝下面都建起了水磨，一些沿河而建的“工业”城市开始兴起。“12世纪晚期在诺曼底最先使用的风车和水车更加普及：仅皮卡尔迪一处，水车就由245台增加到后来的1175台，而全法国可能共有2万台。在粮食加工方面，水力利用也达到工业操作的水平，如带动锤子和风箱。推广使用家用手纺车也是制造业发达的另一个因素。”[3]

风磨的出现要比水磨晚得多。一般认为在世界许多地区都出现过风磨，但在基督教国家却把风磨改造成直立的转轮，这一天才的变革使功率大为增加。[4]12—14世纪，风磨已遍及欧洲大陆。风力的另一项使用是风车的出现。欧洲有大量的泥炭地和泥沼地，如何排水是一个急需解决的问题，风车的发明则是解决这一问题的良策。风车可以把圩田中的水排到外面，方便了土地的开垦。时至今日，在欧洲的许多地方依然可以看到旋转的风车。水力和风力的使用是欧洲历史上的一次动力革新。

除了水力和风力的广泛使用外，欧洲还出现了一些其他的机械装置。打铁时的机械装置早在10世纪末11世纪初的德国就出现了，但自12世纪初才开始推广开来。漂洗用机械装置在1170年就已经出现。漂洗用机械装置

1 ［法］罗伯特·福西耶：《剑桥插图中世纪史（950—1250年）》，李增洪等译，济南：山东画报出版社，2008年，第285页。

2 ［荷］彼得·李伯庚：《欧洲文化史》，赵复三译，上海：上海社会科学院出版社，2005年，第150页。

3 ［英］科林·琼斯：《剑桥插图法国史》，杨保筠、刘雪红译，北京：世界知识出版社，2004年，第95页。

4 ［法］费尔南·布罗代尔：《十五至十八世纪的物质文明、经济和资本主义》（第一卷），顾良、施康强译，北京：商务印书馆，2017年，第436页。

抵得上40个男劳动力——这40个非技能型工人只是被要求站在装有定型剂的大桶中踩踏织好的呢布。[1]脚踏织机可能始于13世纪初，它的使用使布的长度达到15米。水力带动的锯在1268年前后的侏罗地区是非常熟悉的，它能轻而易举地将树干劈开。[2]技术的广泛使用逐渐使一些人脱离生产，成为边缘人群。

这些机械装置的使用减少了人力的投入，提高了生产效率。无怪乎，一些学者称其为“中世纪的工业革命”。虽然机械的使用非常广泛，但对于小作坊主来说成本依然太高，多数作坊还是依赖于人力生产。

中世纪的欧洲，以风力、水力带动的机械一直存在，甚至还在12世纪引起过一场“工业革命”，但这样的技术发明终归没有导致生产方式的变革和社会的转型。实际上，技术发明在历史上始终存在，但因技术发明引起的社会变革却鲜有发生。针对于此，布罗代尔曾经有过一个假设：工业革命是否只在一个开放的经济世界的中心才有可能发生？[3]对欧洲而言，这种开放的环境就来自对海洋的开拓，而开拓海洋又离不开航海技术的进步。

在开拓海洋的背景下，欧洲出现了中世纪的“工业革命”，而随着海洋边界的不断开拓，这种技术革新也在逐渐加深。当技术变革积累到一定程度时，一场改变历史进程的产业革命也就爆发了。

2. 航海技术的革新

持续的航海事业也推动着航海技术的进步，在向大洋深处迈进的过程中，欧洲人有了坚实的物质基础。

（1）船只的改进

在大航海时代前，欧洲的船只分为北海式和地中海式两种类型。北海

1　［法］罗伯特·福西耶：《剑桥插图中世纪史（950—1250年）》，李增洪等译，济南：山东画报出版社，2008年，第285页。

2　同1，第286页。

3　［法］费尔南·布罗代尔：《十五至十八世纪的物质文明、经济和资本主义》（第三卷），顾良、施康强译，北京：商务印书馆，2017年，第687页。

式的船只延续着古老地中海船只的样式，船帆为方形。船上竖立着一根高立的桅杆，船头通常呈圆形。船身长30米，宽7米，吃水3米，可运载200多吨的货物。[1]

地中海式的船只则沿用古老的平底船，一般由100～200人负责摇橹。这种船非常适合在风平浪静的内海中航行，但货仓容积有限，通常需要奴隶或罪犯来划桨，运输成本较高。13世纪起，受阿拉伯和中国船只的影响，意大利人开始使用一种新型的大宗货物运输船。这种船类似方帆船，但有两根桅杆，使用三角帆。1470年，热那亚人率先削减了船只人力，载货量增至450吨。他们凭借这项技术优势，最先绕过直布罗陀海峡到达布鲁日港和南安普敦港。[2]

▲ 葡萄牙海船（16世纪的书籍插图）

伴随着地中海和北海的商贸交流，造船技术也在逐渐融合。地中海的船只样式成为北海国家模仿的对象，而北海的搭接式造船法及能够使船只逆风航行的艉舵也在地中海世界推广开来。15世纪前期的葡萄牙船只就是这两种类型船只的混合产物。这种小型帆船采用搭接结构，使用艉舵，共

1 ［荷］维姆·布洛克曼、彼得·霍彭布劳沃：《中世纪欧洲史》，乔修峰、卢伟译，广州：花城出版社，2012年，第196页。

2 同1。

有三根桅杆，其中两篷为四方帆，一篷为三角帆。三角帆侧对船身，能够轻松调整船的方向，四方帆面对船的方向，用来兜住船后吹来的风。[1]经过这样的改造，船只的操作灵敏度大幅提升，水手们能够随着海上风向和风力的变化来调节桅杆和风帆，以此来保护航行中的船只，减轻强风造成的威胁和破坏。

近代前夕，越来越多的船只到大西洋出海冒险，北海式船与地中海式船的差异在逐渐消失。

（2）把火炮安装在船上

众所周知，火药是中国人发明的，12世纪前期在中国就已出现了火药武器。13世纪时，伴随着蒙古人的大举西征，中国的火药传入西方。火药在西方何时出现，我们已不得而知，但在14世纪前期的欧洲文献中已经有了明确的火药武器记录。在百年战争期间，英国人使用的火药武器曾使法国人闻风丧胆。

在欧洲，最初的火炮是一种炮身短、装药少的轻武器。后来随着战争的频繁，火炮变得笨重起来，移动起来非常不便。因此，欧洲人只得发明装置大炮的炮车，从而使笨重的大炮移动起来。15世纪以后，欧洲战场上的火炮发挥着越发重要的作用，它成为人们攻城略地的重要利器。继把火炮装置在马车上之后，人们又在思考如何把火炮装置在船上。

把火炮装置在舰船上是一个长久以来难以克服的技术难题。如果把大炮直接安装在甲板上，船只容易因为失去平衡而倾覆于大海之中。为了防止这种危险的出现，欧洲人就把大炮安装在船体内部的吃水线（船体深入水中的部分和水面部分的分界线）上，从而保持了船体的平衡。但如果在船体内部发射炮弹，炮弹发射时产生的反作用力容易使船体破裂。为解决这一难题，欧洲人又发明了配有轮子的发射台。[2]经过这样的改造后，欧洲

1 ［法］费尔南・布罗代尔：《十五至十八世纪的物质文明、经济和资本主义》（第一卷），顾良、施康强译，北京：商务印书馆，2017年，第495页。

2 ［韩］朱京哲：《深蓝帝国：海洋争霸的时代1400—1900》，刘畅、陈媛译，北京：北京大学出版社，2015年，第61页。

的船只已经明显地领先于世界上其他国家。

1373年前后，英国船只装备火炮已经成为惯例，至少在1440年，威尼斯的舰船上也配有大炮，但在早期，这种装备并不普及。16世纪以后，因为海盗猖獗，所有船只都配备了火炮及专门使用火器的炮手。此时的战舰和商船几乎没有区别。舰船的吨位和火炮的数量一般呈固定比例。从16世纪起，每十吨位的舰船设置一门火炮，但各国的配置比例并不相同。16世纪末以后，在地中海航行和驶往印度的英国船只武装程度较高，拥有的海员和火炮数量也比其他船只多，这也是英国最终得以称霸海上的重要原因之一。[1]

16世纪的前20年，铸炮技术有了进一步的发展。铸成的火炮很轻，容易安装在船上，但具有强大的火力。这些火炮长5～12英寸（1英寸约为2.54厘米），能发射重达5～60磅（1磅约为0.45千克）的巨石，后来还足以击毁274米射程内的船体，能发射沉重的铁丸。[2]

火药武器的应用以及火炮在船只上的装配是中世纪后期欧洲的一项重大技术突破。通过这项技术，西方人的船只具备了称霸海洋的实力。这正如美国历史学家威廉·麦克尼尔所强调的那样，欧洲最早将大炮和船只成功地结合在一起，这是决定世界发展潮流的一个重大因素。[3]新航路开辟以后，当西方的船只出现在亚洲的海域时，古老的东方各国竟无力以对。1509年，葡萄牙人为攫取阿拉伯海的控制权，与穆斯林在印度的第乌港发生激战。葡萄牙人依靠其火炮射程远的优势痛击穆斯林。

自从欧洲的舰船被武装后，欧洲人便拥有了“流动的暴力”，这股暴力使古老的船首相撞、以铁锚或抓机扣住敌舰强行登船的海战形式成为历史，再多的亚洲商船也只能成为欧洲舰船的攻击对象。

---

1 ［法］费尔南·布罗代尔：《十五至十八世纪的物质文明、经济和资本主义》（第一卷），顾良、施康强译，北京：商务印书馆，2017年，第476–477页。

2 ［美］斯塔夫里阿诺斯：《全球通史》（下），董书慧等译，北京：北京大学出版社，2005年，第389页。

3 ［韩］朱京哲：《深蓝帝国：海洋争霸的时代1400—1900》，刘畅、陈媛译，北京：北京大学出版社，2015年，第58页。

（3）指南针的使用

在古代，海上航行一般是沿岸航行，这主要是为了更好地识别方向。如果在大洋深处航行，只能通过观察天体来辨别方向，阿拉伯人称其为“卡马尔”，中国人称其为“牵星术”，欧洲也有类似的做法。但在阴雨天，这种依靠天象的方法却受到很大的限制。指南针的出现却改变了这种状况。

指南针起源于中国，是古代中国测试方向的工具，北宋时期指南针开始应用于航海，后经阿拉伯人从陆路或海路传入欧洲。至于指南针在欧洲何时出现，我们已不得而知，在欧洲文献中第一次提到它的时间是在1198年。[1]

欧洲最早的指南针是磁罗盘蔷薇，类似于以前的风向蔷薇，但标有16个或32个方向点。罗盘卡起初是圆形的，刻有风向蔷薇图案，平放在桌上。旁边放有装满水的碟子，一根简单的磁针放在一小木片上浮于水面，领航员不断根据磁针所指而转动卡片。后来，又把针附在卡片之下，卡片随指针浮动而转动，这就能始终显示正确的方向。到1250年左右，航海磁罗盘已发展到能连续测量出所有的水平方向，精确度在3′以内。[2]

罗盘的使用，极大地改变了地中海地区的航海形势。阴沉多云的天气虽然存在，但再也不是航海的障碍。全天候航行成为可能，越洋跨海航行的便捷性得以提高。而且，有正确航向的越洋航行也使航程大大缩短，节省了许多时间。到13世纪的最后25年里，一艘船完全可在一年中绕地中海两次环行，甚至在冬天也能开船。到1300年，意大利船只可以一年四季都在海上航行。指南针的出现改变了航海过分依赖自然和天气的历史。从此以后，船只就可以远离沿岸，开始远洋航行。

如果说枪炮使远洋航行变得安全起来的话，那么指南针的出现则使

1 ［荷］彼得·李伯庚：《欧洲文化史》，赵复三译，上海：上海社会科学院出版社，2002年，第277页。

2 刘景华：《中世纪欧洲造船和航海技术的考察》，载《长沙水电师院社会科学学报》，1996年第3期。

远洋航行不再迷失方向。此后的欧洲便展开了双翼，向着遥远的海洋进发了。

除指南针应用于航海之外，其他航海技术也投入应用，如测量船体运动速度的“水钟”可以计算出船只的航行距离，将尾舵安置在船的中心线上可以控制方向。

航海技术的进步使欧洲具备了征服世界的工具，其航行也不再局限于欧洲的边缘海域，一个大航海的时代即将来临。

经济：重商主义思潮的形成

陈乐民先生认为工业技术的持续积累与商业发展息息相关，“‘走向工业化’离不开商业繁荣的刺激；所以商业的发展是‘工业化’的前提。在欧洲是先有‘商业革命’，商业带动了工业的进步，才有所谓‘工业革命’”[1]。商业的发展推动了工业的进步，从而带动了技术的积累，而这种商业的发展离不开海外市场的开拓，“答案在很大程度上在于海外大扩张之后欧洲惊人的经济发展”[2]。所以说，对欧洲商业发展的理解需置于海洋的大背景之下，海洋、商业、工业起飞有着某种内在的逻辑性。

1.“商业革命”的发端

商品经济的复苏，贸易范围的扩大，商业城镇的崛起，推动了一场悄无声息的“革命”，这场革命不是政治军事领域中的巨大变革，也不是我们熟知的工业革命，而是发生在商业领域之中，这就是后世史家所称的“商业革命”，其中心就是欧洲的商贸中心——意大利。

海洋文明的本质在某种程度上来说就是商业文明。在新航路开辟以

1 陈乐民、周弘：《欧洲文明的进程》，北京：生活·读书·新知三联书店，2014年，第218页。

2 ［美］斯塔夫里阿诺斯：《全球通史》（下），董书慧等译，北京：北京大学出版社，2005年，第485页。

前，欧洲海洋文明的中心是意大利，来自东方的货物一般都经由意大利转运欧洲他国。正是在海水的浸润下，意大利半岛的商业异常活跃。

▲ 意大利货币弗洛林的正反面（佛罗伦萨国立考古博物馆）。左图的弗洛林是1252年在佛罗伦萨铸造的，重约3.5克。本货币使用两个图案，一是佛罗伦萨的象征百合花，一是圣约翰–巴蒂斯特，这是托斯卡纳首都的主保圣人

商业的发展也推动着商业形式的革新。商业的发展需要资金的积累，贸易的拓展依赖于资本的集中。为了更好地获取资本，积累资金，早在12世纪，意大利的一些城镇就出现了公司，公司通过发行股票筹集资本，商业的规模借此迅速扩大，这不失为商业经营形式的一次革命性变化；商业总是与风险相随，尤其是远洋贸易更是风险交加。为了降低风险，确保利润，13世纪的热那亚出现了航运保险，货物从伦敦或南安普敦到比萨港的保险费约为货物价值的7%～15%，在相对安全的地中海地区，保险费率一般为4%[1]；商业依赖于货币支付，在纸币没有出现之前，金融体系不完善之时，如何携带货币、确保资金安全是一个难题。13世纪末，意大利的一些公司开始使用汇票来支付，买卖双方只需要通过汇票便可完成结算。汇票的发明是人类交易史上的一次重大革新。汇票的使用减少了贸易过程

1 ［荷］维姆·布洛克曼、彼得·霍彭布劳沃：《中世纪欧洲史》，乔修峰、卢伟译，广州：花城出版社，2012年，第199页。

中贵金属的携带量，从而保证了财富的安全，并在一定程度上扩大了货币供应量；商业需要精确统计，这依赖于数字计算。为了便于利润统计，把握贸易行情，14世纪，威尼斯发明了复式记账法，其原则是对每笔经济业务都要在两个或两个以上的账户同时进行登记，从而使商业统计更加精确化。这种商业上的“革命”使西欧逐渐走上了一条迥异于东方各国的道路。在步入近代后，西欧各国借此优势开始超越东方各国，并逐渐处于领先地位。

追求利润、扩展财富始终是技术革新的不竭动力。14世纪的欧洲商人通过商业手段的革新、贸易形式的变革，实现了成本的降低、利润的最大化。这种追求财富的形式并非通过野蛮掠夺、暴力压制、权力寻租，而是依赖于模式革新、技术进步、合理求富，理性地追求利润的最大化。这种追求财富的态度，就是所谓的“合理求富”精神，而这种精神恰是工业革命出现的社会心理前提。商业模式的改进可以降低交易成本，但无法实现生产效率的根本性提升，也无法实现社会产品的迅速增加，而生产效率的提升更依赖于技术的革新。伴随着贸易规模的扩大，市场需求的迫切，为了获取持续的利润，一场技术上的革新势在必行。

2. 货币经济的活跃

海外探险活动的活跃推动着商品经济的发展。“13世纪时，从南欧的地中海到北欧的波罗的海，从西欧的大西洋到东欧的俄罗斯，整个欧洲的商路由海洋联结起来，形成一股强大的商业浪潮。”[1]在这股商业浪潮的推动下，一些封建主不再满足于自给自足的农业生产，而是以市场为导向，农业生产的商品化趋势日益明显，并且随着货币的不断贬值，农民实际上只需交纳少量货币就可以获得土地的使用权，甚至，一些有胆识的农民还通过购买的形式获取土地的所有权，并由自己经营。在这样的背景下，农民的人身依附关系减弱了，一个新生的自耕农阶层出现了。自耕农阶层的

1 张椿年：《海洋文明与中世纪西欧社会转型》，载《人民论坛·学术前沿》，2012年第7期。

出现使欧洲的农业生产日趋活跃，为了改善自己的生活，农业生产逐渐面向市场，支付地租也以货币为主。一个“以农奴为生产基础的封建领主体系在这种社会压力下逐渐瓦解，留下了一个租赁货币和雇佣劳动力系统”[1]。

总之，商品货币关系逐渐渗入农村，农业生产的商品化趋势加强了，农奴制在欧洲出现了松动的迹象。“到了公元1500年，农奴制在欧洲西北部地区彻底地退出了历史舞台。这并不是因为起义，而是因为农奴制的经济与意识形态基础都已经衰败。”[2]“农奴制的衰落是西欧扩张的先决条件，它创造了一个流动性更强的社会，这个社会能够积累资本，提供组织，解放探险、征服和移民事业所需的劳动力。欧洲各国海外事业的成功程度与封建束缚的解放程度成正比，这不是偶然的。”[3]

农业的商品化也推动着城市经济的活跃。纺织工业在部分英格兰城镇中发展起来。1300年时，英格兰还只是一个出口羊毛的大国，到了1500年就已经成为一个成衣出口大国。在日耳曼地区，部分城镇投资于采矿业，依靠新的技术，从铜矿和铁矿中获取利益。其他城镇则致力于亚麻和丝绸的生产。在佛兰德斯的某些城镇，相对廉价的衣物取代了贵重的衣饰成为生产的主流，生产商以这种方式打开了更为广阔的市场。葡萄牙的某些城市则利用沿海和航海方面的进展，建立起通往非洲西岸的贸

▲ 佛罗伦萨羊毛行会的标志

1 ［美］丹尼斯·谢尔曼、乔伊斯·索尔兹伯里：《全球视野下的西方文明史》（中册），陈恒等译，上海：上海三联书店，2011年，第417页。

2 ［美］朱迪斯·M. 本内特、C. 沃伦·霍利斯特：《欧洲中世纪史》，杨宁、李韵译，上海：上海社会科学院出版社，2007年，第364页。

3 ［美］斯塔夫里阿诺斯：《全球通史》（下），董书慧等译，北京：北京大学出版社，2005年，第391页。

易航道。在城镇经济活跃的背景下，商人积极开拓海外市场。[1]

15世纪，欧洲的贸易再次出现复苏局面，到15世纪末，欧洲西部的贸易首次在种类和数量上与拜占庭帝国相媲美。欧洲北部的贸易中心在汉萨同盟主导之下，他们的船队将波罗的海的鱼、木材、谷物、毛皮、金属和琥珀运送到西欧市场，然后把布匹、葡萄酒和香料带回来。欧洲南部的贸易中心在地中海北岸，尤其是意大利北部的各个城市。以威尼斯为例，东方的香料、丝绸、棉布、糖、染料和定色的明矾及西方的羊毛和布匹在此交易。15世纪早期的记录表明，每年约有45艘商船从威尼斯驶向佛兰德斯、法国南部、黑海、亚历山大、贝鲁特以及圣地麦加。“亚得里亚海和易北河以西的欧洲地区正从中世纪早期以生存为导向的经济转变为货币经济，从一种大量依靠家庭产品的、以物易物的经济，转为一种严重依靠进口商品的、以货币或信用证为支付手段的经济。”[2]

技术上的革新也推动着经济的发展。采矿业和航海业都在明显的进步，水力以更好的方式被利用起来，机械钟表达到了前所未有的精确度，手纺车取代旧的拉线棒与纺锤，眼镜流行起来，冶金学的进步带来了两种新兴的城镇工业：火枪大炮的生产和活字印刷术。从中国传入的火药，在14世纪20年代的欧洲开始被用于军事用途，军火制造业在这样的背景下发展起来。活字印刷术的应用始于1445年，在短短一代人的时间里，这一新兴技术造就了36个以印刷业为重心的城市——他们遍及牛津到巴伦西亚再到克拉科夫的几乎整个欧洲。军火生产和印刷业各自引进了一种全新的工作环境，大规模车间逐渐替代了家庭式作坊，这使大量的雇工为了每天的工作而聚集起来。[3]“佛兰德斯的城市已经在13世纪发展起毛纺织业，有许多工人，利润丰厚。在14世纪早期，也许有200名工匠控制着佛罗伦萨的羊

---

1 ［美］朱迪斯·M. 本内特、C. 沃伦·霍利斯特：《欧洲中世纪史》，杨宁、李韵译，上海：上海社会科学院出版社，2007年，第366页。

2 ［美］罗宾·W. 温克、L. P. 汪德尔：《牛津欧洲史》（I），吴舒屏、张良福译，长春：吉林出版集团有限责任公司，2009年，第97页。

3 同1，第367–368页。

毛基尔特，每年生产近10万块布料，雇用了3万人。”[1]在这样的背景下，资本主义出现了。资本主义经济不同于旧经济时代物质的简单交流，而是以获利为根本动机，积累更多的财富。

从上面的分析可以看到，“欧洲中世纪经济的发展首先是从商业，主要是海外贸易发动的，不是农业生产，也不是工业生产。威尼斯、热那亚、北欧以及德法沿海城市的强盛，依靠的是贸易，它们依靠远航贸易创造了庄园经济不可比拟的财富，认为面向海洋才是国家的强盛之道。西欧国家本是以农为本的国家，但在海洋意识日益增强的影响下，逐渐由大陆型的国家转变为海洋型的国家”[2]。

◀ 从事货币兑换业务的意大利商人。在意大利的城镇富人通常是银行家，他们从事金融兑换换取钱财

1 ［美］罗宾·W. 温克、L. P. 汪德尔：《牛津欧洲史》（Ⅰ），吴舒屏、张良福译，长春：吉林出版集团有限责任公司，2009年，第100页。

2 张椿年：《海洋文明与中世纪西欧社会转型》，载《人民论坛·学术前沿》，2012年第7期。

在海外贸易与商品经济的刺激下，一股追求货币和利润的社会风气在中世纪后期形成了。赚钱，到海外赚取更多的钱成为当时人们孜孜以求的目标。意大利商人达蒂尼在自己的账本中这样写道："为了上帝，为了利润。"人文主义者布拉乔利尼甚至提出："金钱是国家的力量所在，赚钱应视为国家的基础和根本。"[1]哥伦布甚至提道："黄金是最为贵重的宝物，黄金的持有者可以在这个世界上为所欲为，甚至可以将他的灵魂送往天国。"[2]在追求财富、积累金银风气的影响下，重商主义成为西欧各国普遍奉行的经济政策。重商主义以谋利为根本动机，而这又是工业主义出现的先决条件。

政治：民族国家的出现

中世纪的欧洲遍布各地的是封建领主统治下的领地。对当时的欧洲人而言，国家的观念非常淡薄，民族的意识很是模糊。在这种破碎的政治结构中，各个地区之间并没有实质性的差距。然而到了中世纪后期，在进军海洋的背景下，在一些地方，"国家"和"民族"日益结合，从而出现了欧洲历史上的第一批"民族国家"。

根据公认的说法，葡萄牙是欧洲最早的民族国家。葡萄牙民族国家实际上是基督徒在进军海洋的过程中逐渐形成的。8世纪，伊斯兰化的摩尔人入侵伊比利亚半岛，基督徒被赶到北部山区。也就是从这时起，基督徒开始了进军海洋的征程，这就是所谓的"失地收复运动"。在收复失地的过程中，葡萄牙国王消除了地方割据，建立起专制王权，从而实现了国家的统一。12世纪，葡萄牙获得独立，而当时的欧洲各国仍处于不断的纷争之中，独立和统一尚未实现。在这样的背景下，葡萄牙获得了开拓海洋的良机。

1 徐新：《西方文化史》，北京：北京大学出版社，2002年，第170页。

2 ［韩］朱京哲：《深蓝帝国：海洋争霸的时代1400—1900》，刘畅、陈媛译，北京：北京大学出版社，2015年，第169页。

▲ 葡萄牙的阿方索一世（1139—1185年在位）从摩尔人手中夺取里斯本（19世纪的铜雕版画）

当葡萄牙民族国家日渐形成时，伊比利亚半岛上的另一民族国家——西班牙也在形成之中。西班牙民族国家的形成也是基督徒进军海洋的结果。1469年，卡斯提尔的公主伊莎贝拉和阿拉贡的王子费尔南多结婚。1474年，伊莎贝拉成为女王，1479年，费尔南多也继承王位。这样一来，卡斯提尔和阿拉贡就合并为同一王国，西班牙就此诞生，1492年，西班牙攻陷穆斯林在伊比利亚半岛上的最后一个据点——格拉纳达。西班牙的“失地收复运动”就此结束，民族国家最终形成。在宗教狂热的刺激下，西班牙也走上了海外开拓的道路。

1453年，持续了116年的英法百年战争结束了，英国丧失了在欧洲大陆上的绝大部分领地，英国自1066年诺曼征服以来终于可以安心在不列颠岛上发展了。百年战争结束不久，英国又爆发了持续30年的玫瑰战争，通过玫瑰战争，英国国内的大贵族又被消灭殆尽。1485年，亨利·都铎建立都铎王朝，英国的专制王权正式建立，民族国家也正式形成。在专制王权的推动下，英国凭借其独特的岛国特征积极开拓海外事业。

法国则通过百年战争，把国内的大贵族消灭殆尽。战争结束后，国王的权力变大了，他掌控着一支强大的军队，控制着国民经济，并在臣民中享有崇高的威望，专制王权在这样的背景下逐渐建立起来。君主专制的民族国家不同于中世纪的封建领地，它需要更为广阔的空间和更为充足的资源，国家之间的竞争反而更加激烈。在与大国的竞争中，法国也走上了开拓海洋的道路。

英法百年战争促进了英法民族国家的形成。大约与此同时，伊比利亚半岛上的国家也完成了“失地收复运动”。欧洲西部正从以城市为中心的经济体向以国家为中心的政治体过渡。这样一来，西欧国家的海外扩张有着更为坚实的政治背景。

民族国家的建立改变了中世纪欧洲到处是封建领地的政治模式，国家作为一个庞然大物出现在欧洲的舞台上，这样的国家可以集中国内的人力、物力，使同一土地上的人民捏合成一个民族，实力远超封建领地。在摆脱了各自的牵绊之后，这些国家无一例外地走上了海外扩张的道路。民族国家的出现使大规模的海外扩张成为可能。这正如钱乘旦先生所言：“没有民族国家，就不可能有大规模的海外活动。”[1]没有民族国家，也不可能有现代化运动的开展。

知识：地理知识的扩展

中世纪的地理学通常是为神学服务的，世界的中心位于耶路撒冷。在当时的人们看来，地球上的陆地占85%，海洋仅占15%。中世纪后期，古希腊地理学家托勒密的地理学著作再度受到人们的关注。托勒密的地理学从数学角度来观察地球表面，这在当时是一种进步。但托勒密地图的缺陷也很明显，比如它低估了地球的周长，认为从欧洲西部是通往亚洲的捷径，印度洋是一个内海，欧洲人不可能绕过非洲到达印度或中国。

1 钱乘旦、刘成、刘金源：《世界现代化历程》（总论卷），南京：江苏人民出版社，2012年，第361页。

欧洲航海者从很早起就注意搜集航海资料，只不过早期记录以文字记载为主。13世纪指南针传入欧洲后，隔地中海相望的陆地之间开始频繁通航。海图，即通常所说的中世纪航海图应运而生，上面标有海岸线、海港、界标和各主要港口的相对位置。

大约从1300年起，第一批航海图，即地中海沿岸航海图在欧洲出现。这些海图在意大利通常被称为“港口指引”或“指南手册”。这些资料直到16世纪还是地图学家们的可靠资料来源，甚至还曾是荷兰航海人员的航行指南。

14世纪的地图中，最著名的是《加泰罗尼亚地图集》。这是一个叫亚伯拉罕·克雷斯克斯的犹太人为阿拉贡国王绘制的，现存于法国国家图书馆内。他将自东向西的世界中心地区（自印度至西班牙）绘成12 幅地图，装订在木板上，可以折叠展开，基本上是一本沿海航行地图集。这本地图集参照了世代航海家们所记录的无数资料，比较准确地绘出了黑海、地中海和西欧海岸。在东边第一次把印度当作一个巨大的半岛来表示，西边也显示了当时还不大为人所知的“西方海洋”（大西洋），这在当时来说的确是一大进步。[1]

总之，在大航海时代来临前夕，欧洲人的地理知识虽然仍有缺陷，但已较中世纪的地理知识有了明显的进步。

1000年左右的欧洲出现了经济复苏的局面，在经历了两个世纪之后，欧洲已从中世纪的沉寂中渐趋觉醒，社会的诸多方面已具备了近代的特征，“从生产力的发展、商业的活跃和工商城市的出现、各种体制上和社会结构上的变化等几个层次看，都已经明显地不同于中世纪的前五百年”[2]。在海洋的持续刺激下，西方最先走出了中世纪，从而跨入了近代社会的门口。当近代社会的大门打开时，居住在大海岸边的欧洲人，又开始了新一轮的海洋探索。

1　刘景华：《中世纪欧洲造船和航海技术的考察》，载《长沙水电师院社会科学学报》，1996年第3期。

2　陈乐民、周弘：《欧洲文明的进程》，北京：生活·读书·新知三联书店，2014年，第63页。

近代前夕的海洋探索

意大利称雄地中海

在十字军东征期间，意大利商人参与了天主教世界反对穆斯林的军事行动，并通过战争手段扩展了他们的商业边界。他们通过战争抢占贸易据点、开辟新兴市场，他们依靠武力掠劫财富，从而积累资金，他们还向十字军贷款、供应船只，进而获取财富收入，他们甚至还把已学会享受东方奢侈品的十字军战士变为自己的顾客。在十字军东征后，意大利逐渐成为欧洲的商贸中心，意大利的一些城市共和国乘机兴盛起来，其中以热那亚和威尼斯最为著名。这两座城市有着诸多的相似之处：领土面积狭小、农业资源有限，没有工业基础，但都致力于国际贸易，利润主要来自商品的贩卖。12、13世纪，意大利商人在地中海沿岸建立了众多贸易据点。

1. 热那亚人的航海事业

热那亚位于意大利的东北海岸。阿尔卑斯山和亚平宁山的共同挤压使热那亚的发展空间只能局促在沿海狭小的平原地带。法国人的一篇游记说，热那亚人“在从摩纳哥到马萨的这段海岸沿线约有三十法里（1法里约为4千米），朝米兰方向有七八法里平原可供发展。剩下的就是一道瘠脊山丘”[1]。就自然环境而言，热那亚可谓先天不足。但热那亚濒临大海的天然优势使其迅速崛起为地中海的贸易城市。十字军东征期间，热那亚人趁威尼斯与拜占庭交恶之际，把贸易的触角伸向了地中海东岸。

十字军东征后，热那亚人的商贸活动进入鼎盛时期。1277年以后，每

1 ［法］费尔南・布罗代尔：《十五至十八世纪的物质文明、经济和资本主义》（第三卷），顾良、施康强译，北京：商务印书馆，2017年，第184–185页。

一年都有一艘热那亚的船向伦敦与布鲁日这样的西部地区航行。[1]“13世纪下半叶，热那亚向所有的方向出击。他们第一个得到了卡斯提尔和葡萄牙重新征服伊比利亚南部带来的商业红利，第一个建立了通过直布罗陀海峡到伦敦和布尔日的海上直达航线，第一个打开了波斯和俄罗斯南部这些蒙古人的西部国家到欧洲的贸易，第一次即使不是在时间最早也是在数量上最多地把这种贸易延长到中国的东部海岸。”[2]热那亚人的贸易如此频繁，以至于有人感叹道：“热那亚人是那么多，散居在世界各地——只要他们在哪里定居，就在哪里建立起另外的热那亚。”[3]

热那亚通过繁忙的中转贸易使其获得了巨额财富。根据资料显示，热那亚的海上贸易在1274—1293年间有4倍以上的增长。在随后的一年，进出热那亚港口需要缴纳税金的各类物品价值为3 822 000莱茵盾。这个数字就其本身来说并不大……但这大约已是腓力·奥古斯都（又译菲利普·奥古斯都）统治下的法兰西君主国收入的7倍，是汉萨同盟最重要的城市吕贝克最好年份海上出口的差不多10倍。[4]1309—1313年，皇帝亨利七世（1312—1313年在位）以主教代理的身份向意大利城市征收的税费中，热那亚每年上交 4 万金弗洛林，而威尼斯和米兰则各交纳29 760个和28 880个金弗洛林。这时的热那亚可以说是欧洲最富有地区的最富有的城市。[5]

2. 威尼斯人的航海事业

与热那亚遥相呼应的另一个城市是威尼斯。威尼斯地处亚得里亚海北端，由60 多个大小不等的岛屿构成。这里资源匮乏，土地有限，农业生产条件可谓“先天不足”。用费尔南·布罗代尔的话说，这里“没有淡水，没有食物，有的是盐，太多的盐！人们常说，威尼斯人‘不耕地，不播

---

1 ［美］保罗·布特尔：《大西洋史》，刘明周译，上海：东方出版中心，2015年，第39页。

2 王加丰：《中世纪热那亚的扩张体制》，载《贵州社会科学》，2013年第4期，第76页。

3 ［英］M. M. 波斯坦：《剑桥欧洲经济史：中世纪的贸易和工业》（第二卷），钟和等译，北京：经济科学出版社，2003年，第289页。

4 同3，第296页。

5 同2。

种，不采摘葡萄’”[1]。威尼斯人生存所需要的小麦、玉米、蔬菜，甚至饮用水都依赖于进口。所以，在很早的时候，威尼斯人便以贸易为生。十字军东征期间，威尼斯像他们的基督教同盟军一样，也劫掠过敌人的财富。十字军东征后，伴随着欧洲势力侵入地中海东岸，威尼斯的贸易范围进一步扩大。一个由威尼斯主宰欧洲贸易的时代逐渐来临。

威尼斯商人称雄于地中海的工具是一种狭长的帆桨船。这种船的最初载重为100吨，经过威尼斯军械厂的设计后增至300吨，底舱装货容量相当于50节火车车皮。[2] 这种商船以帆和桨为动力，在进出港口时，以人工划动的桨为动力，其他时间则像普通圆头船一样靠帆行驶。

威尼斯航海事业的领先还在于其发达的造船业。威尼斯的造船厂是当时欧洲最大的工厂，通常会雇佣1000人。在这些船厂中，工人们构成了一个技术金字塔：没有技术的雇工在最下层；接下来是为商船切割木材的锯工以及使木船具有航海价值的填缝工；然后是滑轮工和杠杆工；在金字塔的顶端是技艺高超的木匠，他们给船定型。到16世纪，为船体安装甲板上部结构的过程非常有效率，只用两个月的时间就为抗击土耳其人的战役装备了100多艘船。[3]

威尼斯商船的优势还在于政府的参与和保护。为降低运输费用，减少航行风险，提高产品竞争力，威尼斯政府和商人组成了类似于后来的国家贸易船队。这种船队一般由政府筹建，并由政府定期检修，每年由投标最高者带领船队远航。船队结队而行，配有弓箭手和投石手，并在船上架设大炮，因而航行非常安全。为保证船员的健康，船长还会招募内科和外科医生。14 世纪末期，威尼斯船队大约有3000 艘商船，在威尼斯舰队中服役的有25 000 ~ 30 000 人之多。1380 年战胜热那亚以后，威尼斯被公认为欧洲最大的海上强国。

---

1 ［法］费尔南·布罗代尔：《十五至十八世纪的物质文明、经济和资本主义》（第三卷），顾良、施康强译，北京：商务印书馆，2017年，第120页。

2 同1，第127页。

3 ［美］罗宾·W. 温克、L. P. 汪德尔：《牛津欧洲史》（Ⅰ），吴舒屏、张良福译，长春：吉林出版集团有限责任公司，2009年，第101页。

威尼斯的船队通常会满载来自阿勒颇、大马士革、希腊的丝绸，来自东方和北非的香料以及玻璃和陶器，从威尼斯出发，穿过亚得里亚海、地中海。船队抵达墨西拿时通常会带上当地的糖、蜜、腌渍果品、糖果、丝线、棉纱、硝石、大珊瑚珠及制弓木材，最后，船队到达里斯本。一部分船队从里斯本去往英国，在南安普敦和伦敦登陆；其余船只则开往布鲁日、米德尔堡和安特卫普。船队返航时，在英国满载木材、锡、（小）牛皮和呢绒，在布鲁日船载呢绒、黄铜、马口铁器皿、刀叉餐具、弓弦、白线和窗帘，在安特卫普则购买呢绒手套、金属器具、刀叉餐具等，将之销往比萨、西西里、德国等地。

15世纪早期的记录表明，每年约有45艘商船从威尼斯驶向佛兰德斯、法国南部、黑海、亚历山大、贝鲁特以及圣地麦加。[1]驶往佛兰德斯的船队常年在意大利和西北欧之间穿梭往来。

贸易使威尼斯获得了巨额财富。15世纪，威尼斯的财政收入约为75万～80万杜加，法兰西王国当时的收入也不过100万左右；威尼斯与西班牙、英格兰不相上下，远远超过米兰、佛罗伦萨、热那亚等城市。[2]

贸易垄断使意大利商人获得了巨额财富，但也使其丧失了竞争意识。威尼斯规定，来威尼斯的德国商人必须住在指定街区，在指定地点存放货物，在威尼斯人监督下出售，再从威尼斯人手中购买东方商品带回德国。德国商人不能插手东方贸易，否则要没收货物。威尼斯当局对他们的多次抗议充耳不闻，而且还禁止自己的商人去德国进行直接交易，让德国人非来威尼斯不可。[3]一些商人在成功之后，还将资本转移到土地上，从而提高自身的社会等级并跻身贵族行列。

15世纪中期以后，伴随着奥斯曼土耳其帝国的崛起，地中海东部通往东方的商路被再一次切断，意大利称雄地中海的时代结束了。意大利

---

1 ［美］罗宾·W. 温克、L. P. 汪德尔：《牛津欧洲史》（Ⅰ），吴舒屏、张良福译，长春：吉林出版集团有限责任公司，2009年，第99页。

2 ［法］费尔南·布罗代尔：《十五至十八世纪的物质文明、经济和资本主义》（第三卷），顾良、施康强译，北京：商务印书馆，2017年，第136页。

3 刘景华：《中世纪意大利城市衰落的经济结构因素分析》，载《世界历史》，1996年第1期。

水手，特别是热那亚水手开始向大西洋沿岸的西班牙、葡萄牙迁移，从而寻找新的冒险机会。意大利水手和商人的到来为伊比利亚国家带来了先进的航海技术和充足的探险资金，哥伦布就是其中的代表性人物。“虽然从表面上看，葡萄牙的海外扩张是一件‘不可思议的事’或者‘奇迹’，但实际上，这并不是偶然，而是中世纪欧洲发展的一个必然事件。”[1]

所以，我们可以看到开辟新航路的国家是伊比利亚半岛上的西班牙和葡萄牙，但是在探索海洋的道路上，意大利人仍旧发挥着重要的作用。从这一角度来看，意大利商人的海洋活动为新航路的开辟奠定了人才、技术和资金基础，新航路的开辟可以说是地中海航海的延续和扩大。

奥斯曼土耳其攻陷君士坦丁堡

1453年1月，土耳其苏丹穆罕默德二世（1451—1481年在位）下令建造的加农炮完成了。据说它将近27英尺（1英尺约为0.3米）长，炮管直径达两英尺半，青铜管有8英寸厚。当它进行测试时，一个重达1340磅的炮弹迅猛飞驰到1英里之外，并在地面上炸开了一个6英尺深的大坑。3月初，这个庞然大物在60头公牛的牵引下向着拜占庭帝国的首都君士坦丁堡出发了。

4月5日，穆罕默德二世抵达君士坦丁堡城外，在敌人拒绝投降的情形下，土耳其人于4月6日发起了总攻。在接下来的8个星期，这座千年古城遭受到史无前例的攻击，而拜占庭皇帝等待的援军却迟迟没有到来。5月26日，苏丹举行了一次作战会议，决定于5月29日的凌晨时分发起最后的攻击。土耳其人没有刻意保守秘密，城内的基督徒早已得知总攻的消息。

5月28日，帝国历史上最后一个星期一。君士坦丁堡的人们包括皇帝在

1 ［韩］朱京哲：《深蓝帝国：海洋争霸的时代1400—1900》，刘畅、陈媛译，北京：北京大学出版社，2015年，第55页 。

内都前往圣索菲亚大教堂进行最后一次祈祷。当教堂的钟声响起时，基督徒们擎着圣像、圣物开始沿着城墙环行一周。仪式结束时已是夜幕降临。

5月29日凌晨一点半，苏丹的总攻信号打响了。夜晚的宁静瞬间被打破，土耳其士兵发出了令人毛骨悚然的声音，攻击一波接着一波。黎明时分，君士坦丁堡的城池已被攻破。土耳其士兵乘机涌入，整个城市顿时成了人间地狱。大街上血流成河，房屋被抢劫一空，妇女儿童尽遭侮辱，教堂被毁坏殆尽。穆斯林以野蛮的方式把这个千年帝国灭亡了。从这一刻起，十字架被新月所代替，圣索菲亚大教堂变成了清真寺，君士坦丁堡被改名为伊斯坦布尔。穆罕默德二世时年21岁。[1]拜占庭帝国的灭亡彻底改变了地中海的政治形势，东地中海地区再次成了一片穆斯林的海洋。

冲出地中海：对大西洋的早期探索

中世纪后期，欧洲国家对海洋的探索已不满足于在欧洲的内海进行，而是向着大西洋深处进军。13世纪时，热那亚和威尼斯的船队已经驶出直布罗陀海峡，从而与西北欧国家建立了紧密的商贸往来。1291年，热那亚的维瓦尔迪兄弟沿着非洲海岸南下，最终一直到达了非洲的几内亚湾。[2]

从14世纪初开始，意大利船只尤其是热那亚的船只开始了对大西洋外海的探索。

在中世纪地图的帮助下，热那亚人最先到达亚速尔群岛，并对其展开了积极探索。1351年的一份航海图上标注了亚速尔群岛的4个小岛。1370年，梅第奇的地图上已标有7个岛屿，而在1375年的加泰罗尼亚地图上则达到10座小岛。传说中的幸运之岛[3]逐渐清晰起来。

1 ［英］约翰·朱利叶斯·诺威奇：《地中海史》（上），殷亚平等译，上海：东方出版中心，2011年，第250–256页。

2 ［美］保罗·布特尔：《大西洋史》，刘明周译，上海：东方出版中心，2015年，第40页。

3 中世纪的欧洲人认为，在遥远的西海有一些神圣的岛屿，只有那些高贵的人死后才能到达那里。这些岛屿长期处于传说之中，真实性有待确认。

大约在1312年，热那亚人又到达了加那利群岛，这一群岛的面积较大，并且有人类居住。1341年，在葡萄牙国王的庇护下，一些热那亚人开始了加那利群岛的探索。[1]1344年，教皇阴差阳错地将加那利的王冠授予卡斯提尔的王子。在以后很长的一段时间里，葡萄牙和西班牙对这一群岛的归属权争论不休。

到了14世纪中期，通往亚速尔群岛和加那利群岛的贸易路线已经开通，到了15世纪，这些岛屿，以及佛得角，都被划归到西班牙或者葡萄牙的名下。

外出探险活动加速了欧洲人地理知识的增长。人类第一次认识到：海洋是相互连接的统一整体，任何有航海能力的船只都可以驶往任意的海岸。在这样的背景下，远洋航行开始了。而揭开大航海序幕的历史事件则是从葡萄牙人的海外征服开始的。

1415年8月21日，葡萄牙王子亨利亲任统帅突袭北非穆斯林商业重镇——休达城，经过一天激战，休达城被攻陷。此役，葡萄牙人阵亡仅8人，葡萄牙对穆斯林的战争也由欧洲大陆延伸到非洲沿岸，亨利王子从此名声大震。1417年，摩尔人卷土重来，围攻休达。亨利王子率军前来增援，以解围攻之困。这期间，亨利王子得知在北非腹地有一条穿越撒哈拉沙漠的繁忙商路，经此路便可到达南部的“绿色国家”，从那里就可获得欧洲人孜孜以求的胡椒、黄金和象牙，但葡萄牙人对陆上穿越撒哈拉沙漠信心不足。于是，一个大胆的想法在亨利的脑海中萌生——经由海路直抵“绿色国家”。不久，这一主张便得到了葡萄牙国王若奥一世（1385—1433年在位）的赞同。从此以后，亨利事业的重心不再是与穆斯林的征战，而是开始海外商路的开拓。亨利探险的重心已不是触手可及的陆地，而是尚未企及的大洋。

亨利王子对航海事业的贡献不在于亲自探险，而是大力推动。在亨利的推动下，葡萄牙组织了几次卓有成效的海外探险。1419（1420）年，亨

1 ［美］保罗·布特尔：《大西洋史》，刘明周译，上海：东方出版中心，2015年，第41、42页。

利派出第一支探险队，向南探寻传说中的几内亚。结果，大风使船只偏离了航向，葡萄牙人在无意中发现了马德拉群岛。这些群岛成了葡萄牙船队远洋航行的落脚点和物资供应站。1427年，葡萄牙舰队到达亚速尔群岛。亚速尔群岛位于葡萄牙—美洲航线的重要节点处，后来的葡萄牙舰队便借此跨越了大西洋。1434年，亨利王子的远征队在船长吉尔·埃亚内斯率领下越过欧洲人认为的世界边缘——博多哈尔角（据传，那里荒无人烟，是一块不毛之地，航行至此的船只会被一只巨大的黑手拖入无边的深渊），欧洲人几百年来的心理障碍得以克服，从而打开了继续向南行的通道。1460年亨利王子病逝，但经过40年有组织的航海活动，葡萄牙早已成为欧洲航海事业的中心。1473年，葡萄牙人穿过了赤道，1487年到达了好望角，再往前便是印度洋了。10年之后，达·伽马再次跨过好望角，他的船队于1498年抵达印度，欧洲和亚洲之间实现了第一次海上交流。

截至1500年，葡萄牙的船只已经成功完成了顺非洲海岸南下，并穿越印度洋的航行，这为葡萄牙帝国带来了直通印度以及远东的航道。而西班牙的船只则横穿大西洋，为他们的国家带来了一个美洲帝国。

11世纪的欧洲逐渐从凄凉、悲惨中走了出来，人口增加、农业发展、商业繁荣、政局稳定，曾经“被围困的欧洲”变得躁动不安。在人口的压力和财富的刺激下，欧洲国家掀起了一场向周边海域的扩张运动。经过这一轮海洋开拓，欧洲国家已深入到欧洲的边缘海域。

海外事业推动了航海技术的进步。枪炮使海洋航行安全起来，指南针使海洋航行不再迷失方向，航海技术的进步使欧洲具备远洋航行的条件。在开拓海洋的过程中，人们的进取心和创造性被充分地激发出来。一旦这种开拓意识被引入到生产领域，技术变革就会成为可能。

海外事业推动了商品经济的发展。商业活跃、贸易频繁，社会流动明显加速。这样的社会既能够积累资本，又能够提供海外探险的劳动力。在欧洲各国不断开拓海外的过程中，封建生产关系发生了明显的松动，传统的社会结构开始缓慢解体，从而为工业社会的来临培育了土壤。

海外事业推动了民族国家的建立。民族国家作为一个庞然大物出现在欧洲的政治舞台上，这样的国家可以集中人力、物力，把同一土地上的人们聚合成一个民族。民族国家的出现使大规模的远洋航行具备了条件，这反过来又加速了传统社会的解体。

总之，当中世纪行将结束时，一些有利于工业革命发生的政治、经济、思想条件已具雏形。一个新的时代在欧洲初露曙光。

第四章
从大西洋再出发：重商主义背景下的工业化之路

“走向工业化”离不开商业的发展，在欧洲是先有“商业革命”，才有所谓的“工业革命”。从15世纪末开始，欧洲人便走上了开拓远洋的道路，在此后的一二百年中，他们的足迹已遍及世界各片海域，“欧洲贸易已经从地中海和大西洋两岸，延伸到东方的印度洋、太平洋地区，成为带有‘世界性’的经济活动”[1]。

贸易使贵金属的需求和供应空前增加，随之而来的便是各种信贷机构和贸易公司的出现，这就是“商业革命”。在“商业革命”后期，所有民族国家都把商业抓在自己手里，从而使自发自为的经济行为转变为国家、政府的经济行为，这样重商主义便应运而生。在“重商主义”的推动下，商业进一步发展，正是商业的进步，把技术的不断更新和发明带动起来，才有18世纪的“工业革命”。[2]

开辟新航路

就地理位置而言，欧洲犹如亚欧大陆伸入大西洋中的一个巨大半岛。它三面临海，港口众多，欧洲大陆的众多河流注入其间，从而把大西洋与

1　陈乐民：《欧洲文明的进程》，北京：生活·读书·新知三联书店，2014年，第199页。

2　同1，第217页。

欧洲各国联系得更加紧密。“诸如易北河、莱茵河、斯海尔德河或者塞纳河这样的大河流向北海与英吉利海峡，这使得由港口控制的富饶内地也因此变成大西洋的一部分。”[1]所以就地理环境而言，欧洲是一片浸润着海洋气息的陆地。但在古代，受制于落后的技术条件，近在咫尺的大西洋始终是欧洲人无法深入的“西海”，再加上北半球强劲的西风阻止了旧大陆地区的扬帆远航，大西洋成为欧洲人难以逾越的天险。所以在古代及中世纪，欧洲人对海洋的开拓主要集中在欧洲的近海。直布罗陀海峡以西的大西洋水域始终充满着神秘与传奇色彩。

艰难的旅程——近代初期的航海

近代初期的航海事业充满着各种艰险。首先是船只的容量很小，承载的船员非常有限。麦哲伦所使用的船只还不及现代的一只渡船大，每艘船只能搭载20~50人。这样的船只抵御恶劣天气的能力非常有限。其次是食物和饮水问题难以解决。船只的厨房设施非常简单，水手们只能吃一些简陋的食物，一旦离开海岸，就再也没有新鲜蔬菜了。淡水通常被装在小木桶里，但水很快就会变差，尝起来会有一种烂木头和铁锈的味道，上面还有一层油腻的东西。再次是船员的死亡率很高。早期的航海充满艰险，人员的死亡率自然是高得可怕。1519年，当麦哲伦开始环球航行时，船上有200名船员，等回到欧洲时，整支队伍就剩下18个人了。到17世纪时，西欧和印度的海上贸易已经非常频繁，但在往返阿姆斯特丹和巴达维亚的一次航行中，40%的死亡率也是非常正常的。所以早期的探险者几乎都是刚从监狱出来的人、潜在的杀人犯和失业的小偷。[2]

1 ［美］保罗·布特尔：《大西洋史》，刘明周译，上海：东方出版中心，2015年，第3页。

2 ［美］房龙：《人类的故事》，徐明皓译，北京：中国妇女出版社，2015年，第133–134页。

近代以后，欧洲人对海洋的探索加速了。与古代及中世纪的海洋探索相比，近代欧洲的航海速度更快、范围更广。整个世界的多数地方在1450年后的三个世纪内展现在欧洲人的眼前；近代欧洲人的航海远离陆地，首次实现了跨越大洋的航行；近代欧洲的航海事业超越了拜占庭和穆斯林所熟知的范围，接触到许多未知的区域；欧洲的航海事业还把西方的影响延伸到世界各地。[1]总之，欧洲人的航海事业不是简单的外出冒险，也不是单纯的海外贸易，而是一种经济上的扩张。

远洋航行拓宽了欧洲人的活动范围，同时也开启了世界历史的近代历程。大海打通了欧洲通往未知世界的通道，也开辟了欧洲的崛起之路。“新大陆的发现意味着欧洲人开启了欧洲作为现代大西洋世界中心的新时代，这时候的欧洲和其他文明大不相同，同传统束缚、农业为重、地理范围狭小的老欧洲也不尽相同——这是创新的欧洲、世俗的欧洲、以工业和城镇为重的欧洲、影响波及全球的欧洲。”[2]

在开辟新航路的背景之下，全球性的市场网络形成了，商品流通具有了空前的规模和多样性，大量金属货币作为媒介和催化剂进入市场。如何获取财富、获取更多的金银货币则成为欧洲各君主孜孜以求的奋斗目标，这种经济思潮被称为“重商主义”。商业活跃带动了世界贸易的发展，“世界贸易的发展，又牵动了工场手工业和城市经济的繁荣，强化了资本的原始积累，为农业社会向工业社会的过渡准备了前提”[3]。

在近代欧洲对外扩张的过程中，许多国家都采取重商主义的形式，但在具体的实践中却呈现出三种典型的模式，它们分别是：伊比利亚模式、荷兰模式和英国模式。透过历史，考察这三种最具典型意义的重商主义模式，我们或许能够看清海洋背景下的大国兴衰之路，从而发现重商主义与工业主义之间的内在联系。

---

1 ［美］罗宾·W. 温克、L. P. 汪德尔：《牛津欧洲史》（Ⅰ），吴舒屏、张良福译，长春：吉林出版集团有限责任公司，2009年，第147页。

2 ［英］J. M. 罗伯茨：《欧洲史》（上），李腾等译，上海：东方出版中心，2015年，第284页。

3 周友光：《从重商主义到工业主义》，载《武汉大学学报（哲学社会科学版）》，1994年第3期。

伊比利亚模式：依靠掠夺而形成的帝国

早期重商主义强调对财富的积累，其基本观念是“财富即金银货币”，金银货币的多少往往是衡量一个国家是否强盛的重要标志。从现代经济学的角度来看，这是一种非常简单的经济思想，而在当时的欧洲却成为一股普遍的思潮。

积累金银货币主要有两种手段：直接的暴力掠夺和在海外贸易中保持顺差。对于伊比利亚国家而言，这两种手段都曾使用过。葡萄牙的扩张区域主要集中在好望角以东的东方，因这一区域存在着强大的文明国家，所以葡萄牙获取金银货币的手段通常以垄断贸易为主，但也充斥着血腥和暴力；西班牙的殖民区域主要是美洲，因这一区域缺乏强有力的政治强权，西班牙人便可以长驱直入，进行赤裸裸的掠夺。

葡萄牙：一个停滞的商业帝国

1. 近代欧洲的航海先锋

欧洲的大航海时代是从西南欧洲的小国葡萄牙开始的。在历史学家看来，这简直是一个“奇迹”，或是一件“不可思议的事”。但如若追寻历史、考究地理，我们或许能够理解，为什么是葡萄牙而不是别国引领了时代潮流。

葡萄牙的海外探险活动应从“失地收复运动”讲起。在持续数百年的反穆斯林战争中，葡萄牙终于摆脱了穆斯林的统治并获得独立。独立之后的葡萄牙开始了王权的强化，经过几代君主的努力，专制主义在葡萄牙建立起来。当国家独立与专制王权逐渐结合后，欧洲最早的民族国家便诞生了。而此时的欧洲别国，要么处于诸侯割据之中，要么尚未完成国家统一，要么是王权衰弱，要么是宗教纷争。当其他国家还在纠缠于国内事务无法自拔时，葡萄牙已经可以腾出手来专注于海洋开拓了。

◀ 葡萄牙的快帆船。这种长30米、宽8米的快帆船在当时最受欢迎。它的主帆可以保证速度，三角帆使船便于操作。这种船既可以逆风行驶，也可以沿海岸逆水行驶

就国土面积而言，葡萄牙是一片“不起眼”的狭小区域，它背靠西班牙，面向大西洋；但就地理位置而言，这又是一处沟通大西洋与地中海的重要孔道。葡萄牙境内山峦起伏，沿海地区则分布着狭窄的平原，其国内资源匮乏、土地面积有限。探索海洋便成为新兴民族国家的一种必然选择。从14世纪开始，葡萄牙便开始了对大西洋的探索，大西洋中的亚速尔群岛、加那利群岛、马德拉群岛都引起过葡萄牙人的极大关注。1415年，葡萄牙人穿越直布罗陀海峡直抵北非，占领了伊斯兰国家的重要贸易城市——休达。这一事件通常被认为是欧洲海外殖民的开始。

2. 以炮火开道：葡萄牙人建立东方帝国的方式

葡萄牙对非洲西海岸的探索终于在15世纪后期取得了实质性的突破。1487年，在经历了13天的强风暴雨后，迪亚士的船队在不经意间绕过了非洲南端的好望角。当他准备继续探险时，水手们却拒绝了。迪亚士的探险虽没有打通欧洲直航印度的海上航线，但印度洋的大门却向欧洲人打开了。

10年之后的7月8日，达·伽马率领4条帆船从葡萄牙启航，第二年的5月，达·伽马的船队到达印度的卡利卡特港，欧洲通往印度的海上航线终于开通。达·伽马带来的商品是一些质量低劣的工艺品，这在印度不受

欢迎。愤怒的达·伽马竟然劫掠了一艘满载香料的穆斯林小船作为报复。1502 年，当达·伽马再次出现在印度洋时，他又袭击了一艘从麦加朝圣归来的穆斯林船只，船上的财物被洗劫一空，被烧死或淹死的乘客有380 多人。达·伽马的劫掠行为实际上确立了葡萄牙人开拓海外贸易的主要方式——依靠武力而不是市场竞争。此后的葡萄牙便使用这种模式建立起了一个庞大的东方商业帝国。

1505年，葡萄牙国王任命佛朗西斯·德·阿尔梅达为第一任印度总督，主要负责对好望角以东葡萄牙占领土地的管理。阿尔梅达一上任便率领20艘战船、几百名受训水手、1500名全副武装的士兵、200名炮手和各种工匠，迅速控制了西非沿岸和马拉巴尔海岸。1506 年，葡萄牙攻占了亚丁湾口的索科特拉岛，封锁了红海；1507 年又占领了霍尔木兹岛，控制了波斯湾的出口。

葡萄牙的劫掠行为破坏了印度洋的贸易秩序，穆斯林决定予以打击。1509年2月3日，葡萄牙与穆斯林的联合舰队交战于第乌附近的印度海域。葡萄牙舰队拥有19艘战舰，1800名士兵，联合舰队则拥有2000多艘船只和2万多名士兵。虽然从人数上看，穆斯林的人数明显占优，但从装备上看却劣于葡萄牙船队，穆斯林的船队终不敌葡萄牙人的坚船利炮，葡萄牙取得了第乌海战的胜利，这标志着葡萄牙在印度洋军事优势地位的确立，并在此后的近1个世纪里主宰了印度洋的贸易。

第乌海战的胜利提升了葡萄牙人的信心，他们以此为契机积极开拓东方市场。1509年，他们攻占了印度马拉巴尔海岸的果阿城，这成为葡萄牙人经营印度的大本营。1511年，葡萄牙人攻克马六甲海峡，取得了通往亚洲海域的重要通道。1511—1512年，葡萄牙的船队一直向东，到达了香料产地，东南亚的摩鹿加群岛。1513年，葡萄牙的船只驶抵广州港，并于1557年获得了在中国澳门的永久居住权。16世纪40年代，葡萄牙的船只又驶往日本，长崎成为葡萄牙的一个重要据点。这样一来，一个由众多商业据点和贸易港口构成的殖民帝国形成了，这个帝国的中心就是印度的果阿。尽管这个商业帝国的领土面积并不辽阔，但其商业价值非常显著。

3. 利润丰厚的香料贸易

在中世纪的欧洲，产于亚洲的香料犹如黄金一般珍贵。如何获取廉价的香料就成了欧洲人长期追寻的目标。1498年5月20日，当达·伽马的船队经历了316天的航行到达印度时，人们问他为何而来，达·伽马很干脆地回答：为了基督和香料。

在印度期间，达·伽马费力地收集了一船胡椒和肉桂，当他于1499年6月返回家乡时，整船货物的价值相当于整个船队费用的60倍。在卡利卡特，100磅胡椒价值3个金币。经过六七个人转手，一路向国王、酋长和官员交纳应付费用和贿赂后，威尼斯的市场价格是80个金币。[1]香料贸易的巨大利润刺激着葡萄牙人的再次远航。1502年，达·迦马第二次远航印度，迫使当地人以固定的价格出售香料。葡萄牙的香料贸易迅速发展起来。

葡萄牙人在确立海上军事优势后，凭借武装舰队和散布在印度洋周边的一系列军事据点和商业代理站，逐步建立起印度洋贸易的垄断制度。葡萄牙国王宣布，对香料贸易实行王室垄断，在主要香料贸易港口指定代理人，同地方统治者商定香料购买价格，用欧洲铜币、白银和来自东非的黄金购买。为了严格控制香料贸易，葡萄牙人要求从事贸易的商船必须向葡萄牙缴纳商业税，购买通行证，申明其货物和运载人员。特定货品，主要是军事储备被禁运。1524年葡萄牙国王发布声明：“本国船长如在印度洋水域发现无葡萄牙通行证者，一律处以死刑并没收其船只和财产。”通过垄断香料贸易，葡萄牙获得了可观的收入，1510年以后，王室每年从香料贸易中大约获得100万克鲁扎多。香料贸易的丰厚利润成为葡萄牙王室的重要财政来源，使其得以保持在印度洋的军事优势和贸易垄断。16世纪上半叶，里斯本取代威尼斯成为欧洲的主要香料市场。香料贸易使“16世纪初期的里斯本，商业利润犹如暖房中的花草蒸蒸日上”[2]。西非的黄金和亚洲

1 ［美］戴维·S. 兰德斯：《国富国穷》，门洪华等译，北京：新华出版社，2010年，第88页。

2 ［法］费尔南·布罗代尔：《菲利普二世时代的地中海和地中海世界》（第一卷），唐家龙等译，北京：商务印书馆，1996年，第632页。

的香料在1506年占到葡萄牙国家收入的一半以上。此后，随着亚洲贸易比重的不断增长，它就成为“帝国经济的基础”[1]。

然而，依靠垄断贸易和掠夺而来的巨额财富终究没能推动葡萄牙经济发生实质性突破。在垄断东方贸易的大约百年里，葡萄牙的国内经济仍旧处于严重的停滞状态，不仅进出口货物与以前没有多大差别，就连工业生产与13世纪相比也相差无几。城市居民的大部分消费品因国内无法生产而只能依赖进口。由于上述原因，葡萄牙在新形势下只是充当了财富源源而入又源源而出的中转站，既没有积累，也没有借机发展生产。

葡萄牙以开拓者的精神构筑起了一个巨大的商贸帝国，在好望角以东的海域上活跃着葡萄牙人的船只。葡萄牙以刀剑开道，在与东方的贸易中始终存在着欺诈与暴力掠夺。在这样的国度中，合理求富的精神始终缺乏，更无法出现工业精神。

西班牙：一个被挥霍掉的“中世纪帝国”

西班牙位于欧洲大陆的西南端，三面环海，东临地中海，西濒大西洋，并且掌握着地中海通往大西洋的咽喉要道，南端与非洲大陆隔海相望，古代世界的众多民族就是经由此处游走于欧洲与非洲之间。就地理位置而言，西班牙的航海条件可谓得天独厚。但在古代世界，地中海是文明世界的中心，西班牙正处于文明世界的边缘地带，再加之航海技术落后，以及穆斯林对地中海世界的封锁，西班牙虽具备得天独厚的航海条件，但其优越性并未显现出来。在壮阔的海面上，西班牙人依然默默无闻。1492年，在经历了数百年的努力后，西班牙的世纪来临了。

1. 西班牙帝国的形成

1492年，在教会的资助下，在宗教狂热的推动下，西班牙人攻陷了穆

1 ［美］伊曼纽尔·沃勒斯坦：《现代世界体系》（第一卷），尤来寅等译，北京：高等教育出版社，第418–419页。

斯林在伊比利亚半岛上的最后一个据点——格拉纳达，近8个世纪的“失地收复运动”至此结束。基督徒统治者第一次控制了整个伊比利亚半岛。格拉纳达的收复意味着国家的世俗利益和教会的宗教使命在海外开拓方面取得了一致。伴随着“失地收复运动”的成功，在宗教狂热的驱使下，西班牙人很自然地把扩张的触角伸向了广阔无际的海洋。

也是在1492年，游说各方无果的意大利人哥伦布终于说服了西班牙的伊莎贝拉女王，获得了西班牙王室对其航海活动的资助。哥伦布开始了他的第一次跨大西洋远航。

哥伦布的远航使西班牙积蓄了几个世纪的宗教狂热在完成“失地收复运动”后，又有了一个新的宣泄途径。这样看来，1492年的格拉纳达收复和1492年的哥伦布出海远航并不是孤立的两件事情，而是有着内在的一致性，是宗教狂热的自然延续。但是，在宗教狂热的背后依然无法掩饰西班牙对世俗利益的追求。据哥伦布航海日志透露，“哥伦布经常挂在嘴上的是黄金和珍珠，与中国、日本做生意发财”[1]，宁愿抵押全部首饰也要资助哥伦布远航的伊莎贝拉女王也不仅仅满足于传播上帝的宗教那么简单，而是要获取巨额的黄金和财富。

哥伦布的第一次跨大西洋远航

1492年4月，哥伦布与西班牙国王及王后签订合约，这一年的8月3日，一个普通的星期五，哥伦布率领3条小船和88名船员从西班牙的巴罗斯港出发，向未知的大洋西部驶去。这些船员多数是囚犯，政府向他们承诺，如果他们参加远航就赦免他们的罪行。10月12日，又一个星期五的凌晨两点，哥伦布的3条小船在现在的巴哈马群岛的一个岛屿登陆了，哥伦布把它命名为“圣萨尔瓦多”。1493年1月4日，哥伦

1 ［荷］彼得·李伯庚：《欧洲文化史》，赵复三译，上海：上海社会科学院出版社，2005年，第281页。

布告别留守在拉·维纳戴德的44名船员（后来无一人生还），返回家乡。2月中旬，哥伦布到达亚速尔群岛，当地的西班牙人威胁说要把他丢进监狱。1493年3月15日，哥伦布终于回到巴罗斯港。他带着几个印第安人匆忙赶往巴塞罗那，告诉他的资助者，他已经取得了成功，找到了通往东方的新航线。[1]

在此后的12年里，哥伦布又组织了3次远征，虽然哥伦布至死都没有意识到这是一块欧洲人尚未认识的新大陆，但哥伦布的海外活动还是把西班牙人的探险热情点燃了。

西班牙海外扩张的特点是以国家力量推动，有着强烈的宗教情结，并掺杂了世俗的利益。后来的西班牙继续沿着哥伦布的足迹，涉足新大陆，一个新兴的殖民大帝国逐渐形成。1492年当是西班牙崛起为海洋强国的一个起点。

如果说1492年是西班牙帝国形成的起点，那么1519年就是西班牙帝国形成的奠基之年。这一年，在西班牙的资助下，麦哲伦开始了人类历史上的第一次环球航行。这次航行以实际行动证明了世界各大洋是彼此相通的，并在日后使菲律宾成为西班牙的殖民地；也是在这一年，西班牙殖民者以刀剑开道深入美洲腹地，贵族出身的赫尔南多·科泰斯征服了北美的阿兹特克帝国，随后美洲大陆上的一些文明古国相继陷落，一个庞大的西班牙帝国迅速建立起来。这个殖民帝国，北起美国南部，南到南美洲南端的合恩角，其领土面积几乎包括了除巴西以外的整个拉丁美洲，被称为人类历史上第一个“日不落帝国”。

庞大的帝国彰显着西班牙的荣耀，也为西班牙带来了巨额的财富。从16世纪30年代起，美洲银矿陆续被发现（最为著名的当属1545年在秘鲁发现的波托西银矿），作为宗主国的西班牙迅即掌控了当时世界上最为可观

1 ［美］房龙：《人类的故事》，徐明皓译，北京：中国妇女出版社，2015年，第137–138页。

的金银财富。据统计，1540—1700年间，新世界（美洲）大约生产5万吨白银，巨大的数量使欧洲的白银存量翻了一番。至于有多少贵金属流入西班牙，已很难找到一个确切的数据。但塞维利亚的官方进口记录却给了我们一个大概的数据：1500—1650年间有180多吨的黄金和16 000吨的白银从新世界（美洲）运到了西班牙。[1]

◀ 美洲秘鲁的波托西银矿。这是一幅描绘16世纪晚期波托西银矿工人劳作场景的图画。波托西银矿的工人以美洲的印第安人为主，在西班牙殖民当局的驱使下，他们为西班牙帝国开采着白银。这些白银成了西班牙贵族购买欧洲奢侈品和发动战争的财富来源

◀ 西班牙大帆船。这种船底舱大，船帆大，专门用于运输从墨西哥到西班牙的白银

2. 财富被耗费殆尽

（1）宁要荣誉也不事生产

16世纪的西班牙有着广阔的殖民地，巨额的财富。然而，如此巨大的

1　Henry Kamen: Golden Age Spain. 2nd ed. New York: Palgrave Macmillan, 2005, 42.

优势却没有推动本国经济的繁荣，带动工业的起飞，反而助长了本国居民不事生产、依靠掠夺获取财富的社会风气。

西班牙的这种社会风气由来已久，与长达7个多世纪的“失地收复运动”紧密相关。在与穆斯林的征战中，西班牙人只要努力作战，攻下敌人的据点后便可得到国王的土地赏赐。得到土地的西班牙人对生产活动并不热心，而是交由犹太人、摩尔人或者生活在这片土地上的穷人进行耕作。至于工商业，西班牙人则把它们交给犹太人、外国的工匠和商人，自己则专心打仗，获取荣誉。[1]1492年，当格拉纳达被攻克后，对内的征服战争暂告一段落，西班牙人理应可以安心国内生产了。但这批在“失地收复运动”中形成的贵族和官员仍旧感到进行生产经营、投资商业有损他们的尊严。这种风气不仅在贵族阶层中大肆蔓延，还影响到西班牙社会的其他民众。商人们在发财后也要购置地产以便跻身贵族行列；普通人则宁愿到海外冒险也不愿在国内生产。一种轻视工业生产的社会思潮弥漫在整个西班牙。

美洲被发现后，西班牙社会中鄙视劳动、不事生产的社会风气借由殖民掠夺更趋强烈。许多人认为，通过殖民掠夺得来的财富远比在国内生产来得容易，他们抱着一夜之间暴富的梦想来到美洲寻求财富。据统计，在16世纪大约有十万西班牙人移居美洲，而其中大部分为身强力壮的年轻人。在这十万人中，贵族和绅士几乎占到一半，农场主不足四分之一，手工工匠所占比例为百分之十五，剩下的则是少量官员、商人和神职人员。[2]这是西班牙最具活力的一批人。

1592年，一个名叫胡安·德·罗夫莱斯的人在给他的巴利亚多利德的兄弟的信中就写道，“不要犹豫，上帝会帮助我们。这片土地和我们的一样好，因为上帝在这儿赐给我们的比在那儿多，我们将过上好日子”[3]。

---

1 王加丰：《西班牙、葡萄牙帝国的兴衰》，西安：三秦出版社，2005年，第280页。

2 ［英］查尔斯·P. 金德尔伯格：《世界经济霸权1500—1990》，高祖贵译，北京：商务印书馆，2003年，第123页。

3 ［英］莱斯利·贝瑟尔：《剑桥拉丁美洲史》(第一卷)，中国社会科学院拉丁美洲所组译，北京：经济管理出版社，1995年，第193页。

当掠夺财富的观念占据了人们的头脑，合理求富的精神便被无情地压抑。“原先的修鞋匠就想当老爷，掘土工人再也不愿拿起镐头……”[1]16世纪的西欧各国普遍出现了经济复苏的局面，几乎每一个国家都有其优势产业、支撑工业。但在西班牙，所谓的工业也只是一些奢侈品行业，即使是西班牙占有优势的羊毛生产也没有走上英国式的纺织业道路，仅停留在羊毛输出阶段。工业部门的缺乏、工业水平的滞后使西班牙的工业产品在国际市场上没有足够的竞争力，而一旦外国产品大量涌入，西班牙的工业势必会受到严重冲击。

（2）“黄金漏斗”：错失工业化先权

美洲的开发、金银的涌入刺激着西班牙的工业。塞维利亚与巴利亚多利德的呢绒业、巴伦西亚的丝绸以及毕尔巴鄂的金属制造业与远洋船舶制造业都获得了长期的繁荣与发展。[2]伴随着工业的发展，海外市场的开拓，西班牙与美洲的跨大西洋贸易活跃起来，1510—1550年间西班牙的大西洋贸易总额增长了8倍，1550—1610年又增长了3倍。[3]然而，西班牙薄弱的工业基础根本无法满足如此巨大的市场需求。在巨大利润的驱使下，国内商人不得不向外国商人求助，寻求新的产品来源，美洲的金银还未在西班牙停留长久便已流入他国。

欧洲各国的商品便在这个时候趁机流入西班牙，然后通过西班牙的港口再销往美洲。17世纪40年代，西班牙输往墨西哥和秘鲁的制造品中至少有十分之九来自国外。[4]1675年，一位西班牙人的言语就印证了这样的工业生产状况：

1 ［法］费尔南·布罗代尔：《菲利普二世时代的地中海和地中海世界》（第一卷），唐家龙等译，北京：商务印书馆，1996年，第603页。

2 ［意］卡洛·M. 奇波拉：《欧洲经济史》（第二卷），贝昱、张菁译，北京：商务印书馆，1988年，第312页。

3 ［美］伊曼纽尔·沃勒斯坦：《现代世界体系》(第一卷)，尤来寅等译，北京：高等教育出版社，1998年，第218页。

4 ［法］G. 勒纳尔、G. 乌勒西：《近代欧洲的生活与劳作（从15—18世纪）》，杨军译，上海：上海三联书店，2008年，第23页。

> 让伦敦满意地生产纤维吧；让荷兰满意地生产条纹布吧；让佛罗伦萨满意地生产衣服吧；让西印度群岛生产海狸皮和驮马吧；让米兰满意地生产织锦吧；让意大利和佛兰德斯生产它们的亚麻布吧，我们的资本会满足他们的。唯一可以证明的是，所有的国家都在为马德里训练熟练工人，而马德里是所有议会的女王，整个世界服侍她，而她无需为任何人服务。[1]

美洲市场的开拓为欧洲的工业产品提供了巨大的销售市场，而作为美洲殖民地最大宗主国的西班牙却充当着“漏斗”的作用。通过这个漏斗，欧洲其他国家的商品源源不断地流入美洲，“美洲的财富给西班牙提供了购买力，但是最终却促进了荷兰、英格兰、法国和其他欧洲国家的发展”[2]，而西班牙本身的工业品则在美洲市场上受到了严重的排挤，海外市场逐渐丧失。同样，外国商品的大量流入也给西班牙国内的工商业带来了灾难性的后果，一些国家乘机向西班牙倾销商品。一位法国人就曾骄傲地说过，“其生计完全依赖于法国的西班牙人因严峻的环境所迫不得不从我们这儿获取粮食、亚麻布、布匹、菘蓝、纸张、书籍、甚至木器，总之，什么产品他们都要，然后将这些货物运往天涯海角，为我们换取黄金、白银与香料”[3]。西班牙在“十六世纪建立起的工业到十七世纪时却未能将其维持下去：西班牙开始日益依靠外国的供给来满足其需要；荷兰的船舶、英国的精纺毛织物与金属器皿以及法国与意大利的丝绸逐渐取代了本国的产品”[4]。外国的商品充斥着西班牙的国内市场。

外国的工匠和商人也在此时乘机进入西班牙，反而成了西班牙国内生

---

1 ［美］戴维·S. 兰德斯：《国富国穷》，门洪华等译，北京：新华出版社，2010年，第180–181页。

2 Carlo M. Cipolla: Before the Industrial Revolution: European Socity and Economy 1000–1700. New York: W. W. Norton & Company. INC, 1976: 235.

3 ［意］卡洛·M. 奇波拉：《欧洲经济史》(第二卷)，贝昱、张菁译，北京：商务印书馆，1988年，第312页。

4 同3，第361页。

产的主力。“在所有的地方，外国人或者挤进了旧的行会和其他社团，或者建立了他们自己的新组织。意大利人和法国人主要占据了传统工匠的位置。” 1700年，仅在首都一个地方，法国人就达4万，相当于一个中等城镇的水平。[1]国内工业的衰落造成了国内产品的奇缺，许多产品都需要从外国进口，再加上统治者对国外奢侈品的需求，这种进口的份额就更大。17世纪之后，16万外国人已经垄断了西班牙的大宗商业贸易。[2]在与北欧各国的贸易中，西班牙只能提供一些初级产品和奢侈品，为了弥补贸易的差额就需要垫付白银，来自美洲的白银还没有来得及长时间停留便已从国内大量流出，用于换取国内所需的工业制成品。西班牙成了名副其实的“黄金漏斗”。一个庞然大国被统治者无情地挥霍殆尽。

（3）“以上帝的名义”：西班牙维护天主教会权威的战争

16—17世纪的西班牙是一个庞大的帝国，它不仅在海外占据着广阔的殖民地，而且在欧洲拥有众多的领地，在最辉煌的时候，它统治着尼德兰、德意志、意大利的那不勒斯、西西里、米兰、撒丁尼亚等地，统治范围近乎半个欧洲大陆。庞大的帝国必然导致行政管理人员的增加，财政支出自然也水涨船高。不过，使西班牙花费巨大的还是帝国常年卷入的战争。西班牙之所以热衷于战争，很大程度上源于他们几个世纪以来所形成的宗教狂热以及在宗教狂热之下催生出来的领导、保卫天主教世界的意识。1492年，当格拉纳达被攻破时，西班牙人7个多世纪的“失地收复运动”就此结束。但是，西班牙几个世纪所积淀下来的宗教狂热却没有就此消散，而是被继承下来。

16世纪初，通过一系列继承，西班牙成为欧洲一个庞大的帝国。在帝国的统治者卡洛斯一世（1516—1556年在位）看来，这些继承是“上帝对自己的信赖，是上帝之意图的证明，也是实现这一意图的物质手段”[3]。宗

1 ［法］G. 勒纳尔、G. 乌勒西：《近代欧洲的生活与劳作（从15—18世纪）》，杨军译，上海：上海三联书店，2008年，第23、第24页。

2 同1，第22页。

3 ［英］G. R. 埃尔顿：《新编剑桥世界近代史》（第二卷），中国社会科学院世界历史研究所组译，北京：中国社会科学出版社，2003年，第393页。

教的狂热、庞大的帝国，卡洛斯一世早已把自己当成了天主教世界的又一个领袖。继承卡洛斯一世王位的是菲利普二世，他也是一个狂热的天主教徒。1566年，菲利普在给他的罗马大使的信中就曾坦言道，“你可以使教皇陛下确信：我宁肯丧失我的全部国家和100次生命（如果我有100次生命的话），也不愿让宗教和上帝的利益遭受丝毫的损害……”[1]西班牙“黄金时代”的两位君主都有着强烈的宗教使命感，在外他们要保护天主教世界抵抗奥斯曼土耳其人的入侵，对内他们则要纯洁宗教信仰，打击新教势力。

此时的欧洲正进行着轰轰烈烈的宗教改革运动，天主教会的权威正在受到损害，地中海东部的奥斯曼土耳其则向欧洲大肆进攻。所以，对于西班牙的统治者而言，战争就不可避免。西班牙的对手很多，穆斯林、新教徒、异端，甚至还有教皇。这期间，西班牙参与的陆地上的战争有：1494—1559年西班牙和法国争夺意大利的战争；16世纪30年代到50年代与德意志新教诸侯的战争；16世纪后期镇压尼德兰人民起义的战争；17世纪前半叶卷入的30年战争。在海洋上，整个16世纪，西班牙一直与奥斯曼帝国处于对峙状态，地中海成了它们的战场，在大西洋上，西班牙还与英国人展开了长期的争夺，最终在1588年的海战中溃败，进而元气大伤。

无休止的战争使得战争与防务的开支在所有公共支出中所占的比重逐年增加。1574年卡斯提尔议会的预算案中，战争与防务的开支就占到所有支出的70%。[2]如此巨大的战争与防务支出使得美洲白银的收入远远不能满足战争的需要，难以平衡收入和支出的差额。16世纪80年代，西班牙美洲的矿产收入约有200万达卡，大约是40年前的10倍，而西班牙建造无敌舰队一项的花费就达1000万达卡。[3]国家的收入就这样在战争中被轻易地消耗

1 ［英］R. B. 沃纳姆：《新编剑桥世界近代史》(第三卷)，中国社会科学院世界历史研究所组译，北京：中国社会科学出版社，1999年，第316页。

2 ［意］卡洛·M. 奇波拉：《欧洲经济史》(第二卷)，贝昱、张菁译，北京：商务印书馆，1988年，第482页。

3 ［美］保罗·肯尼迪：《大国的兴衰：1500—2000年的经济变迁与军事冲突》，陈景彪等译，北京：国际文化出版公司，2006年，第44页。

掉了。长期的战争、不断上升的防务开支还引发了新的财政问题，国家不仅需要更多的钱，而且需要在短时间内把钱筹集起来，以解燃眉之急。这样，通过正常的税收渠道便无法解决政府的财政问题，西班牙君主只得向欧洲的大商人和大银行家进行借贷，大肆举债。再加上战期的延长，由战争造成的债务就会长期积累。1556年卡洛斯一世退位的时候，他留给菲利普二世的债务大约是2000万达卡，而到了菲利普二世去世的时候，他留给他儿子的债务已经达到了1亿达卡，仅付债的利息就相当于国家全部赋税的2/3。[1]随后的年份里，西班牙的支出并没有实质性地减少，作为一个庞大的帝国，即使没有战争，仅防务的支出也是巨大的，加上由战争所导致的债务积累，这种支出就更大。战争几乎使帝国的财力耗尽，庞大的债务又使这个国家陷入债务窘境而难以自拔。

3. 一个中世纪帝国的没落

16世纪后期，西班牙已出现明显的颓势。1588年，西班牙的“无敌舰队”远征英国，结果败于英国这个大西洋上的岛国。无敌舰队的覆灭不仅仅是一场海战的失利，更重要的是西班牙制海权的丧失，西班牙对海洋的统治开始走下坡路。17世纪以后，西班牙已进入普遍衰落时期。30年战争后，荷兰脱离西班牙的统治，一个新兴的商业帝国迅速崛起。17世纪上半叶，荷兰成为西班牙在海洋上的有力竞争者，并逐渐取代西班牙的海洋统治地位。1713年，西班牙王位继承战争结束后，根据《乌得勒支和约》，西班牙扼地中海和大西洋的重要据点直布罗陀海峡被英国人夺取。19世纪以后，西班牙的美洲殖民地纷纷独立。西班牙的殖民帝国彻底崩塌。

近代以来，西班牙是进军海洋的先驱，是新航路的开辟者，在欧洲迈向近代的过程中，西班牙是一个不可或缺的角色。海洋使西班牙拥有了巨额财富，但西班牙中世纪式的社会环境却无法使巨额财富转化为推动社会变革的重要力量。长期的对外征服，使西班牙形成了一种宁要荣誉也不愿

---

1 ［美］保罗·肯尼迪：《大国的兴衰：1500—2000年的经济变迁与军事冲突》，陈景彪等译，北京：国际文化出版公司，2006年，第44、第45页。

生产的社会风气，从而使巨额的财富浪费在了无尽的奢侈消费之中；中世纪的宗教情结又使西班牙卷入到无休止的宗教战争之中，从而使帝国背负了沉重的军费开支，在持续不断的宗教战争中帝国反而被消耗殆尽。总之，在一个中世纪的国度，巨额的金银货币无法转换为生产资本，自然也不会有工业革命的发生。

荷兰模式：唯“商”是从的商业帝国

早期重商主义成熟阶段的代表是荷兰。这一阶段的重商主义仍旧强调对金银货币的积累，但更强调以贸易的形式实现货币的增加，中世纪因素正在逐渐消退，商业资本变得异常活跃。商业推动着贸易的繁荣，同时带动着金融的创新，这也是荷兰崛起为世界性大国的重要动因。

大西洋边上的蕞尔小国

15世纪末开始的地理大发现，给欧洲各国带来了前所未有的商业繁荣，最先受益的就是伊比利亚半岛上的西班牙、葡萄牙两国。然而，当巨额财富涌入上述两国后，两国贵族却只顾奢侈消费，不事投资生产，美洲的巨额财富还未转化为生产资本，便已悄悄流入欧洲西北各国。此时，一个位于欧洲西北的弹丸小国——荷兰趁势崛起，逐渐成为美洲财富的汇聚之地。凭借于此，荷兰人缔造了人类历史上第一个世界性的商业帝国。当然，此时的荷兰实际上是尼德兰北部一些商业城市的联合体，不同于现在的国家概念。

就自然条件而言，荷兰是当之无愧的贫瘠小国，其国土面积还不及英国德文郡的一半，土地收获的小麦和其他粮食还不够养活百分之一的居民。[1]这样的描述固然有些夸张，但也从一个侧面反映了荷兰并不优越的自

---

1 ［法］费尔南·布罗代尔：《十五至十八世纪的物质文明、经济和资本主义》（第三卷），顾良、施康强译，北京：商务印书馆，2017年，第209页。

然条件。就历史发展而言，荷兰也可谓“后起之秀”，在1000年前，它还是一片海潮出没的湿地和湖泊。12世纪起，这片长期被海水浸润的地方才出现了可以让人类定居的陆地。在文明早期，荷兰人便与大海结下了不解之缘。早期的荷兰人就以捕食一种叫作鲱鱼的鱼类来维持生计，经过腌制之后销往欧洲各国。

▲ 17世纪新阿姆斯特丹市容

中世纪后期的荷兰还被称作尼德兰，当时是一块富庶之地，经济繁荣、贸易频繁，并且有着较为发达的城市文明。但由于强有力国家政权的缺失，尼德兰时常成为各封建王国讨价还价、相互交换的一块区域。进入近代以来，尼德兰是哈布斯堡王朝统治下的一块领地，受制于西班牙国王。尽管西班牙统治着这片土地，但两地的差异很大。尼德兰商品经济发达，封建奴役关系早已解体，在宗教上采取宽容政策；西班牙则是一个旧制度下的庞然大物，封建关系根深蒂固，严格遵守天主教教义。尼德兰的特立独行令西班牙的统治者非常不满，再加上西班牙对外战争频繁，军费开支庞大，富庶的尼德兰便成为西班牙的军费来源地。尼德兰人民奋起反抗，各城市组成同盟同西班牙展开斗争。1581年，尼德兰各城市联盟郑重宣布，脱离西班牙的统治，尼德兰北部七省联盟成立荷兰联省共和国。这也是世界历史上第一个赋予商人阶层充分参与政治权利的国家。1609年，西班牙被迫停战。荷兰的独立为其海上贸易的发展扫清了障碍。

荷兰称霸世界的两大支柱

1. 发达的造船技术

荷兰是一个因海洋而兴的国家，这个偏居欧洲西北一隅的蕞尔小国之所以能够在17世纪统治辽阔的海洋，在很大程度上是由于其发达的造船技术。早在1400年左右，荷兰人就发明了一种大型帆船，用于捕捞鲱鱼。这种大帆船有两个显著的优点：一是可以使用巨大的拖网捕捞鲱鱼；二是甲板较宽可以对鲱鱼进行及时处理，加以腌制。当船只靠岸后就可把腌制的鲱鱼及时出售。[1]通过这种帆船，荷兰人垄断了北海的鲱鱼捕捞业，并以此向波罗的海延伸。

16世纪后期，荷兰出现了一种新式货船——荷兰平底船，这种平底船造价低廉，不携带火炮，也没有任何装饰物与沉重的上层结构，船上只装置了相当简单的帆装。它的优点是腾出了最大的空间用于装货，而且操纵起来也比较容易。由于速度比一般的船只慢，而且缺乏火炮装置，这种平底船不能进行远洋航行，但非常适合在北海与波罗的海运输盐、谷物与木材之类的笨重货物。

造船业是荷兰的支柱产业，长期在欧洲处于领先地位。荷兰造船厂的机械化程度很高，几乎一天就能生产一条船，但其造船和操作费用却相对低廉。17世纪中叶，荷兰的造船成本比他们最近的竞争对手英国便宜40%～50%；荷兰船只所需要的船员也不多，一般是18人，其他国家则需要26～30人，这样就可以节约人力成本，从而运载更多的货物；荷兰船只还

1 ［美］伊曼纽尔·沃勒斯坦：《现代世界体系》(第二卷)，吕丹等译，北京：高等教育出版社，1998年，第46页。

具备较低的保险费用，这源于其有效的金融机构。[1]造船成本的降低、人力成本的缩减、保险费用的低廉使荷兰的海上运输更具竞争优势，有力地促进了贸易规模的扩大。

造船技术的发达使荷兰掌握着一支庞大的船队。1560年前后，荷兰拥有1800多艘海船，这已是地中海商业中心威尼斯100年前鼎盛时拥有船数的6倍之多；40年之后，荷兰的商船超过了1万艘。[2]到1670年，荷兰拥有的商船吨位数是英国的3倍，比英格兰、法国、葡萄牙、西班牙以及德意志拥有吨位的总和还要多。[3]荷兰拥有着当时世界上最大的船队。

发达的造船技术、庞大的船只数量使荷兰人扮演着贸易中间商、货物运输人、商业代理人的角色。荷兰的船只游弋于欧洲各个主要港口，甚至在世界上的任何海域都可以看到荷兰人的身影。17世纪的荷兰人是当之无愧的“海上马车夫”。

2. 引领欧洲的金融业

荷兰扩张的动力不同于西班牙式的宗教狂热，而是采取商业形式，以发行股票，获取利润来激发全民族的参与热情。

1602年成立的荷兰东印度公司就是这种类型的典型代表。荷兰东印度公司是一个联合股份制公司，也是世界上第一个对外发行股票的公司。股份公司通过发行股票的形式将分散的社会财富聚集起来，从而使荷兰的对外扩张拥有了雄厚的资本，全民族的殖民热情在商业利润的刺激下被激发出来。荷兰政府也放下身段，入股东印度公司，参与分红（17—18世纪平均每年可以得到18%的股息）。这样一来，这家商业机构便充满了政治色彩。荷兰政府还给予该公司在亚洲进行殖民活动21年期限的垄断权，并为战争支付薪水。公司具有组建军队、与外国签订条约、铸造货币、建立殖

1　［美］伊曼纽尔·沃勒斯坦：《现代世界体系》(第二卷)，吕丹等译，北京：高等教育出版社，1998年，第59–60页。

2　钱乘旦、刘成、刘金源：《世界现代化历程》（总论卷），南京：江苏人民出版社，2012年，第363页。

3　同1，第52页。

民地等权利。在东印度公司的推动下，荷兰在全世界范围内进行殖民扩张。东印度公司的成立改变了荷兰远洋航行的无政府状态，“对亚洲的商业活动从此只有一项政策，一种意志和一个领导：东印度公司作为一种真正的权威，从此一帆风顺地不断发展”[1]。

▲ 荷兰东印度公司孟加拉总部。该总部完全由围墙围住，远离周围印度人的生活，并拥有公司雇员使用的办公室、生活区和宽敞的花园

荷兰还于1609年在阿姆斯特丹成立了世界上第一个股票交易所，只要大大小小的股东们和市民们愿意，他们就可以到交易所交易自己手中的股票，随时将自己所持有的股票变成现金。正是这个股票交易所，成为荷兰商业繁荣的关键。这里成了当时整个欧洲最活跃的资本市场，前来从事股票交易的不仅有荷兰人，还有许许多多的外国人。大量的股息收入从这个面积不超过1000平方米的院子，流入荷兰国库和普通荷兰人的腰包，仅英国国债一项，荷兰每年就可获得超过2500万荷兰盾的收入，价值相当于200吨白银。1672年出版的唐普勒的《论联合省国家》中论及阿姆斯特丹银行时说：“这家闻名

1 ［法］费尔南·布罗代尔：《十五至十八世纪的物质文明、经济和资本主义》（第三卷），顾良、施康强译，北京：商务印书馆，2017年，第255页。

世界的首富银行坐落在阿姆斯特丹城。人们观察这家银行时就会想到这是一个大宝库，里面有金条和银条，以及装满金钱的无数口袋。”[1]

当大量的金银货币以空前的速度循环流通时，荷兰的经济血脉开始变得拥堵起来。这一次，荷兰解决问题的探索直接进入了现代经济的核心领域——建立银行。

阿姆斯特丹银行是世界上第一家商业银行，大概在1610年前后成立，比英国的银行还要早100多年。当时，欧洲的货币金融一片混乱，不仅大的君主国铸造货币，而且德意志和意大利的大大小小邦国和城市乃至私人也铸造货币。此外，在通货膨胀的压力下，各国君主以及其他人习惯性地一面掺杂过量的合金，降低货币成色，一面让旧货币和新货币同时流通。因此，理财的人都会积累一堆价值不明的杂币。阿姆斯特丹银行则接纳一切人、一切国家存放这样的货币，评估这样的成色，并按照银行自定的兑换率，让储户提取等值的金弗洛林。金弗洛林的成色与质量均保持不变，成为一种抢手的国际货币，到处通用。这样，阿姆斯特丹银行便吸纳了多种多样的存款。货币的安全得到保障。 阿姆斯特丹银行是一个城市银行，吸收存款，发放贷款，相当数量的货币支付都通过银行。17世纪荷兰的储蓄量从不足100万弗洛林上升到1600万弗洛林。[2]

令人难以置信的是，当荷兰与其敌国西班牙还在海上战争时，西班牙商人和贵族们的白银仍然是通过阿姆斯特丹银行进行流通和兑换的，而荷兰的银行还可以合法的贷款给自己的敌人西班牙。这是因为，荷兰通过立法，保障了银行的商业信用，任何人和机构都不得限制银行的自由交易。这在人类历史上，真算得上是奇迹，应该说，这是一个伟大的奇迹。

荷兰依靠当时欧洲最为先进的金融体系，把全欧洲的资本都吸引至此，从而构筑起了荷兰商业王国的金融基础。这为荷兰的对外扩张奠定了坚实的物质基础。这正如西方制度经济学家道格拉斯·诺斯所言：

1 ［法］J. 阿尔德伯特等：《欧洲史》，蔡鸿滨等译，海口：海南出版社，2000年，第346页。

2 ［美］伊曼纽尔·沃勒斯坦：《现代世界体系》(第二卷)，吕丹等译，北京：高等教育出版社，1998年，第62页。

“荷兰不是依靠自然的恩赐，而是发展了比其对手有效的经济组织并在这样做的过程中获得了在经济上和政治上都与其国家之小规模不相称的重要性。”[1]

“海上马车夫”：荷兰人称霸世界

16世纪末到17世纪初，荷兰依靠其先进的造船技术和进步的金融组织，依托其优越的地理位置，很快便在欧洲商业贸易中呈执牛耳之态势。荷兰恰好位于欧洲两条古老商路的交会处：一条为北南方向，从卑尔根到直布罗陀；另一条为东西方向，从芬兰湾到英国。[2]南方运来的酒、盐、香料要经由荷兰运往北方；波罗的海的玉米则要经此销往伊比利亚；荷兰、英国的布匹，从殖民地运来的糖、香料、烟草也要经荷兰人之手运至中欧以换取酒、麻、铁、锌；地中海的港口随处可见的便是荷兰的船只；西班牙在美洲所获取的财富大量汇聚于此。[3]1627年，一位学者写道：“就是在罗马也没有这么多满载着旅客的马车，还有大大小小的无数船只在全国各地纵横交错的运河上航行着。”[4]16世纪末至17世纪前期的荷兰是当之无愧的欧洲贸易中心，荷兰人的贸易遍及欧洲各地。1728年，英国著名作家丹尼尔·笛福说，荷兰人是“世界马车夫，贸易的中间商、欧洲的代理人和经纪人”[5]。

追求财富永无止境，唯“财”是从的荷兰人并不满足于欧洲贸易，他们还要把触角远伸至欧洲以外的地方，进行殖民扩张。1609年，荷兰国际

---

1 ［美］道格拉斯·诺斯、罗伯斯·托马斯：《西方世界的兴起》，厉以平、蔡磊译，北京：华夏出版社，1999年，第165页。

2 ［美］斯塔夫里阿诺斯：《全球通史》下，董书慧等译，北京：北京大学出版社，2005年，第431页。

3 陈乐民、周弘：《欧洲文明的进程》，北京：生活·读书·新知三联书店，2014年，第203页。

4 ［美］戴维·S.兰德斯：《国富国穷》，门洪华等译，北京：新华出版社，2010年，第141页。

5 ［美］伊曼纽尔·沃勒斯坦：《现代世界体系》(第二卷)，吕丹等译，北京：高等教育出版社，1998年，第52页。

法奠基人格劳秀斯撰写了《自由的水域》一文，在这篇文章中，他宣布海洋航行自由、贸易自由和信守条约一样都是天赋人权。远洋航行已成为荷兰人的共识。

格劳秀斯提出“开放海洋说”

17世纪初，一位名叫范·西姆斯柯尔克的荷兰船长在马六甲海峡截获了一艘葡萄牙船只，而当时的马六甲仍然是葡萄牙人的殖民据点，他们自然把环绕其周围的水域看作其势力范围的一部分。葡萄牙人认为这位荷兰船长无权进入他们的私人领地。为此，葡萄牙人提起了诉讼。荷兰东印度公司聘请了一位年轻的律师来为他们辩护，这名律师名叫格劳秀斯，他才思敏捷，熟悉法律，并提出了一个惊人的观点，即海洋是向所有人免费开放的，在陆地上发射一枚炮弹，射程之外的海域就应该是对所有国家的所有船只免费开放的公海，这就是所谓的“开放海洋说”和“公海论”。[1]虽然，这样的观点一经提出就遭到了航海界人士的反对，但却奠定了后来公海理论的基础。

荷兰在当时欧洲各权力斗争中始终保持中立态度，在别国处于战争时，荷兰人则从事商业贸易，并利用其建立起来的商业金融机构，赚取了大量的财富。荷兰的发展由此步入了快速阶段，进而向欧洲以外的地方扩张。

在东亚，荷兰人于1600年抵达日本开始与日本通商，1638年荷兰人取代葡萄牙人，垄断了日本与西方的贸易，前后时间达200年之久；1604年，荷兰人到达澎湖，但被明军驱离，1622年荷兰人卷土重来，在澎湖及台湾南部贸易通商，1624年荷兰人侵占台湾。

1 ［美］房龙：《人类的故事》，徐明皓译，北京：中国妇女出版社，2015年，第157–158页。

在东南亚，荷兰殖民者于1605年占据盛产香料的马鲁古群岛，并在那里建立了东印度公司的第一个商业据点，使之成为欧洲香料的生产地；1621年，荷兰殖民者在爪哇岛建立巴达维亚城（今雅加达）。通过巴达维亚，荷兰人构建起一个庞大的商业网络。波斯丝绸、印度棉花、中国瓷器、日本的铜、帝汶岛的檀香木以及马鲁古群岛的香料都经由此处转运他处，巴达维亚成为名副其实的转口贸易中心。[1]依托巴达维亚，荷兰殖民者不断蚕食周边岛屿，最终使印度尼西亚成为荷兰的殖民地；1641年，荷兰人击败葡萄牙人，占据马六甲海峡，从而控制了印度洋通往香料群岛和东方的咽喉要道。荷兰人取代葡萄牙人控制了欧洲通往东方的贸易通道。

在非洲，荷兰人于1652年从葡萄牙手中夺取了新航路上的要塞——好望角，并在开普敦建立殖民据点。荷兰控制了经由大西洋进入印度洋的航海要津。除此之外还有买卖奴隶的基地——几内亚。

这样一来，荷兰人便控制了一条以北海为起点，经由大西洋，穿越印度洋，直抵太平洋的航线。荷兰人在东行的航线上发挥着主导作用。

荷兰人不光涉足东方贸易，还积极参与美洲殖民。1621年，荷兰人模仿东印度公司，成立了西印度公司，从而攫取西属、葡属殖民地的财富。

在北美洲，荷兰人于1626年以购买的形式从印第安人的手中获取了一块土地，以此建立殖民据点，荷兰人称其为新阿姆斯特丹城，这就是今天纽约的雏形。

在南美洲，荷兰人在巴西、圭亚那建立了一些殖民据点，并在加勒比海上的加拉加斯建有殖民地。

荷兰人还积极从事欧洲、非洲、美洲之间的三角贸易，成为这一贸易的先锋。

17世纪中叶，一个由荷兰人控制的商业帝国形成了，这个帝国并不是以殖民大片领土为目的，而是以控制商路，侵占交通要道为目的。荷兰帝国的商业贸易特征凸显无疑。此时，荷兰东印度公司已经拥有15 000个分支

1 ［法］J. 阿尔德伯特等：《欧洲史》，蔡鸿滨等译，海口：海南出版社，2000年，第346页。

机构，贸易额占到全世界总贸易额的一半。悬挂着荷兰三色旗的1万多艘商船游弋在世界的五大洋之上。当时，全世界共有2万艘船，荷兰有1.5万艘，比英国、法国、德国以及其他诸国船只的总数还多。17世纪中期，荷兰的商业扩张已经达到了顶峰。1648年，随着30年战争的结束，《威斯特伐利亚和约》确认荷兰为独立的主权国家。

商业帝国的衰落

正如欧洲大陆上不可能有持久的霸主一样，宽阔的海洋上也不可能只由一个国家来主宰。荷兰的海洋霸主地位自然也会受到其他国家的挑战。继葡萄牙、西班牙之后，对荷兰形成真正威胁的是欧洲西北部的两个大国——英国和法国。

1651年，英国颁布了旨在禁止荷兰参与英国海上贸易的《航海条例》，其中规定，凡是输入英国及其殖民地的货物必须由英国船只或货物出口国的船只运输，别国无权参与。这对以转口贸易立国的荷兰来讲无疑是一个沉重的打击，荷兰人视英国的政策是对其生存的威胁，英荷战争由此爆发。1653年，英国舰队两次在海战中击败荷兰舰队，荷兰被迫承认《航海条例》；1664年，第二次英荷战争期间，新阿姆斯特丹向四艘英国军舰不战而降，荷兰在北美的唯一据点被英国占领；1667年6月，荷兰海军封锁泰晤士河口，迫使英国将南美的苏里南归还荷兰，并按荷兰的要求修改《航海条例》，荷兰则承认英国对新阿姆斯特丹的占领。1672年3月，英国海军在英吉利海峡突然袭击荷兰舰队；1673年，英法结盟，共同对付荷兰。荷兰一度收复新尼德兰地区，但遭受到法国、英国以及科隆大主教等的共同进攻，荷兰无法继续支撑战争，被迫与英国议和，将北美洲的荷兰殖民地正式割让给英国。英荷战争以荷兰的失败而告终。荷兰开始从历史的巅峰上下滑。1667—1713年，因法国国王路易十四的领土扩张野心，荷兰与法国交战，荷兰的实力再次被削弱。1661年，郑成功收复了台湾，荷兰人丧失了在远东的重要战略基地。

1713年4月12日，法国、西班牙、英国、荷兰的代表云集荷兰城市乌得勒支，并缔结和平条约。条约的缔结标志着持续了13年之久的西班牙王位继承战争（1701—1713年）到此结束，同时也意味着荷兰在欧洲大国地位的终结，“充当了一个多世纪的欧洲强国后，共和国自愿从大国的行列中退出来”[1]。曾经称雄欧洲，执掌欧洲金融、商业命脉一百多年的荷兰衰落了。荷兰缘何衰落，答案当然很多。荷兰是一个城市共和国，所谓的国家也不过是几个商业城市的联合体。近代以来，伴随着民族国家的崛起，荷兰的这种政治模式显然无法与强有力的中央集权制国家相抗衡；荷兰土地面积狭小，资源贫瘠，缺少英国、法国等国所具备的战略物资，在与英国、法国等国的竞争中明显底气不足；荷兰崛起借助于良好的外部条件，17世纪前期，葡萄牙已被西班牙吞并，英国是内战不已、动荡不安，西班牙则被拖入宗教战争的泥潭，法国正与国内大地主进行着艰苦卓绝的斗争。

此外，荷兰的衰落还与其畸形的经济结构紧密相关。荷兰因商业而兴起，以贸易而立国，正如荷兰人所言：“利润指引着我们过海越洋，为了爱财之心，我们走遍世界上所有的海港。”[2]荷兰是一个典型的商业王国，在这个国家中，商人就是国王，商业利益代表着一切。这就如法国大使在1648年所说的那样，“赚钱是这里的人唯一的行动指针”[3]。商业固然是获取财富的手段，但当利润凌驾于一切之上时，国民就可能变成唯利是从，视财如命的食利者、投机者。17世纪末，当荷兰与法国处于交战状态时，荷兰的商人竟打着别国的旗帜，借助别国的船只，甚至直接打着本国的旗号，依靠本国的船只向法国偷偷运输法国所急需的小麦。然而，对于这样的行为，阿姆斯特丹的商人竟然没有人声色俱厉地予以谴责。[4]商业使荷兰人用一种世俗的眼光来看待一切，商业利益竟可以凌驾于民族利益之上。

1 ［荷］房龙：《荷兰共和国兴衰史》，施诚译，石家庄：河北教育出版社，2001年，第22页。

2 ［美］戴维·S. 兰德斯：《国富国穷》，门洪华等译，北京：新华出版社，2010年，第139页。

3 ［法］费尔南·布罗代尔：《十五至十八世纪的物质文明、经济和资本主义》（第三卷），顾良、施康强译，北京：商务印书馆，2017年，第245页。

4 同3，第246页。

商业的发展、财富的聚集还培养出一群不事生产，通过股票投机，发放高利贷获取财富的食利阶层。“3.4亿盾被投资于欧洲、东印度公司和美洲的公债。英国国债的大部分掌握在荷兰人手中，英国每年支付2500万盾利息给共和国；法国向共和国借款2500 万盾；西班牙、俄国、瑞典和一些德意志小诸侯国向共和国借款3000 万盾。一般的银行业务和股票交易占到5000 万盾。东印度公司和南美殖民地共投入约1.4亿盾。还有几百万盾投资于城市贷款和借给省和郡。”[1]荷兰人以发放贷款的形式成为欧洲各国的债主，坐食渔翁之利，其结果是商业资本异常活跃，工业资本明显落后，国际贸易优于国内贸易。这种以商业贸易、获取高利贷为生的经济模式，社会财富很难转换成工业资本。对金钱的无限追逐还导致了整个国民的投机心理，助长了安逸享乐的生活方式，从而制约了国家的创新能力。可以说，在一个唯“商”是从的国度，工业革命的动机可谓先天不足。

英国模式：一个以生产为基础的殖民帝国

英国是晚期重商主义的代表，与早期重商主义相比，两者都认为金银货币是财富的唯一表现形式，都强调对金银货币的积累。但在如何获取金银货币方面，早期重商主义和晚期重商主义的观点有着很大的差异。晚期重商主义者认为，在对外贸易中应该出售自己的货物，只有这样才能获取更为稳定的金银货币，而不会受制于人。这样资本便会流向生产领域，从而实现商业资本向工业资本的转化。

英国的早期殖民

英国位于欧洲的西北端，是一个典型的岛国，四面环海，航海条件非常优越。在遥远的古代，许多民族都曾跨越海峡造访此处。但在古代欧

1 ［荷］房龙：《荷兰共和国兴衰史》，施诚译，石家庄：河北教育出版社，2001年，第23页。

洲，文明的中心位于地中海世界，英国虽具备优越的航海条件，但依然处于文明的边缘。1453年，伴随着百年战争的结束，英国丧失了在欧洲大陆的绝大部分领地；1558年，英国又丢失了在大陆上的最后一个据点——加来港。英国与欧洲大陆的领土纠葛彻底断绝。此后的英国便安心于岛上发展，从而避免了与大陆国家的领土纷争。

新航路开辟后，欧洲的商贸中心从地中海的意大利转移到大西洋沿岸，大西洋时代随之来临。这是一个有着更为广阔空间的时代，英国从欧洲大陆的终端，成为进军大西洋的起点。“它犹如一个北方的威尼斯，充当着杠杆支点，撬动了斯堪的纳维亚半岛、欧陆大部以及后来美洲各地的贸易；又假道好望角，带动了远东的贸易。”[1]英国抓住历史机遇，凭借其得天独厚的地理条件，一举从文明的边缘变成了世界的中央。

英国的海外扩张来自对财富的无限追求，商业在其中发挥着重要的作用。这正如弗朗西斯·培根所言：“不是为了‘宣扬基督信仰’，而是为了‘黄金、白银、世俗利益和荣誉’。”[2]“为开拓新兴的纺织业的市场起见，英吉利的商人冒险家自15世纪之初即极力在欧洲寻觅新的市场。”[3]都铎王朝建立后，英国的战略方向发生了重大转变：从在欧洲大陆谋求扩张转变为维护自身安全、防止外敌入侵。英国从烦琐的欧洲事务中走了出来，从而走上了海外扩张的道路，英国成了一个完整意义上的海岛国家。“从大陆扩张转向海洋拓展，不仅仅是英国在大陆扩张受挫的情况下的无奈之举，也是地理大发现所提供的机遇使然。”[4]

英国开辟海洋的时代恰是伊比利亚国家驰骋海洋的时代。作为大西洋时代的“后起之秀”，此时的英国还不足以与伊比利亚国家直接抗衡。精明的英国人只得采取一些权宜之计，分得其中的一杯羹。

15—16世纪的大西洋，通往东方的“西南航道”已经被伊比利亚国

1 ［英］艾伦·麦克法兰：《现代世界的诞生》，管可秾译，上海：上海人民出版社，2013年，第25页。

2 ［英］阿萨·布里格斯：《英国社会史》，陈叔平等译，北京，商务印书馆，2015年，第201页。

3 ［英］屈勒味林：《英国史》（上），钱端升译，北京：东方出版社，2012年，第381页。

4 吴昊：《论近代早期英国海上强国地位的形成》，载《南方论刊》，2015年第12期。

家所垄断。作为后来者的英国只得开辟“西北、东北航道”。在国王亨利七世（1485—1509年在位）统治时期，热那亚父子约翰·卡波特和塞巴斯蒂安受国王之托寻求从西北大西洋通往亚洲的航道。他们穿越北大西洋最终到达了美洲，但这次航行却令他们非常失望，他们既没有获得香料，也没有满载财富而归。1551年，伦敦的商人决定开辟从东北方向通往中国的航线。1553年，休·威洛比和理查德·钱塞勒带领着由三只船组成的船队开始了他们的探险。最终，威洛比因饥寒死于探险途中，钱塞勒则到达了莫斯科，并没有打开通往中国的航路。因此，早期探险的成就并不突出。

伊丽莎白时期是英国海外扩张的关键时期，也是英国工业发展的重要时期。16世纪是英国的纺织工业从生产羊毛向制造呢绒的过渡时代。新式织袜机和荷兰织布机的引进提高了毛纺织业的生产效率。英国生产的毛呢在地中海一带颇受欢迎，兰开夏郡工人制造的一种亚麻与棉纱的合成物也有着很好的销路；22%的贵族家庭有自家经营的铁业工场，其中许多工场已开始使用鼓风炉生产制模铸件，在伊丽莎白统治末期，一些工厂已经能够生产大炮了。[1]在这样的背景下，英国比以往更加离不开欧洲的商品流通渠道。

工业虽然发展，但商业却停滞不前。当欧洲市场已经无法容纳更多的产品时，一些大商人不得不开拓海外市场。

> 我国最富饶的货物为毛布，我们当然要为它搜找推销的市场。从我读书和观察所及，我以为最适当的地方为日本的诸岛、中国的北部及毗邻的鞑靼国。[2]

在伊丽莎白女王的大力支持下，英国的大商人成立了一些大规模的垄断性贸易公司，由其负责海外拓殖。1579年，英国商人成立了“东方公司（也译伊斯特兰公司）”，主要负责北海和波罗的海流域的纺织品贸易和

1　钱乘旦、许洁明：《英国通史》，上海：上海社会科学院出版社，2012年，第131、第132页。

2　［英］屈勒味林：《英国史》（上），钱端升译，北京：东方出版社，2012年，第384页。

木材贸易；1581年，伦敦商人在地中海东岸成立了利凡特（也译黎凡特）公司，主要经营地中海的贸易；1600年，伦敦商人成立了东印度公司，垄断经营好望角以东的贸易。

与西班牙、葡萄牙的政府扩张行为不同，英国的海外扩张以垄断性贸易公司为主。这些公司通过发行股票筹集资金，然后以利润分红的形式刺激全民的海外扩张热情。英国的海外殖民从一开始便充满了浓厚的商业色彩，并与国内的工业发展有着紧密的联系。

伊丽莎白时期的海外拓殖活动还伴有海盗行为，这也是英国在国力较弱的情况下采取的一种权宜之计。在众多海盗中，弗朗西斯·德雷克是最为有名的一位。1577年，德雷克的船只从英国出发，经大西洋进入太平洋后，袭击了西班牙美洲太平洋沿岸的殖民地。1579年3月1日，德雷克还公然抢劫了西班牙宝船“卡卡弗戈”号。德雷克花了整整4天时间才将其虏获的13箱银币（相当于20吨银块）等金银财宝转移到自己的船只上。[1]1580年，德雷克在西班牙船只的追击下，率领船队从太平洋，经印度洋、大西洋回到英国，从而成为人类历史上第一个亲自完成环球航行的航海家。1581年，女王亲自登船为德雷克授予骑士称号。德雷克的行为得到了女王的大力支持，女王把船只租借给德雷克资助其出海远航，并以个人出资入股的形式参与海外探险分红。在女王的默许下，德雷克经常劫掠满载着贵重金银的西班牙船只。英国通过这种方式挑战着西班牙大西洋贸易的垄断权。

海盗的掠夺行为为英国的工业发展积累着财富，同时也刺激着贵族的海外扩张，从而使一些蔑视海外贸易的贵族也参与其中，海外扩张逐渐成为一种全民行为。1600年，一个叫作哈克鲁特的人骄傲地宣称，英国“在搜寻世界的天涯和海角……环球航行方面胜过了地球上所有其他国家和民族”[2]。

1 ［韩］朱京哲：《深蓝帝国：海洋争霸的时代1400—1900》，刘畅、陈媛译，北京：北京大学出版社，2015年，第126–127页。

2 ［英］阿萨·布里格斯：《英国社会史》，陈叔平等译，北京：商务印书馆，2015年，第202页。

◀ 弗朗西斯·德雷克（1540—1596年），于1577—1580年完成了环球航行，带回大量的战利品，被伊丽莎白女王封为贵族。1585年，英国与西班牙的战争再起，德雷克在加的斯港摧毁了敌国舰队，后又率领舰队于1588年与“无敌舰队”作战。这个备受赞扬的人却在赴美洲的航行中忧郁而死

英国的海上劫掠行为引起了西班牙的不满。1588年，西班牙国王菲利普二世决定派遣“无敌舰队”远征英国。“无敌舰队”一共包括130艘船只，其中37艘是火力强大的战舰，其余则用于运载荷兰士兵。英国海军规模较小，仅有21艘200吨左右的船舰，但商船的数量相当可观。“无敌舰队”来到加来，等待荷兰士兵的到来，然后准备在英国登陆。这时的英国却点燃自己的8艘船只，借助顺风使其驶向西班牙舰队。“无敌舰队”见状惊慌失措，落荒而逃。次日，双方交战于附近的海面上，英国以其机动灵活的舰队击败了庞大迟缓的西班牙舰队。西班牙舰队逃往北海，途中又遭袭击，多艘战舰沉没，在绕过苏格兰和爱尔兰附近的海域后返回国内。

1588年的英西大海战是大西洋时代一场重要的战役。这场战争虽没有结束西班牙的海上霸权，也未给英国带来决定性的战果，但这次胜利对英国人的意义主要是精神上的，它撑起了英国人远涉重洋的信心，使越来越多的人前赴后继地加入海外掠夺和贸易的行列中，英国开始步入以大西洋为中心的世界贸易主要参与者行列。可以说，1588 年英西大海战是英国海洋政策的一个重要转折点，它标志着英国由早期纯防御转向积极防御，由“贸易制海”转向“贸易与军事制海并重”[1]。

1　吴昊：《论近代早期英国海上强国地位的形成》，载《南方论刊》，2015年第12期。

17世纪的“商业革命”

从17世纪开始，伴随着人口的增加，农业结构的变化，再加上斯图亚特王朝对新教徒的迫害，海外冒险发展到有组织的海外定居和殖民拓殖。这一时期，政府采取不干预的政策，个人和私人团体在海外扩张中发挥着重要的作用。

1606年，弗吉尼亚公司建立。1607年，弗吉尼亚公司在北美大西洋沿岸建立了詹姆士敦据点，一般认为这是英国在北美建立的第一个殖民据点。弗吉尼亚公司初期的经营并不成功，早期移民大部分因饥饿和寒冷而死去。后来随着烟草种植的盈利，詹姆士敦的重要性开始凸显出来。无数英国移民接踵而至，英国在北美的第一块殖民地——弗吉尼亚逐渐形成。弗吉尼亚的成功刺激着更多英国移民的涌入，他们沿着北美大西洋海岸线修建定居点。到1700年，沿海岸大约存在有25万个殖民点。[1]在此基础上，发展出了北美的13个殖民地。

英属北美殖民地与西属南美殖民地有着很大的差异，这里原住居民稀少，也找不到欧洲人梦寐以求的黄金白银。所以从一开始英国在北美的殖民就伴随着经济开发，种植园经济在其中发挥着重要的作用。棉花、烟草、蓝靛先后被引入殖民地，其中烟草到17世纪中叶已成为英属北美殖民地的“第一大现金种植物”，而切萨皮克湾则几乎成了它的专业种植区。据统计，1617—1700年，仅弗吉尼亚的烟草输出，就从2万磅增加到1亿磅。[2]除烟草之外，北美殖民地的另一种常见作物是棉花，而在英属西印度群岛上，甘蔗种植园则受到很大的青睐。在重商主义的背景下，北美及西印度群岛种植园的农产品大部分输往英国本土。到了18世纪，北美农产品与英国本土工业的联系更加紧密，尤以棉花的作用

1 ［美］丹尼斯·谢尔曼、乔伊斯·索尔兹伯里：《全球视野下的西方文明史》（中册），陈恒等译，上海：上海三联书店，2011年，第535页。

2 何顺果：《美国文明三部曲：“制度”创设—经济“合理”—社会“平等”》，北京：人民出版社，2011年，第10–11页。

最为明显。

克伦威尔时期是英国海外扩张的加剧时期，远洋商业利益成为政府追逐的目标，在英国历史上，政府第一次把对外贸易作为一个国家的事业来追求，并在其中发挥主导作用。[1]

当时与英国竞争的主要对手是荷兰，为了打击荷兰人的海上利益，英国议会于1651年颁布了《航海条例》，该条例明确规定：凡是进入英国或其殖民地港口的商船，必须是英国或该殖民地所有，其船员又只能是该船所属地的臣民；欧洲商船可以进入英国港口，但只能携带本国商品，配备本国船员。

《航海条例》严重地挑战着荷兰人的商业利益，英荷战争随之爆发。战争从1652年开始，先后经历了7场大海战，最后于1654年议和。通过战争，英国的商业范围进一步扩大。英国开始向葡萄牙帝国渗透，其势力进入东印度群岛、巴西、非洲西海岸等地。1655年，西班牙在加勒比海的殖民据点牙买加落入英国之手，这成为英国涉足加勒比地区的重要据点。1667年，英国最终夺得了荷兰在北美的殖民据点新阿姆斯特丹，并把其改名为“纽约”，同时，英国也获得了进出波罗的海的权利。英国还在战争中俘获了1700条荷兰商船，极大地扩充了英国的船队。通过英荷战争，英国在海洋中的地位进一步巩固。

英国人扩张的另一个方向是印度次大陆。1612年，英国人在印度的苏拉特附近打败了葡萄牙人，英国人的威信大增。1613年，英国人被允许在苏拉特建立第一个商馆。英国人逐渐获得了在莫卧儿帝国境内自由贸易的权利。17世纪初期，荷兰和英国因香料贸易在东南亚产生冲突，英国失败，最后只得专注于在印度的开拓。

英国专注于印度的发展后，其势力扩张非常快。1639年，英国人以每年600英镑的价格，从当地统治者手中租得东海岸一条狭长区域及一个小岛，建立英国居留地，1653年扩建为马德拉斯市，印度东南沿海的一大片

1　钱乘旦、许洁明：《英国通史》，上海：上海社会科学院出版社，2012年，第172页。

区域成为英国的势力范围；1661年，因葡萄牙公主嫁入英国，作为陪嫁物，孟买成为英国在印度的新据点。1687年，新殖民地兴建完毕，东印度公司在西海岸的总部迁往此处；1698年，一支英国远征军到达恒河河口，东印度公司以1200卢比从当地王公手中买下河口的这片土地，并在此处建立了加尔各答城。[1]1772—1911年，加尔各答一直是英属印度的首都。到17世纪末，英国已在印度拥有了众多据点，成为一支重要的力量。1781年，荷兰人的最后一次反扑以失败告终，荷兰在印度的商业据点丧失殆尽。

在印度，英国人发现了一种更受欧洲人青睐的东方棉布。这种东方棉布质地柔软，其舒适度远远超过欧洲人的毛织品。英国人趁此机遇把印度的棉织品销往欧洲。1625年，英国运往欧洲的棉布为22.15万匹，在经过了短暂的回落之后，棉布的销售量又开始了缓慢回升。17世纪60年代末达20万匹，70年代是57.8万匹，到了80年代则增至70.7万匹。[2]英国人通过棉布的销售获取了丰厚的利润。

▲ 1630年的伦敦城。近代以来，伴随着对外贸易的发展，伦敦迅速崛起，成为欧洲重要的商业城市。16世纪20年代初，伦敦的人口约为7万人，而到了1600年，人口已超过20万人，成为欧洲第一大城市

1 林太：《印度通史》，上海：上海社会科学院出版社，2012年，第202页。

2 ［美］戴维·S. 兰德斯：《国富国穷》，门洪华等译，北京：新华出版社，2010年，第159页。

殖民帝国的扩大加速了英国海外贸易的繁荣。1660—1688年，英国的商船吨位扩大了1倍；1640年，从英属殖民地进口然后再转口的贸易占英国贸易总额的5%～6%，17世纪末，这个数字超过了25%。1686年，有44%的船只从事美洲或印度贸易。一个伦敦大商人柴尔德在1672年就曾说过，《航海条例》使英国商船数增加了3倍，若没有《航海条例》，即便在英国自己的殖民地，荷兰船与英国船的比例也会是40：1。[1]

海外贸易的发展也刺激着工业的进步。1640年以前，英国的出口几乎只有毛呢一种商品，但到了17世纪末，毛呢出口已经占不到总出口量的一半了。为了满足日益扩大的贸易需求，英国的制造业大为发展，一批新兴产业应运而生。从17世纪60年代到17世纪末，除毛呢外的其他工业品出口到欧洲的增长了18%，输往殖民地的增长了200%……有人估计，海上贸易每年给英国带来了200万英镑的财富，其中75%是从美洲或印度来的。[2]“世界商业的资本化则已经达到了相当的规模，其中心则正在由阿姆斯忒（特）丹移至伦敦。”[3]17世纪的英国正在经历一场“商业革命”，从而为18世纪的工业革命奠定基础。

从海洋开拓到工业起飞

1688年，英国以“光荣革命”的形式终结了近半个世纪的英国革命，长期的战乱动荡、宗教纷争就此结束，商人及新贵族开始在国家生活中发挥着日益重要的作用，原本就活跃的商业资本再次活跃起来。在重商主义政策的推动下，英国积极向海洋开拓，从而与旧有的海洋强国产生了严重的冲突。

自18世纪以来，英国便卷入一系列的海外争霸战争中，这些战争包括：因西班牙王位继承问题而起，从1702年一直延续到1713年的西班牙王位继承战争；因奥地利王位问题而起，从1748—1756年的奥地利王位继承

1 钱乘旦、许洁明：《英国通史》，上海：上海社会科学院出版社，2012年，第188页。

2 同1，第189页。

3 ［英］屈勒味林：《英国史》（下），钱端升译，北京：东方出版社，2012年，第553页。

战争以及1756—1763年的英法“七年战争”。对于英国而言，这些战争主要围绕着法国进行，其目的是削弱法国的大陆霸权，从而维持欧洲的均势。就时间而言，这些战争往往持续数年；就地域而言，这些战争往往横跨数洲。而在这漫长的争霸过程中，英国是绝对的赢家。

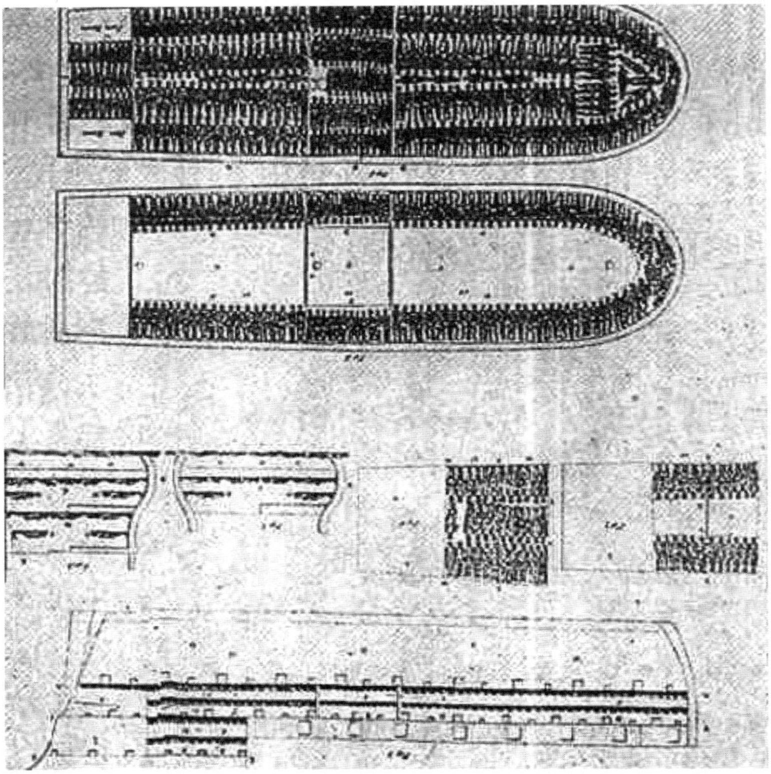

▲ 英国贩奴船平面示意。18世纪的英国掌控着大西洋的黑人奴隶贸易，成千上万的非洲黑人经由奴隶贩子之手运往美洲

战争是财富的来源，凭借殖民争霸取得的优势，英国迅速积累着工业化的启动资本。西班牙王位继承战争后，英国通过《乌得勒支条约》获得了向西属拉丁美洲贩卖黑奴的权利，从此英国成为最大的奴隶贸易国。据统计，1680—1780年，英国运往美洲的黑奴多达230万人，而奴隶贸易的利润率高达100%~300%。仅利物浦的奴隶贩子在1783—1793年的10年中所赚

取的纯利就达1500万英镑。[1]利物浦也从大西洋边陲小镇一举成为英国18世纪的重要城市。1757年，大盗克莱武劫掠了孟加拉国库，让英国人获得了500多万英镑的收入，而克莱武本人就从纳瓦布宝库中拿走了20万英镑以上的财富。[2]以后英军每攻破一座城池，都如法炮制放手抢劫，以致财宝压身，英军无法行进。战后，孟加拉王公为了维持其王位，向东印度公司支付赔款150万英镑，1757—1765年又支付给东印度公司500万英镑以上。1765—1780年的15年间，东印度公司又获得征税权，它将超过1000万英镑的收入，或用于购买印度货出口，或将金银直接输出，或以各种方式转往英国。1757—1820年，孟加拉资产净流失6亿卢比。[3]

到18世纪中期，英国已经拥有了充足的资本。与伊比利亚国家、荷兰不同的是，英国人并没有把财富用于过度挥霍、奢侈消费、坐食山空，而是把足够的资本用于生产投资。1713年，当《乌得勒支条约》签订时，法国外交部首席秘书就已经意识到了这一点：

> 可以肯定的是，不管今天它有多么荒凉……一旦到了英国人手里，人们会看到不出几年那里就会有大批的居民和建成的海港，成为欧洲和亚洲制造业的最大的聚散中心，然后英国人会把制成品推销到秘鲁和墨西哥的王国……从那些国家的矿产中收取价值6000万的金和银来作为他们工业的目标和回报。[4]

18世纪的英国，农业改进、公路疏浚、运河开通、工厂设立，而这都源于资本的大量积累。1750年，英国的国债数量为7800万英镑，而到了1820年已增至8.4亿英镑，增幅为10倍多，而购买国债者大部分为地主、农业资本家和富商。[5]这表明当时的大量资本正在寻求着投资机会。

1　陈晓律等：《英国发展的历史轨迹》，南京：南京大学出版社，2009年，第156页。

2　马克垚：《世界文明史》（下），北京：北京大学出版社，2004年，第838页。

3　林太：《印度通史》，上海：上海社会科学院出版社，2012年，第222页。

4　［美］戴维·S. 兰德斯：《国富国穷》，门洪华等译，北京：新华出版社，2001年，第253页。

5　同1，第157页。

18世纪的殖民争霸战争沟通了英国的国内市场和海外市场，进出口贸易额迅速增加。1697—1704年，英国每年的进出口总额平均约为850万英镑，而在1775—1784年，达到2000多万英镑，海上运输量也增长了1倍多。贸易额的增加推动着国内财富的累积。有人估计，1688—1701年英国的国民财富增加了20%。经济史学家菲利斯·迪恩估计，1700—1780年英国的总产出增长了67%，到1800年增长了151%。[1]这些财富成为工业革命的启动资金。

总之，在18世纪的时候，英国已在本土之外建成了一个庞大的商业帝国，其范围遍及世界五大洲。在18世纪，英国为国内市场生产的工业产品从基数100增为150，而为出口生产的工业产量从基数100增为550。[2]英国对这个商业帝国的依赖性越来越强。1739年，英国年轻的政治家威廉·皮特就宣称："当贸易政策处于生死攸关时，就是你最后的堑壕，不是捍卫就是死亡。"[3]丹尼尔·笛福也曾说过："英国的伟大不是因为战争和政府……而是因为贸易，因为我们国内的和扩张到国际的商业。"[4]

商业的发展往往是工业的先导。"1739年有一个英国人作过估计，认为在不列颠岛上有425万人'从事制造业'。这个数字包括妇女和儿童在内，几乎占全部人口的一半……这些人口中几乎一半从事羊毛的纺织和加工……"[5]

贸易的繁荣推动着商业的发展，而商业的活跃也刺激着工业的进步。当国内的工业生产无法满足市场的需求时，一场技术上的革命便出现了。正如陈乐民先生所言：正是商业的进步，把技术的不断更新和发明带动起来，才有18世纪的"工业革命"。换言之，商业发展是近代欧洲走向工业

1 钱乘旦、许洁明：《英国通史》，上海：上海社会科学院出版社，2012年，第206页。

2 ［法］费尔南·布罗代尔：《十五至十八世纪的物质文明、经济和资本主义》（第三卷），顾良、施康强译，北京：商务印书馆，2017年，第727页。

3 ［英］阿萨·布里格斯：《英国社会史》，陈叔平等译，北京：商务印书馆，2015年，第210页。

4 ［美］丹尼斯·谢尔曼、乔伊斯·索尔兹伯里：《全球视野下的西方文明史》（中册），陈恒等译，上海：上海三联书店，2011年，第681页。

5 ［美］R. R. 帕尔默：《现代世界史》（上），孙福生等译，北京：世界图书出版公司，2009年，第222页。

化的序幕。[1]

18世纪的争霸战争还改变着英国的工业结构。为了满足战争的需要，政府不断采购军火，从而刺激了铁、钢、煤和木材行业的发展。英国的生铁产量在1788年为6.8万吨，到了1811年则增至32.5万吨。[2]

在前工业时代，英国外放式的家庭手工业仍旧占据着非常重要的地位。这种手工业类型分散于广阔的农村地区，由于生产力低下，从原料的发放到成品的收购需要很长的时间，再加上运输不便，支出庞大，家庭手工业已经无法满足现实的需要了。在这样的背景下，一些企业家开始建立集中的生产工厂，强迫劳动者服从严格的纪律管理，加快生产节奏，对生产过程实行有效监督，从而实现技术革新、生产的机械化，其结果便是工厂制度在英国的率先确立。

▲ 从事家庭手工业的农村妇女。18世纪的欧洲，从事制造业的多数人仍然在自己农村家里劳动。作于18世纪80年代的此幅版画，显示了3名妇女在爱尔兰农舍中进行纺纱织布的工作，而另一个妇女在做饭和照顾小孩

1　陈乐民、周弘：《欧洲文明的进程》，北京：生活·读书·新知三联书店，2014年，第217页。

2　陈晓律等：《英国发展的历史轨迹》，南京：南京大学出版社，2009年，第154页。

工业革命不是一个突然性的历史事件，而是相关因素长期累积的结果。自16世纪以来，英国便积极开展海外拓殖活动，经过两个多世纪的努力，英国已建立起一个庞大的殖民帝国。实际上，英国的每一次扩张都意味着商业规模的扩大，工业技术的进步。到了18世纪中期，英国的商业规模已经达到了足以推动技术变革的临界点。正如托克维尔评注的那样："制造业和贸易是两个最著名的手段，是最快捷、最安全的致富途径。"[1]

15—18世纪是重商主义大行其道的时代，在重商主义的推动下，欧洲走上了"地理大发现"的道路。所以，"地理大发现的实质是国家在重商主义理论指导下追求财富，个人的发财愿望和国家的致富目标结合在一起，造就了重商主义时代的特色"[2]。

重商主义者认为，一个国家的富强取决于国内贵金属积累的数量；在对外贸易中，重商主义国家通常鼓励出口，扩大贸易顺差，从而积累更多财富。新航路开辟后，许多国家都走上了重商主义道路，但在执行的过程中却出现了三种类型，西班牙、荷兰、英国则是这三种类型的典型代表。

西班牙是重商主义的早期代表，凭借着新航路开辟后的地缘优势，迅速掌控了大西洋贸易，并在短期内积累了大量财富，成为美洲金银的重要汇聚地。在海外殖民的道路上，西班牙以野蛮掠夺的形式获取巨额财富。当美洲财富涌入国内后，其财富并未转化为生产资本，而是用于奢侈消费，发动战争。这是因为，此时的西班牙社会仍旧处于中世纪之中，并未孕育出变革的土壤，技术革新的动力明显不足。西班牙的事例说明，在旧制度背景下，社会财富无法转换为生产资本，更不会出现技术革新。

荷兰是重商主义第二阶段的代表。荷兰的繁荣在很大程度上得益于西班牙的美洲金银。荷兰地处南欧、北欧的交通要津，凭借其优越的地理位置，对外贸易自中世纪以来就很发达。荷兰的船只遍及欧洲各地，甚至远

1 ［英］艾伦·麦克法兰：《现代世界的诞生》，管可秾译，上海：上海人民出版社，2013年，第26页。

2 钱乘旦：《西方那一块土》，北京：北京大学出版社，2015年，第195页。

涉重洋。贸易的繁荣促进了商业的活跃，在这个国家里，商人是毋庸置疑的统治阶级，商业气息弥漫在整个社会，而发达的金融业又把全社会的商业热情激发出来。荷兰是一个因商业而兴起的国家，却试图以商业立国。当荷兰人因贸易获得巨额财富后，他们不是把大批货币投入生产领域，而是投入到非生产性的高利贷行业，从而成了坐享其成的食利阶层，这又影响到整个社会的风气。以商立国的国家往往对外有着很强的依赖性，而贸易的垄断权一旦被打破，那么衰落也就不可避免了。17世纪中期，伴随着《航海条例》的颁布，荷兰的这种垄断地位也就不复存在了。

进入18世纪以来，英国人开始崛起，从而进入重商主义的第三个阶段。英国也是一个因商业和贸易兴起的国度，这一点与荷兰有着很大的相似性。但与荷兰不同的是，英国在很早的时候就注意到了生产经营的重要性。伊丽莎白时期，女王就鼓励国民每人购买一顶本国的帽子。即使是在开拓殖民地上，英国也以开发为主，而非直接掠夺。英国人在殖民扩张的早期就实现了商业资本向生产资本的转移，重商主义进入到生产阶段。实际上，重商主义的根本在于生产，只有生产才有产品，才能获得更多的出口优势，从而积累更多的财富。偏离了生产，所谓的重商主义就成了无根之木、无源之水，也难有长久的重商主义。

在商业利润的不断刺激下，财富不断地流入生产领域，从而推动着技术的变革，当技术的持续变革积累到一定程度时，工业革命也就发生了。

第五章

英国工业时代的来临：海洋孕育下的技术革新

18世纪后期，一场持续了数百年乃至上千年的技术积累终于迎来了质的飞跃，这就是“工业革命”。工业革命是传统社会与现代社会的重要分界线，是工厂手工业向机器大工业过渡的重要标志。工业革命促使生产力发生巨大飞跃，这近一百年创造出来的财富超过了此前数千年创造出来财富的总和。工业革命不仅仅是财富的增长，更重要的是社会的转型。在此前的论述中，我们知道工业革命是海洋长期孕育的结果，是海水数百年来浸润的产物，大海与工业革命之间有着割舍不断的联系。18世纪后期，当工业革命在英国悄然发生时，我们仍然可以看到海洋的因素。

工业革命的缘起

从18世纪80年代起，英国与经济相关的统计指数突然快速地、几乎直线式地上升。一场由机器生产逐渐代替手工生产的技术革命在欧洲西北部的岛国悄然发端。这场革命一改中世纪以来的田园面貌，人类由此进入工业社会，这就是后世史家经常提及的“工业革命”。工业革命是人类历史上一次最为彻底的社会变革，它直接塑造了现代社会。面对工业革命，许多人都在思考同一个问题：缘何偏居欧洲一隅的岛国能够最先引领潮流。

对于这样的问题，许多学者都在尝试解释，答案可谓莫衷一是，但有一点却是共识：工业革命是一系列革命性变革自然演变的结果。到了18世纪后期，这种缓慢的变革已发展到了即将突破的临界点。

农业革命——工业革命的人力来源

工业革命的起因并非单纯局限于工业之中，而是与农业领域中的技术变革有着天然的联系。许多学者都认同这样一种观点：没有农业革命，没有农业产出的增加，便不会有工业化进程和经济起飞。而在农业革命中，我们也能寻找到大海的影子。

中世纪后期，伴随着商品经济的活跃、城市的兴起，欧洲自中世纪以来所形成的封建领主—农奴的社会结构正悄然解体。封建领主为了挽留农民开始改善农奴的地位，农奴逐渐获得土地并享有人身自由。这种现象在英国、法国以及莱茵河西部的德意志最为普遍。农业革命就蕴藏在这悄然的变革之中。但自步入近代以来，受制于诸多因素，尤其是新航路开辟的影响，上述国家地区的农业发展道路却呈现出了不同的特点。

得天独厚的岛国特征、四周濒海的海洋优势使新航路开辟后的英国一举成为欧洲的商贸中心。商品化大潮迅速席卷整个不列颠，在巨大利润的刺激下，农业生产的商品化、市场化倾向日趋明显。拥有大土地的乡绅贵族开始了对土地的精心经营，甚至英王乔治三世（1760—1820年在位）也躬耕示范。加上英国贵族经济特权的天然缺失，向国王缴纳赋税仍然是其义务所在，这进一步刺激了英国贵族从事经营性活动的行为，农业的资本主义倾向就越发明显。在巨大利润的刺激下，英国贵族依靠其政治经济特权，大肆侵夺农民土地，把原先分散的“小块地”圈占起来，大土地制在英国确立起来，这一过程就是英国历史上有名的“圈地运动”。土地的集中为农业的集约化经营创造了条件。在这样的背景之下，英国贵族的企业家精神诞生了。

农业的商品化使“原有的两层社会结构开始解体，让位给一种由土地贵族—中等阶级—工资劳动者组成的三层结构社会”[1]。在这种社会结构中，不论是土地贵族、中等贵族还是工资劳动者，都有着很强的经营性。商业色彩、逐利追求弥漫在整个英国社会。

1688年，持续了近半个世纪的英国革命就此结束。革命后，土地贵族控制议会，进而在国家权力结构中处于支配地位。在巨大利润的刺激下，土地贵族凭借其在议会中取得的优势通过了数量众多的“圈地法案”，并于1750年以后达到高潮。议会颁布“圈地法案”，使贵族对土地的肆意侵夺变成了“合法”占有。先前相对分散的土地日益集中到大土地所有者手中，土地的所有权和经营形式随之发生了巨大的变化。18世纪的英国，其土地集中程度比其他欧洲国家都要高。在这样的背景下，一场在农业领域中的革命悄然发生，如条播制的引进一改过去撒播式的耕作方法，从而有利于精耕细作；轮作制的实行可以使多种作物轮流种植，保证一年四季都有粮食供应，传统的休耕制被废除。

英国贵族对农业的改革

与大陆上的土地贵族不一样，英国的土地贵族都热心于农业改革。托马斯·科克即后来的斯莱特伯爵就是一个成功的农业改革家。他在贫瘠的土地上播撒泥灰增加地力，并引进新品种，结果庄园的收入在15年中翻了4番，40年里收入从2000多英镑变成20 000多英镑。另一个名叫罗伯特·贝克韦尔的贵族则致力于改进畜牧业，并吸引了全欧洲的人前去参观。

新技术的推广、新作物的引种、灌溉技术的改进、饲养牲畜的改良，这些都导致粮食产量的迅速增加，畜牧产品的极大丰富。

---

1 钱乘旦、陈晓律：《在传统与变革之间：英国文化模式溯源》，南京：江苏人民出版社，2010年，第68页。

1700—1790年，有400多万英亩（1英亩约为4047平方米）荒地被开垦成农田；1700年，每一个农民大约可以养活1.7个人，到1800年可以养活2.5个人，农业生产率提高47%。1700年，英国谷物产量大约是1480万夸特（1夸特相当于12.7千克），1800年增长到2110万夸特，增长率为43%。1731—1800年肉类销售量大约增加35%。[1]

粮食产量的增加又推动着粮食价格的下跌，从而使农民可以购买更多的工业产品。从事农业生产的人口比重也在逐年下降：1811年，英国有1/3的劳动力从事农业、林业和渔业，1831年这个数字下降到1/4，1851年再降到1/5以下。[2]这些脱离农业生产的农民就成了工厂中的工人。农业革命为随之而来的工业革命提供了劳动力、开拓了市场，并且孕育了难能可贵的企业家精神。正如一些学者所言，若无农业革命的出现，工业革命是不可能发生的。“因此，不同于多数的其他国家，英国的农业并不是保守主义的强大基地。它是一种促进经济变革的力量，一如任何其他经济部门。”[3]

总之，在英国，海洋因素并不是农业革命发生的决定因素，但海洋因素却是农业革命发生的重要催化剂。

反观欧洲大陆，这里却呈现出了截然相反的场景，大陆上的贵族要么轻视经营、鄙视生产，经济上的特权使他们宁愿挥霍财富也不愿投资生产，要么依靠封建特权，进行超经济剥削，革新的动力明显不足。广大农民依然被束缚在土地上，延续着中世纪的传统。

法国农奴制的解体步伐要慢于英国，但在近代前期，法国的农民土地占有制也已确立。在农奴制的解体过程中，法国的大土地被一再分割，从而造成了众多的小农所有者。法国的农业经济呈现出了小农经营的特点。大革命前夕，贵族占有全国耕地面积的1/4，教会占1/10，资产阶级占1/4，农民占1/3，共有地约占5%。[4]大革命期间，封建地主土地所有制被进一步

1　钱乘旦、许洁明：《英国通史》，上海：上海社会科学院出版社，2012年，第214页。

2　马克垚：《世界文明史》（上），北京：北京大学出版社，2004年，第605页。

3　［美］戴维·S. 兰德斯：《国富国穷》，门洪华等译，北京：新华出版社，2010年，第232页。

4　陈晓律：《世界现代化历程》（西欧卷），南京：江苏人民出版社，2009年，第171页。

摧毁，并以法律的形式确认了小土地所有制。19世纪初，法国的土地所有权关系发生了根本性的变化，教会丧失了全部的土地，贵族占有的土地从原来的60%下降到12%，农民和资产阶级占有土地的70%。[1]法国进而陷入到了小农经济的汪洋大海之中。小农经济的分散性和自给自足性严重制约了农业的商品化进程。市场开拓、劳动力流动明显不足，在这样的背景下，法国丧失了农业革新的动力。

12—13世纪，在商品经济和活跃的区域性贸易的刺激下，德意志地区的农奴制也出现了瓦解的趋势，原先的劳役地租被固定的货币地租所取代，农业经营的商品化趋向进一步加强。但在新航路开辟后，欧洲的商贸中心转移到了大西洋沿岸，曾经的商贸中心——德意志地区反而被边缘化了。贵金属的流入加剧了欧洲的通货膨胀，从而导致粮食的价格迅猛增长。在巨大利润的刺激下，封建地主反而强化了对农民的控制，从而使农民再次被固着在土地上进行粮食生产。农奴制竟然在德意志地区死灰复燃，这就是所谓的“再版农奴制”。

欧洲边缘的俄国在中世纪后期却走出了一条截然相反的道路。当西欧各国对农奴的控制渐趋瓦解时，沙皇政府却加强了对农奴的控制。1497年，伊凡三世（1462—1505年在位）颁布法典，开始在全国范围内确立农奴制；1649年，沙皇阿列克谢（1645—1676年在位）颁布法典，规定逃亡农奴可以被无限期追回，这表明农奴制度在俄国正式确立。农奴的大量存在，使俄国贵族即使以中世纪的生产方式也能够享受奢侈的生活，俄国社会拒绝变革的惰性非常强烈。

与岛国英国相比，大陆上的国家保留着浓厚的传统因素。尤其是在新航路开辟后，在国际分工的背景下，英国逐渐处于商贸中心的位置，成为生产的中心，而大陆国家尤其是东欧国家则成为原料的提供者，曾经开始的农奴制解体过程反而被再次强化。这种分工在某种程度上也可以说是“海洋”与“大陆”的分工。

1　周春平：《英法农业革命之比较》，载《齐齐哈尔大学学报（哲学社会科学版）》，2001年第1期。

商业革命——工业革命的资本基础

陈乐民先生认为："走向工业化"离不开商业繁荣的刺激；所以商业的发展是"工业化"的前提。在欧洲是先有"商业革命"，才有所谓的"工业革命"。"商业革命"的大规模开展则与海外贸易的全球开拓紧密相关。

新航路开辟后，在重商主义大潮的影响下，一场波及欧洲的商业革命蔓延开来。大西洋沿岸的国家就是这场革命的最初受益者。但在对待重商主义的方式上，各国却不尽相同。伊比利亚国家侧重于金银的积累，但忽视了对生产的投资；荷兰专注于商业的开拓、金融的创新，尽管引领潮流，但最终却培养起了一大批不事生产的食利阶层；法国虽很早意识到生产的重要性，但受制于根深蒂固的旧传统、旧制度，法国的生产动力明显不足；只有英国抓住了重商主义的本质：财富的根基在于生产的扩大，而非简单的财富积累。英国很早便把商业资本转化为生产资本。

18世纪后期，伴随着殖民帝国的形成，英国在本土以外构建起了一个巨大的商业帝国。英国人控制了欧洲和美洲的市场，其在商业领域中逐渐处于领先地位。18世纪70年代初，英国出口到美洲、非洲、印度及远东等地的产品，比该世纪初增加了近8倍。18世纪的不列颠工业出口增长近450%，而供应国内消费品仅增长52%。[1]数据表明，殖民地对产品有着旺盛的需求，只要英国人愿意生产，其产品就不乏市场。在巨大利润的驱使下，如何生产出更多的产品成为企业主思考的问题，生产上的技术革新势必成为一股无法回避的历史潮流。因此，"正是商业的进步，把技术的不断更新和发明带动起来，才有18世纪的'工业革命'。换言之，商业发展是近代欧洲走向工业化的序幕。"[2]一个只有借助商业和农业富裕起来的国家，才能首先开创机器时代，英国无疑就是这样一个国家。从这一角度看，海洋确实是孕育工业革命的土壤。

1　马克垚：《世界文明史》（上），北京：北京大学出版社，2004年，第605-606页。

2　陈乐民、周弘：《欧洲文明的进程》，北京：生活·读书·新知三联书店，2014年，第217页。

英国工业制成品出口的地域分布[1]

单位：%

地区	1699—1701年	1772—1774年	1804—1806年	1834—1836年	1854—1856年
欧洲	83.6	45.0	37.3	36.3	28.9
美国、加拿大和西印度	13.3	46.9	46.4	34.7	28.1
非洲、近东、亚洲、澳洲和拉丁美洲	3.1	8.1	13.3	29.0	43.0

交通革命——工业革命的物质基础

英国是一个岛国，其内陆的每一个地方都离海洋很近。在陆上通道落后的时代，英国的货物流通主要通过近海航线来完成。在1675年，英国商人曾计算过，煤水运300英里比陆运15英里更便宜，因为在陆路上大宗运输是通不过去的。[2]

18世纪以前，英国的内陆交通极为破败。公路基本以土路为主，尘土飞扬，一下雨就通行不畅，交通运输工具以骡车、马车为主，在一些偏远的山区甚至不乏人力挑运。“到了冬令时道路往往尽成泞土，驮货之马往往深深陷入，深可及腹，车辆则更难以移动。”[3]英国的大部分河流也是通航有限，内河运输很是糟糕。这种状况使英国的海上交通明显要优于内陆交通，海外市场自然也比国内市场活跃。但是随着经济增长的加剧，落后的内陆交通已成为国内市场开拓的重要障碍。

进入18世纪以后，英国开始改善交通状况。首先是修筑公路，用大石铺成路基，然后撒上碎石和沙，再夯筑路面，使其平整坚固。这样一来，晴天、雨天便都可通行。到1800年，英国已建成公路1600条，内陆交通大为改观，从伦敦出发的驿车可以驶往全国各地。公路把大小城镇联系得更

1 王章辉：《英国工业革命时期的国内外市场》，载《世界历史》，1992年第1期。

2 ［美］罗伯特·E. 勒纳等：《西方文明史》（第二卷），王觉非等译，北京：中国青年出版社，2003年，第541页。

3 ［英］屈勒味林：《英国史》（下），钱端升译，北京：东方出版社，2012年，第598页。

加紧密。[1]从18世纪60年代开始，英国开始大量修建人工运河。1761年，英国开凿了第一条运河，从沃斯利到曼彻斯特，全长10.5英里，其直接目的是把煤炭运送到工业中心。这条运河的开凿引发了全国性的筑“路”高潮。到18世纪末，英国已有内陆水道4000英里，仅90年代就开凿运河42条。[1]在这个世纪，从苏格兰到伦敦的时间从256小时降到60小时，从伦敦到曼彻斯特的时间下降约1/3，仅为33小时。[2]

人工运河连通了全国几乎所有的重要河流，统一的、全国性的市场在内河的沟通下逐渐形成。在水路的连通下，内陆城市与大海的距离更为接近，市场进一步扩大。18世纪60年代以前，浓啤酒的销售范围为4～6英里，运河使啤酒的销售范围不仅扩大到全国许多地方，还远销到波罗的海国家和印度。煤炭和其他体大物品的运费较贵，曼彻斯特开通运河以后，煤价立即下降一半，使其销量大增。[3]英国中部地区丰富的煤炭、铁矿资源经由水路直接运抵工业城市，美洲殖民地的棉花、木材也借由海路，运抵英国港口，然后转运内陆。

廉价的水路运输缩短了资源聚集地与工业中心之间的距离，从而为工业革命的进行创造了良好的条件。内河航运使英国的腹地可以直接面对海洋，也可以使海洋的波涛直接深入陆地深处。英国这种独特的地理优势是大陆国家无法比拟的。

疏浚道路、开通运河在18世纪的欧洲是一个普遍的现象。但英国和大陆国家却有着明显的不同。以英、法两国为例，我们就可以看出这种明显的差异。英国道路的疏浚是在私人企业家的主导下进行的，其商业色彩更为浓厚，道路两边都是商旅店铺，便于行人往来；法国疏浚道路的目的是更好地控制地方，因此有着更为强烈的政治色彩。在整个过程中，政府发挥着重要的作用。而只有在一个商业色彩浓厚的国家，工业革命才有出现

1 钱乘旦、许洁明：《英国通史》，上海：上海社会科学院出版社，2012年，第219页。

2 ［美］菲利普·费尔南德兹-阿迈斯托：《世界：一部历史》（下），叶建军等译，北京：北京大学出版社，2010年，第783页。

3 王章辉：《英国工业革命时期的国内外市场》，载《世界历史》，1992年第1期。

的可能。

此外，天然的岛国特征又使英国具有了天然的防御屏障，从而减少了浪费在防务上的人力和财力，这也是工业革命发生的有利因素。

工业革命的发端

工业革命是由技术革新引起的。这众多的技术发明按其科学原理和在生产中的应用，又可分成若干技术发明群，主要有：纺织机械技术群（各种纺纱机、织布机、轧棉机、纺织加工机械、印染工艺等），蒸汽动力技术群（各种蒸汽机、蒸汽动力装置、汽锤等），冶金采（煤）矿技术群［各种炼铁炼钢法、冶炼炉、采（煤）矿技术和设备、选矿法等］，交通运输航海技术群（各种火车、轮船、蒸汽马车、铁路、公路、运河、港口等），机械加工金属制造技术群（各种机床、压力机，用以加工制造零部件装配成机器）。[1]这些新技术的发明造就了工业革命。

革命的开始——从棉纺织业开始的生产变革

工业革命最先表现为生产工具的革新，而在英国最先开始生产工具革新的领域是棉纺织业。纺织业在英国有着悠久的历史，其典型代表是毛纺织业，自中世纪以来，英国的呢绒产品就畅销于欧洲各国。纺织业的发达使其很早就实现了内部分工，许多工序都已简化为简单劳动，采用机械较为容易。

新航路开辟后，伴随着殖民帝国的形成，纺织产品的需求量迅速增加，其中以棉纺织产品的市场更为广阔。如何满足不断扩大的市场需求成为一些企业主思考的问题，这就是生产革新的动力之源。这正如费尔南·布罗代尔所言："技术革新显然听从市场的安排：必须在消费者的坚

1 张箭：《论工业革命的开端》，载《自然辩证法通讯》，2009年第4期。

决要求下，技术革新才应运而生。”[1] 加之棉纺织业属新兴行业，采用新技术也更为容易。这样，棉纺织领域中的一场变革就开始了。

棉纺织业包括纺纱和织布两大基本工序，其中织布最为烦琐，需要投入大量人力。织布业有着较为强烈的革新需求。1733年，一个名叫约翰·凯伊的技工发明了飞梭。在过去需要两个人完成的工作，现在只需要一个人就可以完成。飞梭的发明使织布的速度提高了一倍，纺织行业的平衡状态就此打破。飞梭的发明可以说是工业革命的一个信号，但飞梭依然是手工工具，还不属于严格意义上的机器。

飞梭的发明使织布的速度迅速增加，这又对纺纱的速度提出了更高的要求。18世纪60年代，一个名叫哈格里夫斯的普通工匠发明了“珍妮纺纱机”。这是一种多轴纺纱机，它把水平纺锤改造成垂直纺锤，从而增加了纺锤的数量，到哈格里夫斯去世的时候，纱锭的数量已增加到了80个。珍妮纺纱机的发明使纺纱数量成倍地增加，但这种纺纱机依然需要人力驱动，在家庭使用。

1769年，理查德·阿克莱特发明了一种水力纺纱机。这种纺纱机用水力代替人力，解决了珍妮纺纱机因纱锭增多、动力不足的问题，纺纱的速度再次提高。水力纺纱机体积庞大，需要用水力驱动，不适合家庭生产。阿克莱特就在河边建厂、安置机器，然后使用一台水轮机带动所有的纺纱机转动。这样一来，一种新的生产组织形式——工厂出现了。

1779年，塞缪尔·克朗普顿综合了“珍妮纺纱机”和水力纺纱机的优点，发明了新式纺纱机——“骡机”。“骡机”仍是一种水力纺纱机，但其功能更为强大，一次可以带动300～400个纱锭，改进后的纺纱机甚至可以带动2000个纱锭旋转。“骡机”综合了水力纺纱机棉纱结实和“珍妮纺纱机”棉纱细小的优点，克服了原来纺纱机棉纱粗大和易断的缺点。这种棉纱机织出的白棉在质量上第一次超过了印度细棉布。[2]

---

1 ［法］费尔南·布罗代尔：《十五至十八世纪的物质文明、经济和资本主义》（第三卷），顾良、施康强译，北京：商务印书馆，2017年，第717页。

2 马克垚：《世界文明史》（上），北京：北京大学出版社，2004年，第613页。

纺纱速度的提高，又使织布的速度落后下来。1785年，牧师爱得蒙·卡特莱特发明了水力织布机。这种机器以蒸汽为动力，经过不断地改进和完善后，棉布的产量实现了惊人的提高，织布机的工作效率提高了10倍。19世纪20年代，经过威廉·霍罗克斯和理查德·罗伯茨的改进，织布机的工作效率提高了40倍。1813年，英国拥有这种机器2400台，1820年为14 150台，1833年超过了10万台。水力织布机的发明基本完成了棉纺织业技术革新的一个周期，最终解决了纺纱与织布的矛盾。[1]“到19世纪20年代，棉纺织工业中蒸汽织机已经替代了绝大部分的手工织机。在两台蒸汽机旁工作的一个男孩所织的布匹比一个熟练的手工织工多15倍。”[1]棉纺织行业逐渐机械化。

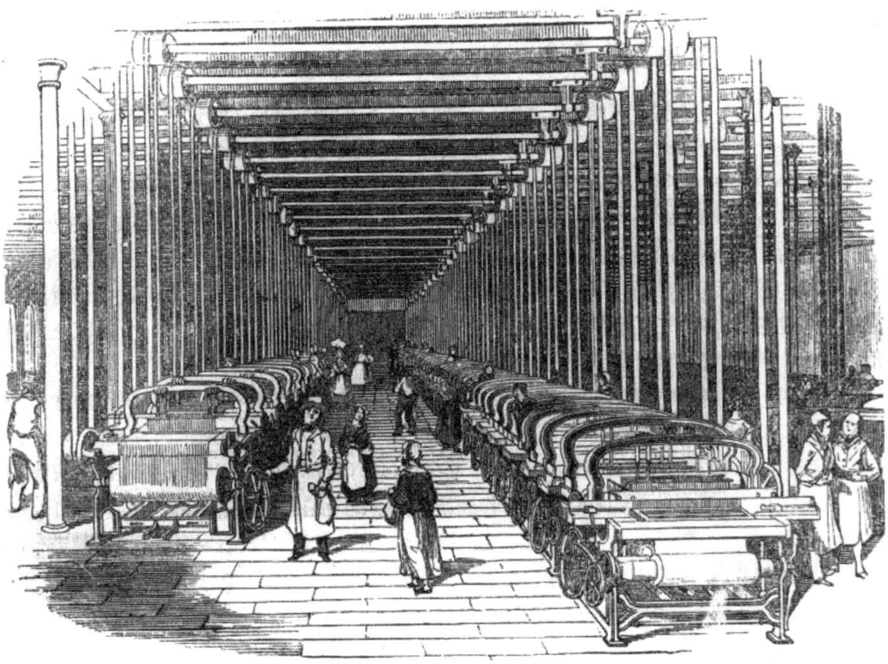

▲ 19世纪30年代初英国的一家棉纺织厂。图片显示了第一次工业革命期间英国现代化的工业设备，许多女工都来到这里工作

1 ［美］杰里·本特利、赫伯特·齐格勒：《新全球史：文明的传承与交流（1750年至今）》，魏凤莲译，北京：北京大学出版社，2014年，第53页。

棉纺织业领域中的技术革新又使人们对棉花的需求量日益增大。1793年，一个名叫艾里·惠特尼的美国人发明了一部轧棉机。轧棉机的发明加快了清除棉籽的速度，从而使棉花产量大幅增加，这又在一定程度上助推了英国的工业革命。这个事例也说明，英国的工业革命并不是一个孤立的历史事件，从一开始，英国就与别国有着良好的互动。在经济利润的驱使下，大西洋也变得没有以前辽阔了。

棉纺织领域中的技术革新推动了纺织效率的迅速提升。1812年，一台纺纱机生产的丝线相当于1760年200台纺纱机的产量。到1850年，英国纺纱制造商已经把布匹的产量从1780年的每年4000万码（1码约为0.914 4米）提高到了每年2亿码，棉布变得非常普及，也占到英国出口货物的40%。[1]一场由纺织业带动的经济技术变革就此开始。

18世纪末，英国的棉纺织业已赶上传统的优势行业呢绒工业，在19世纪初，超过呢绒工业。据统计，到1811年，纺织工业的产值和出口值占了英国制造业的总产值和总出口值的一半以上，纺织工业带来的国民收入占了英国国民收入的13%，棉纺织业带来的国民收入占了英国国民收入的7%以上。[2]

资源的支撑——采煤和冶铁业的进步

18世纪以前，木材是冶铁、家庭取暖的主要燃料。但是随着人口的增加、经济的发展，木材的消耗量大幅上升，森林面积大为减少，进而引发了严重的木材危机。但对于英国而言，却有着资源分布上的天然优势，西欧的煤炭资源大多储藏在英国，并且煤炭分布地与商业中心和人口密集地相距不远。在内河航运沟通大海的背景下，煤炭运输就更为便捷，这为煤炭替代木材成为主要能源创造了条件。除煤炭资源外，引发工业革命的另一项资源是

1 ［美］丹尼斯·谢尔曼、乔伊斯·索尔兹伯里：《全球视野下的西方文明史》（中册），陈恒等译，上海：上海三联书店，2011年，第766、第767页。

2 张箭：《论工业革命的开端》，载《自然辩证法通讯》，2009年第4期。

铁矿资源。在欧洲，英国也是铁矿储藏比较丰富的国家，因此，有一些学者认为这种资源分布状况是工业革命发生在英国的一个重要原因。

17世纪的英国，煤炭的需求量日益旺盛，矿井越挖越深，如何排除矿井中的积水便成了当务之急。18世纪前期，五金商和铁匠托马斯·纽卡门发明了一种将矿井中的水排干的蒸汽装置，排水效率大为提升。但这种机器的缺陷是热效率很低，既费燃料又费能量。这在1763年引起了格拉斯哥大学仪器修理厂的技术工人詹姆斯·瓦特的关注。经过几年的研究，瓦特提出了补救的办法，提高了热效率，随之投入生产。蒸汽机的改进大幅提升了采煤的速度。

伴随着采煤业的发展，冶铁业也在不断进步。1709年，亚伯拉罕·达比完善了焦炭炼铁法，这种炼铁法使铁的生产效率大为提高，但在早期，这种技术的采用率并不高。1750年以后，随着市场对铁的需求量不断增加，焦炭高炉炼铁开始普及开来。18世纪，以蒸汽为鼓风动力的鼓风炉出现，这带动了钢铁产量的增加和铁制品质量的提升。此后，以黑烟高炉为标志的冶铁业成为工业革命的象征。冶铁技术的进步使英国工业革命突破了棉纺织业的范围，得以在其他行业展开。一轮机器生产替代手工生产的潮流波及开来。“人们能够想象：没有棉纺织业的突然兴旺也会发生工业革命并进而保持生产的持久增长，但倘若没有冶铁业的发展，这一切就难以想象。”[1]

机器的应用推动着采煤业的进步，而采煤业的发展又带动了冶铁业的进步，冶铁业的进步又推动了机器的大量生产。在这一系列的连锁反应后，英国的工业革命不断深化、扩大。这正如后人所总结的那样：“如果没有采煤的简易手段，当时的经济就不可能支持不断扩大的铁器制造和蒸汽机的应用——而这两项产业在英国工业化进程中至关重要，在这一点上，英国的经验是独一无二的。”[2]

---

1 ［意］卡洛·M. 奇波拉：《欧洲经济史》（第三卷），吴良健等译，北京：商务印书馆，1989年，第164页。

2 ［美］杰里·本特利、赫伯特·齐格勒：《新全球史：文明的传承与交流（1750年至今）》，魏凤莲译，北京：北京大学出版社，2014年，第51–52页。

动力的解放——蒸汽机的改进及普及

工业化的进程实际上是人类解放自我双手的过程。在很早的时候，人们就利用水力及蒸汽来替代人力，只不过在古代社会由于需求不足、刺激缺乏，水力（蒸汽）装置始终无法转换为机器装置。

当历史进入近代，伴随着机械装置的大规模应用，动力问题逐渐提上议事日程。在巨大需求的刺激下，技术革新的动力迅速增加。在这样的历史背景下，蒸汽机诞生了。

17世纪末，英国军事工程师托马斯·萨弗里发明了一种利用蒸汽为动力的抽水机，并于1698年获得专利，这也是第一种可以付诸应用的蒸汽机。这种机器可以用于矿山抽水，也可用于疏浚沼泽、供给居民用水等。然而，这种机器也存在着严重的缺陷：提升高度有限，最多100英尺；只要一台出了问题，就会影响整个抽水工作；煤炭消耗量大；安全阀缺失，压力增强会导致汽锅爆炸；机器造价很高，不便于商业推广。所以，当时的矿主们依然喜欢使用传统的马拉车除去矿坑积水。[1]

1711年，托马斯·纽卡门建立蒸汽机生产公司，成功安装第一台具有商业价值的蒸汽机，并在矿山之中推广开来，但这种机器热效率依旧很低。人们对于动力的迫切需求，使蒸汽机改良势在必行。

1765年，瓦特针对纽卡门蒸汽机的缺陷研究出了补救办法，即发明分隔的冷凝器。1768年，试制冷凝器成功，但是蒸汽机还没有被研制出来，并且，长期的资金投入还使瓦特面临经济破产的局面，瓦特的研究再次陷入困境。这时一位名叫马修·博尔顿的企业家注意到了瓦特的研究成果。1775年，博尔顿和瓦特签署协议，开始支持瓦特的研究工作，直到这项发明获得专利为止。[2] 1776年，瓦特的新型蒸汽机终于投入生产并应用于实践。1781年，瓦特再次获得专利申请。到1800年，瓦特和博尔顿的工厂已

1　马克垚：《世界文明史》（上），北京：北京大学出版社，2004年，第618页。

2　同1，第621页。

售出289架机器供工厂和矿场之用。[1]在随后的30年中，几乎所有工业都用上了蒸汽机。蒸汽机的使用成为工业革命的标志。蒸汽机的发明使人力解放出来。

回顾历史可以发现，蒸汽机的发明和改进实际上是人类几千年来知识和经验积累的结果。

历史上的（水力）蒸汽装置

早在罗马时代，罗马人便学会利用水力带动磨坊转动，这种水磨就相当于古代世界的"水力机器"。中世纪的水磨也曾被大规模地使用，并且在13世纪还因此出现了一场"中世纪的工业革命"。

人类对蒸汽的利用同样有着悠久的历史。1世纪，希腊数学家亚历山大的希罗就注意到了蒸汽机的力量。他设计并制造出了蒸汽推动的空心球，这可以算得上是人类历史上最早的"蒸汽机"。希罗利用"蒸汽机"来推动女神雕像转动，开启沉重的神殿大门，以增加神秘感。[2]此后对蒸汽装置的研究长期处于停滞状态。直到17 世纪60 年代，一位名叫伍斯特的意大利侯爵才发明了一个蒸汽喷泉，他用蒸汽压力把水压到水箱里再喷出喷泉。[3]但在工业革命以前，由于需求的不足，这种机械装置在生产领域中的应用极其有限，根本无法支撑起一场规模巨大的技术革命。

---

1 ［美］罗伯特·E. 勒纳等：《西方文明史》（第二卷），王觉非等译，北京：中国青年出版社，2003年，第694页。

2 马克垚：《世界文明史》（上），北京：北京大学出版社，2004年，第617页。

3 张箭：《论蒸汽机在工业革命中的地位兼与水力机比较》，载《上海交通大学学报（哲学社会科学版）》，2008年第3期。

距离的缩短——交通运输领域中的巨大变革

克服空间距离始终是人类追求的目标，但受制于技术条件，交通领域中的变革非常缓慢。工业革命以来，伴随着冶铁技术的进步及蒸汽机的应用，交通运输领域中的革新逐渐成为可能。

17世纪初期，英国的一些矿区出现了轨道运输，只不过这时还是木制的轨道。18世纪后期，在冶铁技术的推动下，铁质轨道开始出现，在轨道上奔驰的是马拉着的有轮车厢。如何研究一种动力装置，摆脱对畜力的依赖成为当时人们共同思考的问题。此时，以蒸汽为动力的机车在欧美国家陆续出现，但这些机车的价值并不高，基本停留在试制阶段。斯蒂芬孙父子的研究改变了这一状况。

1814年，乔治·斯蒂芬孙成功研制出第一台用蒸汽作为动力的铁道机车——“布吕歇尔”号。这台机车可以牵引30吨重货物，时速4英里。但由于铁道质量太差和速度太慢，并没有获得实际应用。1825年，英国的第一条“铁路”在斯托克和达林顿之间开通。斯蒂芬孙为此设计了“旅行者”号蒸汽机车。这台蒸汽机车可以牵引1节客车和6节货车，载重90吨，时速4英里。1830年，曼彻斯特到利物浦的铁路开通，由斯蒂芬孙设计的“火箭”号成为其动力牵引机车，时速达到30英里。斯蒂芬孙在铁道机车的研制上功勋卓著，因此被称为“蒸汽机车之父”和“现代铁路之父”。

到1843年，英国已经有2036英里铁路，1845—1847年，又有576家铁路公司被批准成立，筑路8731英里。[1]1860年以前，全世界的铁路总长不超过3万英里；到1890年，英国一国的铁路总长即达2万英里，德国铁路2.6万英里，美国长达16.7万英里。[2]铁路的发明是继轮子发明以来路上交通最伟大的变革，它在短短半个世纪的时间里，把运输费用减

1　钱乘旦、许洁明：《英国通史》，上海：上海社会科学院出版社，2012年，第220页。

2　陈乐民、周弘：《欧洲文明的进程》，北京：生活·读书·新知三联书店，2014年，第226页。

少到马车时代的1/6。铁路是陆地上的交通通道，而铁路向沿海港口的延伸使内陆与沿海地区的联系更加密切，从而缩短了大陆与海洋之间的距离。

如果说火车的发明缩短了陆上的距离，那么汽船的使用则使海洋变得不再遥远。1807年，美国人罗伯特·富尔顿发明的蒸汽轮船在哈得逊河进行试航。它在32个小时里向上游航行了150英里，从纽约开到了奥尔巴尼。人类由此进入到“汽船时代”。美国人的发明启发了他们的英国同行，英国人的汽船事业开始发展起来。1812年，英国第一艘定期蒸汽客船“彗星”号下水航行，只不过这艘船的船壳和明轮均为木制。1820年，英国第一艘铁壳蒸汽船“阿隆·曼利”号在泰晤士河下水。1838年，第一批经常横渡大西洋的蒸汽船出现。横渡西欧和北美间的大西洋航行的时间从6个星期缩短到10天或12天。1845年，布鲁内尔设计的“不列颠”号成为第一艘穿越大西洋的蒸汽动力铁壳客船。蒸汽机的应用缩短了大西洋的距离，而铁壳轮船的使用则使横渡大西洋变得更为安全。

总之，火车和轮船的出现使大陆和海洋之间的联系更加紧密，曾经远隔万里的各个大陆之间的距离缩短了。“铁路线与航线相互交错，构成了世界的脚手架，商人和旅行者能够攀登世界的每一个角落。曾修筑过明尼苏达州的圣保罗主教大教堂的美国铁路大亨和慈善家詹姆斯·希尔，开通了一条蒸汽船航线，把横贯落基山的快速铁路线与俄国的跨西伯利亚铁路连接起来。跨西伯利亚铁路于1900年开通，将莫斯科、圣彼得堡同俄国的太平洋港口海参崴连接了起来……它们把贸易扭向新的方向，它们使陆地运输系统运载以前只能海运的货物。远离海洋的内陆腹地、港口乃至大陆最深处地区的通航河道，都可以被整合、融入到日益增长的全球经济之中。”[1]世界逐渐从孤立走向整体。

---

1 ［美］菲利普·费尔南德兹-阿迈斯托：《世界：一部历史》（下），叶建军等译，北京：北京大学出版社，2010年，第894–895页。

蒸汽轮船的先驱——约翰·菲奇

蒸汽轮船的先驱并不是我们所熟知的富尔顿，而是一个名叫约翰·菲奇的美国人。约翰·菲奇出生于美国的康涅狄格州，是一个机械天才。1786年，43岁的菲奇以有限的资金，用8个月的时间成功制造出一个3英尺的微型蒸汽机模型，然后经过各种尝试后，他又把蒸汽机装到船上用以推动小船行驶。1787年8月22日，44岁的菲奇成功研制出了美国第一艘蒸汽轮船，在德拉威尔进行试航，并获得成功。

随后，菲奇成立了自己的轮船公司，在菲城与波登镇之间航行，每小时6～8英里，比所有帆船都快。1793年，菲奇前去法国造船，但当时的法国当局对其设计的蒸汽轮船深表怀疑。菲奇不得不回到美国。

回国之后，菲奇遭遇到了更大的挫折。他倾尽所有家产制造出来的5艘螺旋桨汽船全部被毁，这让他身心俱疲，而当时的邻居们又对其大加嘲讽。陷入极度绝望与痛苦的菲奇最后于1789年在他55岁的时候服毒自尽。

现代交通工具的出现使人类进军海洋的步伐加快了，作为工业革命引领者的西方人借此深入海洋深处，开拓市场、寻求原料。一个由西方人主导的工业时代即将来临。

“世界工厂”——英国

工业革命使英国的生产力得到了极大的提升。在1780年，英国的铁产量低于法国，而到了1848年，则高于世界其余国家的总产量。此时，英国的煤产量占全世界总产量的2/3，棉布占一半以上。在1851年举行的万国工业博览会上，在14 000名参展商中有一半以上来自大不列颠及其殖民地。无怪乎一位法国来访者以诧异的心情说出了如下话语：“非常奇怪的是，像英国这样一个贵族的国家竟能成功地供养它的人民，而法国这样一个民主的国家，却只善于为贵族阶级生产商品。”[1]

从工业革命的进程来看，这场革命的发生似乎是源于一小批优秀工匠的天才发明。但历史却告诉我们，虽然在工业化的进程中天才发挥过重要的作用，但更重要的则是18世纪后期起作用的种种有利力量的结合。在诸多力量的汇合下，曾经被束缚已久的生产力得以释放出来，这就是工业革命。“英国工业革命被誉为被解放了的普罗米修斯，在人类历史上首次创造了一幅烟囱多于教堂尖顶的图景。”[2]

英国工业城市人口的增加

根据1801年的首次人口普查，英国有15个城镇的人口超过2万人；到1851年有63个；而到1891年，已经有185个。从1820年到1830年，利兹、曼彻斯特、谢菲尔德以及伯明翰的人口增长率达到40%以上，这是增长最快的10年。而从1851年到1901年，曼彻斯特的人口又增加了1倍。与此同时，一些老的市镇的发展则慢得多。例如，从1801年到1851年，牛津的人口从1.2万增加到2.8万人，温切斯特的人口从8171人增加到13 706人，约克则从1.7万人增加到3.6万人。[3]

---

1 ［英］阿萨·布里格斯：《英国社会史》，陈叔平等译，北京：商务印书馆，2015年，第239、第240页。

2 马克垚：《世界文明史》（上），北京：北京大学出版社，2004年，第627页。

3 ［英］阿萨·布里格斯：《英国社会史》，陈叔平等译，北京：商务印书馆，2015年，第246页。

工业革命改变了传统的生产模式，机器的使用使生产效率大为提高，这使得英国在短期内积累了巨额财富，其资本从1750年的5亿英镑增长到1800年的15亿英镑、1833年的25亿英镑、1865年的60亿英镑。[1]精明的英国人试图长期垄断这种技术优势，进而独享财富，所以，在很长一段时间里，英国的机器是禁止出口的。但是在巨大利润的驱使下，经济领域中的间谍行为时常存在，英国技术就这样跨越了英吉利海峡，悄悄地流入欧洲大陆。

19世纪以来，伴随着工业革命的深入，社会财富迅速增加，英国已积累了大量过剩资本。输出资本、寻找投资场所逐渐成为一些企业家的共识，禁止机器出口的法令显然已不合时宜。1825年，英国正式废除禁止机器出口的禁令，从而为机器在欧洲的传播创造了条件。此时的欧洲大陆在拿破仑战争结束之后也迎来一段较长的和平时期，这也便于欧洲大陆接受工业文明的成果。

19世纪30年代，英国的工业文明大举跨过英吉利海峡，开始了工业文明在欧洲的第一波扩张。大陆上的许多国家相继卷入工业革命的浪潮，逐渐走上了工业化的道路。但由于欧洲大陆上的落后因素尚未清除，工业文明在大陆上开展得并不顺利，而是呈现出了蹒跚迟缓的特点。而大西洋彼岸的美国是新兴独立的国家，有着较小的历史包袱，在向工业化迈进的过程中反而顺利许多。

1 ［美］斯塔夫里阿诺斯：《全球通史》（下），董书慧等译，北京：北京大学出版社，2005年，第495页。

第六章

工业浪潮的扩张：海洋背景下的工业化之路

1830年，一名德国贵族冯·普克勒·穆斯考在给他妻子的一封信中描述了他在英国的旅行见闻：

> 伯明翰是英国最著名、也是最丑陋的城市。城市有12万居民，其中2/3是工人，整个城市就像一个大厂房。
>
> 吃过早饭以后，我立即就到托马逊先生的工厂去，这是在伯明翰居第二位的大工厂。那个第一位有1000名劳动者的大工厂，每天都进行生产；它的蒸汽机有80匹马力，制造的产品是多种多样的，包括纽扣和缝纫用的针。[1]

作者笔下的文字实际上是机器社会的一个侧面。借助各类文献资料，一幅19世纪前期的欧洲画卷便呈现在我们的脑海之中：

> 失去土地的法国农民只得背井离乡，结伴涌入城市以求得维持生计的营生，随之而来的便是城市人口的迅速增加（巴黎人口从18世纪末的60万增加到1851年的100万）；英国的曼彻斯特到处是机器轰鸣、烟囱林立，高炉前流淌着光亮的铁水，宁静的田园生活就此打破；德国

1 ［荷］彼得·李伯庚：《欧洲文化史》，赵复三译，上海：上海社会科学院出版社，2005年，第409页。

克虏伯工厂里的工人则是按时作息、辛勤工作，严格遵守工厂的规章制度，时刻听从着机器的指挥。[1]

上述变化是持续缓慢发生的，以至于在很长一段时间里未被察觉。"在19世纪前半期的英国人中，根本还无人使用'工业革命'这个词。历史学家马蒂诺、麦考莱在著作中没有使用，狄更斯、迪斯累里的社会小说中也没有出现，在宪章运动的演讲中似乎也没有作出肯定的回应。即使到19世纪的中期和随后的几十年，也几乎没有人在讲或者写这个国家的历史时谈到叫作'工业革命'的事情。"[2]直到人们回望历史，重新对比变革前后的欧洲时，许多人才意识到，在过往的一个世纪中，欧洲已发生了一场持续而又静悄悄的变革。这场变革使欧洲发生了翻天覆地的变化，彻底改变了欧洲国家的旧有面貌，这就是后世史学家津津乐道的"工业革命"。

工业化的浪潮兴起于欧洲，但受制于国情的差异，欧洲国家的工业化进程却各不相同。偏居于岛屿的英国最先发力，一举引领工业化的潮流；大陆上的国家则保留了较为强烈的中世纪因素，工业化进程也要曲折许多；大西洋彼岸的美国虽地处美洲，但文化却与英国一脉相承，在工业化的进程中竟也独领风骚。

大陆情结背景下的法国工业革命

两种不同道路的选择

法国与英国仅一水之隔，历史上的英法有着频繁的交流，也曾因领土的纠葛长期处于对抗之中。15世纪后期，伴随着英法百年战争的结束，英、法两国几乎同时走上了民族国家的发展道路；新航路开辟后，英、法

1 ［荷］彼得·李伯庚：《欧洲文化史》，赵复三译，上海：上海社会科学院出版社，2005年，第413、第415页。

2 舒小昀：《工业革命定义之争》，载《史学理论研究》，2006年第3期。

两国又几乎同时走上了对外开拓的道路。英、法两国成为崛起于欧洲西北部的“双子星”。“在英国开始工业革命以前，英、法两国的社会经济发展水平相差不多，就两国国力而论，法国还要比英国强大一些，大不列颠的版图不及法国的1/2，人口不及法国的1/3。18世纪初至80年代，两国商品的实际产量和人均收入的增长基本持平，农业增长幅度相差不大，到法国革命前夕，两国外贸总额不相上下。18世纪头80年，两国工业生产年均增长率大约都在1%左右。英国在棉纺织业、煤、有色金属、造船等方面领先于法国，后者的铁、毛、麻、丝制成品的生产量高于英国。法国的工农业生产总值和国民生产总值都高于英国，但由于前者的人口比后者多两倍，英国的人均收入要比法国高。”[1]所以，就社会经济条件而言，法国发生工业革命的可能性一点都不输于英国。

但是在进入近代以后，英、法两国在道路的选择上却呈现出很大的差异：英国在发展过程中逐渐摆脱了大陆因素的羁绊，走出一条“与众不同”的海洋道路；海峡对岸的法国则受制于大陆地缘政治环境，在发展道路的选择上仍旧摆脱不了“旧大陆因素”的影响。所以到了18世纪后期，英、法两国的差距最终被拉大，英国因工业革命的开展一举成为“世界工厂”，而法国则因为中世纪因素的牵绊，工业化的进程反而迟滞了许多。在选择海洋和选择陆地的背景下，英、法两国的工业化道路呈现出了不同的特点。

与大陆割舍不断的情结

1. 摇摆不定的宗教改革

16世纪是宗教改革的时代，但在改革方式的选择上，英、法两国呈现出了不同的特点。

1534年，英国国王亨利八世（1509—1547年在位）颁布“至尊法案”，规定国王不仅是世俗的最高统治者，而且也是宗教上的最高统治

1 王章辉：《英国和法国工业革命比较》，载《史学理论研究》，1994年第2期。

者，英国教会不再听从大陆上的罗马教廷，而是受命于英国国王。16世纪的宗教改革，英国果断地切断了与大陆天主教廷的联系。此后虽然有所反复，但英国还是坚定地成为欧洲的新教堡垒，从而使英国不必因宗教问题而过多地卷入宗教战争，消耗国力，加上英国独特的岛国环境，英国越来越专注于海洋的开拓。

16 世纪的宗教改革还使英国成为一个新教国家、一个宗教宽容的国度。新教中的清教徒一般都鼓励积累财富、提倡节俭生活、强调积极进取，他们把事业上的成功看成是上帝的恩惠。这样的社会氛围非常便于工业精神的萌发和生长。英国的宗教宽容政策还吸引了来自欧洲大陆的大批新教徒，那些不堪宗教迫害的新教徒和法国的胡格诺教徒都跨越海峡来到英国。这些新教徒不光带来了充足的资金，更为重要的是带来了先进的生产技术，特别是与纺织业相关的技术，这对英国纺织业的发展和技术进步起到了巨大的推动作用。

大概在同一时期，法国也进行了宗教改革，但法国的宗教改革却要艰难得多，其与大陆天主教的关系总是摇摆不定、多次反复。法国的新教派别是加尔文教，又称为“胡格诺教派”。加尔文教的传播使法国分裂为天主教同盟和新教同盟两大对立的教派团体。1562年，双方兵刃相见，进而开始了长达三十多年的“胡格诺战争”（1562—1594年）。战争期间，法国民生凋敝，经济下滑。“在工商业繁荣的普罗万，原有的1800台呢绒机，到1598年只剩下了4台；仅亚眠一地，由于工厂倒闭就有四五千人沦为乞丐。”[1]持续不断的宗教战争还影响了法国的海外开拓。当西班牙、葡萄牙、荷兰和英国在海外进行殖民扩张时，法国的远洋船只却近乎绝迹。

1598年，法王亨利四世（1589—1610年在位）颁行“南特敕令”，宣布天主教是国教，胡格诺教徒享有宗教信仰自由。但法国的反宗教改革势力依然强大，亨利四世竟被极端天主教徒刺杀而亡。路易十三（1610—1643年在位）继位后开始压制新教势力；1685年，路易十四（1643—1715年在位）最

1　张芝联：《法国通史》，北京：北京大学出版社，1988年，第98页。

终废除“南特敕令”，新教信仰被废除，新教徒被驱离法国，有20万～25万人离开法国，投奔其对手国英国、荷兰和德国，其中很多人是专业人员和技术工人。[1]法国最具技术革新的一批人就这样离开了，这对法国经济的发展造成了无可估量的损失。法国浓厚的天主教情结还使其不断卷入欧洲的宗教纷争之中，这也在一定程度上阻碍了法国的技术革新。

在对待天主教的态度上，英、法两国的态度可谓截然相反。英国因其独特的岛国环境，果断地切断了与大陆天主教会的关系；而法国是天然的大陆国家，与大陆天主教的关系若即若离，割舍不断。这两种对待天主教会的态度在一定程度上也影响了两国的经济发展之路。

圣巴托罗缪之夜大屠杀

1569年，年仅16岁的亨利继位为纳瓦尔国王，当时的纳瓦尔国王是胡格诺教的重要领袖，亨利自然成为胡格诺教徒名义上的领袖。为实现宗教和解，亨利决定与信仰天主教的法国国王查理九世的妹妹玛格丽特结婚。1572年8月18日婚礼正式举行，大批胡格诺教徒前往巴黎进行庆祝，其中就包括克利尼等新教显贵。8月22日，克利尼却遭天主教徒刺杀，幸而没有毙命。聚集在巴黎的胡格诺教徒闻讯后群情激愤，以示抗议。在这关键时刻，太后因害怕胡格诺派在首都继续闹事，进而威胁到王室安全，竟然胁迫国王查理九世下令血洗聚集在巴黎的胡格诺派。于是在8月23日到24日的夜里，戴有白帽子和白十字袖章的天主教保卫团展开对胡格诺教徒的血腥屠杀，众多的胡格诺教徒在未及清醒的状况下便做了刀下之鬼，那些惊醒后夺路而逃者也多被追杀，横尸街头，巴黎血流成河。据载，当夜丧生的胡格诺教徒就达2000多人。因此次屠杀发生在圣巴托罗缪节（8月25日）前，故称“圣

1 ［英］科林·琼斯：《剑桥插图法国史》，杨保筠、刘雪红译，北京：世界知识出版社，2004年，第143页。

巴托罗缪之夜大屠杀”。

圣巴托罗缪大屠杀后，天主教在全国上下开始了对胡格诺教徒的血腥清洗，将近10万人死于屠刀之下。

▲ 圣巴托罗缪之夜

2. 无法释怀的“大陆霸主”情结

法国位于欧洲西北部，四周是一些天然的地理疆界，大西洋、莱茵河、阿尔卑斯山、地中海、比利牛斯山把法国人生活的空间局限在一块较为完整的地形单元中，这就是所谓的“法兰西空间”。这片区域虽然相对完整，但并不封闭。“这片在今天大体呈六边形的地域处在西欧几条天然道路的交叉点上，就像十字路口一样门户大开。”[1]正因为如此，历史上的许多民族都曾在此驻足停留，与法国毗邻的国家都试图染指其间。所以在发展道路的选择上，法国表现出了浓厚的大陆国家色彩。加之欧洲大陆复杂的地缘政治格局，居于其中的法国为了生存不得不把重心放置于欧洲大陆。

进入近代以后，欧洲大陆上的哈布斯堡家族通过一系列联姻和继承建

1　吕一民：《法国通史》，上海：上海社会科学院出版社，2007年，第12页。

立起一个庞大的帝国，而法国恰处于哈布斯堡家族的包围之中。“由于地理位置的缘故，西班牙的强大似乎总以法国的弱小为前提。”[1]法国为了维持生存便需要把大量的精力用于与哈布斯堡家族的斗争。进入17世纪后，欧洲大陆上的哈布斯堡家族逐渐衰落，而法国的君主专制却走向了顶峰。在强大王权的支撑下，法国开始谋求欧洲霸权。在路易十四时期，法国多次发动对外侵略战争，开疆拓土。在路易十四亲政的54年中，法国有31年处于战争状态。“科尔伯将法国的海军从18艘战船扩大到1683年的276艘……在作战大臣勒泰利埃和卢弗瓦父子的领导下，军队增长到40多万人，这至少是将战争的直接影响维持在法国边境以外。伟大的军事工程师沃邦所修建的规模宏大的防御工事保卫了北部和东部的边界。所有这些都以庞大的经济支出为代价。从1683年到1715年，公债增加了10倍之多……1695年新增了人头税，1710年又新增了‘什一税’……”[2]这些战争扩大了法国的欧洲版图，但也牵涉了法国的大量精力。

路易十四的战争使国家伤痕累累

1661年，路易十四亲政，法国便卷入了一系列的战争之中。为争夺欧洲霸权，摆脱哈布斯堡家族的威胁，路易十四先后发动了四场大的战争。到路易十四去世时，国家的财政收入因战争陷入极端混乱之中。至1715年，国家净收入为6900万利弗，支出1.32亿利弗；各年公债数目为8.3亿～28亿利弗。[3]法国民众的生活日益贫困，几乎没有改善，中产阶级遭受重创，农民处于饥饿边缘，而贵族依然享有免税特权。

---

1 陈晓律：《世界现代化历程·西欧卷》，南京：江苏人民出版社，2010年，第166页。

2 ［英］科林·琼斯：《剑桥插图法国史》，杨保筠、刘雪红译，北京：世界知识出版社，2004年，第159页。

3 ［英］诺曼·戴维斯：《欧洲史》（下），郭方、刘北成等译，北京：世界知识出版社，2007年，第638页。

▲ 法国波旁王朝国王路易十四。在绘画中，作者采用国王的衣服、站立的姿势和王室各种徽记纹章，来表示法国君主的权力

为了维持大陆霸主的地位，法国不得不建设一支强大的陆军，因而忽视了对海军的投入。在对外移民方面，法国的移民数量也明显少于英国。以北美为例，到1688年，集中在大西洋沿岸的狭窄山麓的英国移民有30万人，而散居在加拿大和密西西比河流域广大地区的法国人仅有2万人。美国革命爆发时，英属殖民地的人口不少于200万人。[1]总之，法国因对大陆事务

1 ［美］斯塔夫里阿诺斯：《全球通史》（下），董书慧等译，北京：北京大学出版社，2005年，第436页。

的关注反而放松了对海洋的控制。在与英国的海外争夺中，法国逐渐处于劣势。

1713年，西班牙王位继承战争后，法国丢失了在北美的殖民地；1748年，奥地利王位继承战争后，法国在海外的权益进一步丧失；这样，在海外的激烈竞争中，法国越来越处于劣势，并于七年战争中败于英国。法国把海洋的主导权拱手让与英国。“史学家曾经把从1688年到1815年这段时期称为英法两国之间的‘第二次百年战争’。与第一次不同，这次完全是世界性的战争，两个国家不仅在欧洲比拼，甚至将战争扩大到海上、非洲、亚洲和美洲大陆。然而，这次再没有圣女贞德出现，法国被打得一败涂地。”[1]

在上述几次战争中，英国虽也参与其中，但对英、法两国的影响却截然相反。英国因其独特的岛国环境，战火很难波及本土。通过这些战争，英国反而扩大了它的海外殖民地，加强了它在海上和国际贸易中的地位，从而为其工业产品开辟了广阔的海外市场。法国则在数次战争中丧失了大片海外领地，严重阻碍了法国海外市场的开拓，在一定程度上阻碍了法国工业的进步。

3. 以陆地为基础的小农经济

新航路开辟后，西北欧成为欧洲的商贸中心，商品化大潮迅速席卷了这一区域。但在参与世界贸易的程度和规模上，英国要明显高于法国。

在海外贸易的巨大利润刺激下，英国农业生产的商品化、市场化倾向日趋明显。拥有大土地的乡绅贵族开始了对土地的精心经营，农业生产中的资本主义倾向越发明显。英国贵族依靠其政治经济特权，大肆侵夺农民土地，把原先分散的“小块地”圈占起来，大土地制在英国确立起来，这一过程就是英国历史上有名的“圈地运动”。土地的集中为农业的集约化经营创造了条件。农业的发展为工业生产提供了充足的原材料，而大量小

1 ［英］科林·琼斯：《剑桥插图法国史》，杨保筠、刘雪红译，北京：世界知识出版社，2004年，第165页。

农的破产及其向非农业人口的转变又为工业生产提供了充足的劳动力。

一个农民的国度

法国是一个农民的王国，具体数字有多少已难以确认，我们只能借助相关资料加以推测。在路易十四去世时，法国有农民1900万，到了路易十六（1774—1792年在位）时期，法国农民人数又增加了700万。[1]同时期法国的人口数量也实现了增长，从1700年的2200万增加到1750年的2450万，到1800年时已经达到2900万。[2]从数据上来看，法国的农民人数占到了人口总数的绝大部分。大革命后，法国土地所有权的碎片化日益明显，革命后的百年间，农村的土地所有者数量增加1倍，而法国总人口增加不到50%，年均增长率只有0.5%，农村人口实际保持不变。[3]

但在法国，封建土地所有制并没有经历“圈地运动”的巨大冲击，农业生产依然延续着中世纪的传统和耕作方式。农民遭受着封建主的沉重剥削，其扩大生产的能动性明显不足。法国大革命虽然摧毁了封建土地所有制，实行了一些有利于农民的政策，但从经济发展的长远角度来看，却产生了不利的影响。通过改革，法国进一步加强了小土地所有制，从而使小农经济长期居于主导地位。“农民生活水平低下，购买力弱，农村吸收工业品的能力和向工业提供资金的能力都不如大农业，农产品商品化程度不高，不利于经济结构的变化。因此可以说，小农经济的长期存在是法国工

1 ［法］皮埃尔·米盖尔：《法国史》，蔡鸿滨等译，北京：商务印书馆，1985年，第241页。

2 ［美］保罗·布特尔：《大西洋史》，刘明周译，上海：东方出版中心，2015年，第156页。

3 马克垚：《世界文明史》（上），北京：北京大学出版社，2004年，第640–641页。

业革命相对缓慢的原因之一。’[1]

另外，英、法两国的地理位置差异也影响到了两国工业革命的开展。法国“国土大部分为陆地，不便于运输沉重物资，这些都束缚了法国工业。而英国这方面的条件很有利。英国推广了沿海航运，并且廉价挖凿了大批运河，这样，英国很早便开始了以蒸汽机和冶金为基础的非常大胆的工业政策”[2]。

步履蹒跚的法国工业革命

法国居于欧洲大陆，有着浓厚的大陆情结，而这种情结在一定程度上迟滞着法国的工业化进程。

1. 来自海峡对岸的工业浪潮：旧制度末期的技术革新

18世纪后期，工业革命在英国逐渐展开，而此时的法国尚处于旧制度的末期，仍旧是一个保留了“中世纪色彩”的大陆国家。从政治制度上来看，君主权力依然强大，资产阶级民主政体还没有建立起来；从经济结构上来看，法国是一个农业大国，农村人口占到了总人口的80%。大量农村廉价劳动力广泛存在。法国的这种政治经济结构严重阻碍着新技术的推广，进而制约着法国工业革命的开展。

英、法两国一衣带水，隔海峡相望，英国的一举一动时刻受到法国的关注。18世纪后期，当工业化的浪潮在英国起步时，先进的生产技术便已跨越英吉利海峡，在法国的土地上传播开来。在法国技术革新的过程中，来自海峡对岸的英国发挥着巨大的作用。

纺织业是法国的支柱产业。当英国的纺织业进行技术革新时，法国的纺织业也紧随其后，积极从英国引进先进的技术。1751年，英国天主教徒约翰·霍尔克斯把新的机器图纸和技术工人带到法国，在法国政府的帮

---

1 王章辉：《英国和法国工业革命比较》，载《史学理论研究》，1994年第2期。

2 ［法］皮埃尔·米盖尔：《法国史》，蔡鸿滨等译，北京：商务印书馆，1985年，第240页。

助下，在鲁昂建立了平绒厂。1787年，曼彻斯特人詹姆斯·米尔恩用行李包，把阿克莱特纺纱机偷偷运进法国。1790年前后，法国便开设了几家巨大的纺纱厂，每家都拥有大约1万纱锭。靠近英国的诺曼底地区成为法国率先实现纺纱机械化的地区。[1]但纺织业中的技术革新却没有完成，手工劳动仍旧占有绝对优势。

法国冶金行业的技术革新也受到了英国的影响。1764年，法国政府派出一个考察团学习英国的冶金技术，了解英国的焦炭炼铁工艺。1775年，英国企业家威廉·威尔金森和法国企业家一起在卢瓦尔建立了一个王家铸炮厂。1782年，文德尔在勒克勒佐建立了一家庞大的炼铁厂，1785年该厂最先使用焦炭炼铁。[2]在英国技术的推动下，法国的冶铁业开始了技术革新。但总的来说，这种新技术的使用率并不高，传统的工艺技术依然占据支配地位。

蒸汽机的改进和普及是英国工业革命的重要标志。当英国的蒸汽机开始轰鸣时，法国人就对其产生了浓厚的兴趣。早在1778年和1779年，就曾有两个人访问过英国制造蒸汽机的索霍工厂，他们也成为最先访问这个工厂的外国人。1779年，J. C. 佩里耶兄弟与博尔顿和瓦特签订协定，把蒸汽机引进到他们位于沙约的工厂，并获得了在法国制造蒸汽机的15年特许权。[3]但总的来说，蒸汽机在法国的应用率也不高。

18世纪后期，法国步英国后尘开始了一系列技术革新，但受制于旧制度的影响，新技术的普及非常有限。新技术虽然改变着法国的工业结构，但真正意义上的工业革命尚未开始。工业革命依赖于宽松的社会环境，而法国宗教和制度上的不宽容政策却成为技术革新的重要障碍。在向近代社会的转型中，法国背负的包袱太重，以至于步履蹒跚。这说明法国必须经历一场激烈的社会革命进而消除旧制度因素后，才能为工业化的开展铺平道路。

1　马克垚：《世界文明史》（上），北京：北京大学出版社，2004年，第629页。

2　同1，第629、第630页。

3　同1，第630页。

2. 工业浪潮受阻于英吉利海峡："大陆封锁"背景下的法国工业革命

18世纪末19世纪初，当工业革命在英国如火如荼地进行时，法国则陷入了长期的革命动乱。随着法国大革命的日趋激烈，保守的英国人发现，法国人的革命目的要比英国人想象得更为彻底，其手段也更为激进。为阻止法国革命的蔓延，以英国为主的欧洲国家组织了多次反法同盟，英法之间的隔阂逐渐明显，原本是有利于交流技术的英吉利海峡，突然变成了难以跨越的畏途。

连续不断的对外战争和社会动荡，使法国在18世纪开始的经济大发展被打断，尤其是在此前得到发展的纺织、冶金和采矿业等行业出现了"倒退"的现象。一些研究者认为，大革命前，法国工业和英国工业不相上下，而经过大革命，法国与英国的差距越拉越大。法国工业在1800年只达到大革命前60%的水平，仅纺织业与大革命前的水平相当。1792年，战争之前法国只订购了5台蒸汽机，其中一台还被取消，此后直到1822年才增加了1台。[1]1793年，巴黎的股票交易所和所有的股份公司被全部关闭，一代实业家在恐怖统治中惨遭摧残。政府在1808年的商法中明令禁止大规模的资本集中，企业规模被限制在家庭范围之内。[2]所以有学者说，法国大革命反而阻碍了工业文明向法国的扩张，对法国民族经济的发展无异于是一场灾难。大革命以后，法国的沿海地带出现了"非工业化"和"农业化"现象。"法国的经济重心已经从大西洋沿海逐渐转移到东北部边境地区。曾经在18世纪受益于殖民地统治和贸易的大港口波尔多、鲁昂、拉罗歇尔、圣马洛、勒阿弗尔等，在影响力和经济实力上已衰退，而斯特拉斯堡、里昂等东部城市则繁荣腾飞；北部靠近煤矿带的城市也开始扩张。"[3]法国工业地理格局的变化也影响到法国工业革命的开展。

---

1 马克垚：《世界文明史》（上），北京：北京大学出版社，2004年，第631、632页。

2 陈晓律：《世界现代化历程·西欧卷》，南京：江苏人民出版社，2010年，第180页。

3 ［英］科林·琼斯：《剑桥插图法国史》，杨保筠、刘雪红译，北京：世界知识出版社，2004年，第199页。

拿破仑上台后，在反击反法联盟的同时，还发动了对外侵略战争。到1803年，法国几乎控制了整个欧洲大陆。与法国仅一水相隔的英国则仰仗其海军优势多次粉碎拿破仑的军事进攻。为战胜英国，拿破仑决定以经济手段打击英国，从而获得军事手段达不到的目的。1806年，法国决定对英国实行“大陆封锁”政策，封锁英国全部港口，禁止法国的大陆盟国与英国通商，严格禁止出售英国货物，欧洲港口拒绝接待英国船只。拿破仑试图通过此举拖垮英国的工业，迫使其投降，用拿破仑的话说就是“用陆上的力量征服海洋”。在执行“大陆封锁”政策期间，法国的部分工业确实出现了复苏的局面，但这种复苏在很大程度上得益于政策，而非源于技术的进步。“大陆封锁”政策使英国的商品无法进入欧洲市场，法国的一些行业趁机发展起来，较为典型的就是纺织业和冶金业。

伴随着“大陆封锁”政策的执行，法国变成了真正意义上的大陆国家，原本开始的技术交流受阻于英吉利海峡，曾经紧随英国之后的法国，在工业化的道路上开始明显地落后下来。“大陆封锁”政策给法国带来了深重的灾难，不可避免地延缓了工业革命的进程。

“大陆封锁”政策造成了法国工业原料的短缺，从而使许多工业部门陷于困境。“1807年马赛还拥有330艘远洋轮船，1811年只剩下9艘；它的工业产值从1789年的5000万法郎下降到1200万法郎。”[1]1811年年初，工业危机随之出现，波及所有纺织部门：里昂丝织业、鲁昂棉织业、诺儿省麻织业。重工业也不能幸免，失业人数激增，巴黎5万工人有2万失业。[2]大革命为工业化的发展扫清了障碍，但是拿破仑的封锁政策却割断了海外联系的纽带，法国反而失去了从英国引进新技术、新机器的机会。封锁政策在一定程度上阻碍了工业设备的革新，压抑了刚刚萌生的工业革命，例如，在棉纺业，虽有机器使用，可“纺车仍未绝迹”，冶金业虽采用新工艺的设备，但仍然有大量“墨守成规使用木柴熔铸”的现象。所以法国“基本

1　高芳英：《试论“大陆封锁”政策对法国工业革命的影响》，载《苏州大学学报（哲学社会科学版）》，1988年第3期。

2　张芝联：《法国通史》，北京：北京大学出版社，1989年，第235页。

上仍处于工场手工业阶段”[1]。

大革命及拿破仑统治时期对英国的斗争，还使法国丧失了大片海外殖民地，法国一些重要的依靠海外贸易的港口和工业城市因此严重衰落，迫使工业中心向中部、东部和北部集中。

拿破仑时期，法国工业的发展速度非常缓慢，有些指标甚至还不及旧制度末期。

▲ 大陆封锁时期，法国士兵在莱比锡搜查英国货物（1806年）

3. 重回“六边形之内”：法国工业革命的艰难起步

拿破仑战争不仅使法国的“大陆帝国”迅速解体，还使法国的“海外帝国”受到巨大冲击。维也纳会议废除了奴隶贸易，马赛和旺代船主的利益遭受严重损失，塞内加尔、圭亚那、马提尼克岛、瓜德罗普岛和“波旁”岛（留尼汪）之间的三角贸易再也不能像18世纪那样兴旺[2]；特拉法

1 高芳英：《试论“大陆封锁”政策对法国工业革命的影响》，载《苏州大学学报（哲学社会科学版）》，1988年第3期。

2 张芝联：《法国通史》，北京：北京大学出版社，1989年，第245页。

尔加海战之后，法国没有重建海军舰队，商船数量只及英国的1/10[1]；由于近10年的封锁和20年来几乎从未间断过的经济战，法国的港口遭到严重破坏。马赛和波尔多的人口减少了1/3。[2]在这样的形势下，法国的发展道路选择逐渐以陆地为基础，重新回到“六边形”的国界之内，农业色彩愈加浓厚。正如一些学者所言，战后的法国比以往任何时候更呈现出一个农业国的面貌，75%的人口生活在农村；法国的家庭把70%的收入用于膳食。“全国几乎能全部依靠自己土地上的产品来养活。”[2]

在贸易政策的选择上，法国为了保护本国企业只得采取贸易保护主义政策，法国的海外事业越来越保守。贸易保护主义的推行非但没有改善法国的经济状况，反而使法国的工业产品丧失了海外竞争力。法国的海外贸易、航运业、造船业长期处于衰退之中。法国与英国的差距被进一步拉大。加之法国传统生产模式根深蒂固：农业经济依然占有绝对优势，农民贫困且消费不足；手工生产仍旧非常普遍，从业行会死灰复燃；廉价劳动力的大量存在成为技术革新的障碍；农业人口的附着及手工行会的限制又阻碍着国内市场的开拓。在这样的背景下，法国的工业化进程可谓步履维艰。1819年，法国的生铁产量为112 500吨，熟铁产量为74 200吨，而在英国工业革命时期的1796年，生铁产量已增至125 000吨。1830年，法国使用焦炭的高炉只有29座，而用木炭的高炉却达379座。[2]“在最集中的纺织业部门，机械化也只有一定程度的发展。纺纱机很多，而织布机则少得多，还大量使用家庭手工。诺曼底有三分之一的棉花是靠人工纺出来的！只是到了1825年，纺织业才采用蒸汽机，主要在阿尔萨斯。据统计，1830年在纺织行业中，手摇织布机比机器织布机多十倍，大大落后当时的英国工业。”[3]

1830年，法国开始了“七月王朝”的统治，大资产阶级确立了君主立宪政体。与此同时，英国工业文明的成果再次跨越英吉利海峡，法国的工

1 ［法］皮埃尔·米盖尔：《法国史》，蔡鸿滨等译，北京：商务印书馆，1985年，第324页。

2 张芝联：《法国通史》，北京：北京大学出版社，1989年，第246页。

3 同1，第326页。

业化进程加速了。机器和工厂制度最先在纺织业各部门中推广，然后向冶铁业、采矿业、交通运输业扩展。这样的工业化顺序与英国基本一致。1830—1848年，法国的工业总产值年平均增长率达到3%～3.5%，接近于英国的工业水平，有的工业部门甚至达到了5.6%。[1]1835—1845年，法国的工业增长速度是农业的2倍。但是，法国工业增长与技术革新的关联度不及英国。[2]法国工业的增长在很大程度上还是源于传统生产方式，新技术的采用非常有限。“蒸汽机的数量也从1839年的2450台增加至1847年的4853台；焦炭生铁在1836年时只占法国生铁产量的36%，而到1847年这一比例则上升至44%……1837年建造了175公里铁路线，1841年是499公里，七月王朝末则是1900公里。”[3] 法国的工业革命只能说是刚刚开始，还谈不上工业起飞。这表明在传统的社会结构中实现工业的起飞是一件很困难的事，实现工业化的捷径还需要强有力政权的推动。

4. 重新进军海洋：法国工业革命的跃进

1852年，路易·波拿巴称帝，即拿破仑三世（1852—1870年在位），开始了法兰西第二帝国的统治。第二帝国是法国工业革命的跃进时期，也是法国重新进军海洋的时期。在海洋的大背景之下，法国终于完成了工业革命。

积极的海外扩张是第二帝国对外政策的重要组成部分。1853—1856年，法国联合英国取得克里米亚战争的胜利，进而阻止了俄国在黑海地区的扩张，法国的势力染指西亚地区；第二帝国时期，法国还把侵略的矛头指向非洲，不仅完全征服了阿尔及利亚，而且还扩大了在埃及的势力，并进一步染指西非和赤道非洲；在亚洲，第二帝国的主要侵略目标是中国，法国伙同英国发动了第二次鸦片战争，进一步打开中国市场；第二帝国在亚洲的另一侵略目标是印度支那，19世纪60年代后期，印度支那最终沦为

---

1 陈晓律：《世界现代化进程》（西欧卷），南京：江苏人民出版社，2010年，第186页。

2 ［法］乔治·杜比：《法国史》（中卷），吕一民等译，北京：商务印书馆，2010年，第943页。

3 同2。

法国的殖民地；在大洋洲，法国还抢占了新喀里多尼亚岛。帝国末年，法国拥有的殖民地面积达90万平方千米，人口达650万，是仅次于英国的世界第二大殖民帝国。[1]

▲ 一个令人羡慕的资产阶级家庭正在观看火车头

伴随着海外殖民地的扩大，法国的海外贸易规模也在增加。来自殖民地的原料及日益扩大的海外市场推动着法国工业革命的进步。在政府的强力推动下，法国的工业化进入到全面起飞的阶段。在第二帝国时期，法国工业的平均增长率逐渐提升：1845—1850年为1.83%，1850—1855年为3.87%，1855—1860年为3.16%，1860—1865年为3.5%。一系列反映工业进步的指数也实现了大幅度的增长：1851年，煤的产量为4 485 030吨，1870

1　吕一民：《法国通史》，上海：上海社会科学院出版社，2007年，第219-220页。

年达到13 330 310吨；生铁产量在1851年为445 810吨，1870年达到1 178 110吨；铁轨产量在1851年为27 110吨，1870年达到171 010吨。[1] 法国工业革命发展的重要标志之一就是蒸汽机使用的不断增加。1850—1870年，法国工业中蒸汽机的马力由67 000匹增至336 000匹，即增加了4倍多。[2]这个时期，法国的铁路建设也是突飞猛进，1850年全国铁路通车路线长度为2915千米，1870年达到17 466千米。[3]铁路建设的成就大大促进了法国全国统一市场的形成。与此同时，法国的钢铁工业、冶金工业、采矿工业等资本密集型的工业逐步取代了纺织工业、成了法国工业发展的先导部门。19世纪70年代，法国的工业革命最终完成。

虽然在第二帝国时期，法国的工业化进程很快，但法国工业化中的一些特点也影响到了法国工业革命的成就。在法国，服饰业、高级化妆品业和奢侈品业历来发达，而这些行业又以手工劳动为主，并且多以小企业的形式存在。这些行业的发达使资本难以集中，也不利于采用新机器，从而阻碍了大企业的发展；法国是一个典型的农业国家，“法国在19世纪的绝大多数时间里，三分之二到四分之三的人口仍然靠种地为生。在19世纪30年代到70年代之间，法国确实有将近一半的省份拥有全日制的农业人口”[4]。小农经济长期占有优势，小农的大量存在严重阻碍了国内市场的扩大，并且也不利于新技术的推广；法国还是一个高利贷十分活跃的国家，高利贷行业的发达使大量资本用于获取利息，很少直接投资生产。法国经济结构中这些不利的因素使法国工业革命的成就远不如英国，并在后来被美国、德国超越。

透过历史，我们可以看到法国的工业革命始终受制于传统因素，法国的工业化进程始终是步履蹒跚。

---

1 张芝联：《法国通史》，北京：北京大学出版社，1989年，第330页。

2 同1，第331页。

3 陈晓律：《世界现代化进程》（西欧卷），南京：江苏人民出版社，2010年，第191页。

4 ［英］科林·琼斯：《剑桥插图法国史》，杨保筠、刘雪红译，北京：世界知识出版社，2004年，第201页。

迟缓的城市化进程

与欧美其他国家相比，法国的城市化进程非常缓慢。在英国，城市人口数量在19世纪30年代就已经超过了农村人口；意大利是在19世纪70年代；德国是在1900年左右；美国则是在20世纪20年代。但是在法国，直到20世纪30年代，城市人口才超越农村人口。另外法国的城市规模较小，大部分为1万人左右的小城镇。[1]

政治分裂背景下的德国工业革命

从中世纪后期的经济中心到新航路开辟时代的边缘地带

中世纪后期的欧洲有两大活跃的经济贸易区域：一是北部的波罗的海地区；一是南部的地中海地区，德意志正处于南北两大贸易区的中间地带。地中海的产品经德意志输往北欧各国，波罗的海的产品则由德意志商人控制并输往欧洲各地。便利的地理位置、靠近海洋的区位优势使德意志成为中世纪后期欧洲的经济中心、贸易孔道。

海外贸易的繁荣推动着城市的活跃，一系列商业城市在德意志波罗的海沿岸发展起来。这些城市与意大利北部的商业城市共同构成了中世纪欧洲的两大城市带。到14世纪，被当作城市的估计有4000座，有1/3的德意志居民生活在城镇之中。[2]即使在今天，这样的城市化水平也是很高的。但是德意志的政治分裂状态严重阻碍着城市的发展，一些城市便联合起

1 ［英］科林·琼斯：《剑桥插图法国史》，杨保筠、刘雪红译，北京：世界知识出版社，2004年，第200、第201页。

2 丁建弘：《德国通史》，上海：上海社会科学院出版社，2007年，第37页。

来，形成了城市同盟，其中以汉萨同盟最为著名。汉萨同盟以吕贝克为中心，囊括了北德意志和波罗的海沿岸的众多城市，其在最盛时期控制着西起大西洋、东至波罗的海的海外贸易，掌握着南欧与北欧之间的商业通道。

城市的发展推动着商人阶层的活跃。“商人的真正力量在于他们通过自己的实践，通过发展和完善自身，获得了令所有人都不容小觑的经济地位。他们拥有的财富具有强大的感召力，并无形中动摇旧有的经济基础，成为一种支配力量。”[1]当商人们因为自己的钱财获得他人的尊敬时，追求财富的观念就成为社会的共识，传统的贵族——农民式的社会结构便会遭受严重的冲击。这恰恰是工业革命得以发生的有利前提。

海外贸易的繁荣还推动着农业生产的商品化。在商品大潮的冲击下，庄园主不再满足于农业生产的自给自足，而是积极生产，满足市场的需要，从而获取更多的货币。庄园主对农民的剥削也从原来的实物地租、徭役地租转变为货币地租。货币地租的推行使农民有了选择的权利，农民的自由度大大提高。另外，随着城市经济的活跃，一些农民经常性地逃往城市，劳动力不足在一些庄园中非常普遍。为了避免这种现象的发生，一些庄园主对待农民的方式也是日趋灵活，农民获得了更大的人身自由，而不必束缚于土地之上。总之，在商品大潮的冲击下，农奴的人身依附关系逐渐松动，农奴制趋于瓦解。对德意志而言，这种现象主要存在于其西部地区。农奴制的瓦解使德意志出现了大量的自由劳动力，这正是工业革命得以发生的重要前提。

在海外贸易的强力刺激下，德意志的社会结构正发生着缓慢的变化。中世纪晚期的德意志已经具备了向现代社会过渡的有利条件。

但16世纪以来，伴随着新航路的开辟，欧洲的商业中心逐渐向靠近大西洋的欧洲西北端转移，居于中欧地区的德意志地区逐渐丧失了欧洲贸易枢纽的地位。加上德意志政治经济发展的不平衡性，在与英国、法

1 黄洋等：《世界古代中世纪史》，上海：复旦大学出版社，2005年，第372页。

国等民族国家的竞争中，分裂的德意志逐渐处于劣势，注定无法跟上大航海时代的步伐。德意志的经济中心地位被取代，汉萨同盟逐渐衰落，并于1669年黯然谢幕，并且在新的全球经济分工中，德意志逐渐处于边缘地带，成了西北欧各国的粮食供应地。在巨大利润的刺激下，德意志封建主为获取利润，强化了对农奴的人身控制，本来已经瓦解的农奴制再次加强，出现了所谓的“再版农奴制”，而此时的英、法等国则是农奴制的普遍瓦解期。农奴制的再次实行限制了国内市场的开拓，不利于劳动力的自由流动，这些因素都成了技术革新的重要障碍，抑制了工业资本的增长。

德意志曾经是一个因海洋而兴起的地方，历史上的日耳曼人曾在波罗的海纵横驰骋、开疆拓土，甚至在中世纪后期执欧洲贸易之牛耳。但是在大航海时代来临后，分裂的政治状态逐渐使德意志人远离海洋的中心，大陆国家的色彩日趋浓厚。在从中世纪向现代社会的转型过程中，德意志逐渐落后于世界潮流。

欧洲大国争霸的主战场

德意志居于欧洲中部，周边都是欧洲大国，有着复杂的地缘政治格局。16世纪的德意志非但没有跟上大航海时代的步伐，反而因为宗教因素、国家利益被不断地牵涉到大国的争霸之中，四分五裂的德意志成了大国争霸的主战场。德意志深陷其中而不能自拔。

1517年深秋，德意志神父马丁·路德把他思考已久的问题以讨论稿——《九十五条论纲》的形式张贴于教堂门口。一场席卷德意志乃至整个欧洲的宗教改革序幕就此拉开。宗教改革的浪潮使德意志各邦国迅速分裂为新教同盟和天主教同盟，双方最终以兵刃相见。1555年，持续了9年之久的宗教战争就此结束，冲突双方签订《奥格斯堡和约》，确立了“教随国定”的原则。教派冲突暂时告一段落，但此和约却使德意志邦国更为松散。

在马丁·路德张贴《九十五条论纲》的一百年后，宗教争端再次上演。1617年，神圣罗马帝国皇帝为已是新教的国家捷克指定了一位天主教国王，这引发了捷克贵族的不满，最终导致了战争的爆发，这就是欧洲历史上的“三十年战争”（1618—1648年）。战争期间，无数外国军人踏上德意志的土地，德意志变成了欧洲大国争霸的主战场，德意志经历着难以言说的痛苦和磨难。1648年，战争以缔结《威斯特伐利亚和约》的形式宣告结束。该和约使德意志丧失了大片国土，荷兰、瑞士相继独立，并且以法律的形式再次确认了德意志的分裂。当欧洲其他国家的中央集权逐渐加强时，德意志的中央权威却更趋孱弱。

分裂的德意志

“三十年战争”后，德意志四分五裂，拥有数以百计的小邦国。据统计，当时的德意志有314个邦和1475个骑士庄园，可以说，有1789个独立的拥有主权的政治实体。各邦国更关心内部事务，而对帝国的事务并不热心，加上周边大国的干预，德意志的分裂更为显著。

“经过三十年的战争，神圣罗马帝国生灵涂炭、满目疮痍。整个北德意志地区、巴拉丁和勃兰登堡人口凋敝、土地荒芜，并且此后连续几十年都没能恢复；在帝国的某些地区，将近一半的人口死去。繁荣的城市沦落为荒凉小镇，甚至只能称为大一点的乡村。人民深受其苦，农民遭受的苦难更是沉重：折磨、饥荒和疾病。成群结队的穷苦百姓出外流浪，在整个德意志充满乞讨、偷盗的不安定事件。”[1]

1 ［德］伯恩德尔等：《图说世界史》（近代卷），黄洋等译，上海：上海锦绣文章出版社，2010年，第40–41页。

▲ 德国统帅蒂利率领的雇佣军经过长期激战后攻陷马格德堡

▲ 逃难的农民（约1645年）

进入18世纪以来，宗教因素在战争中的作用渐趋淡化，德意志的各个邦国又卷入了大国争霸的战争之中。

1700年，西班牙国王卡洛斯二世死后无嗣，法国的波旁王朝和奥地利的哈布斯堡王朝都宣称拥有王位的继承权。法国的路易十四希望借此实现法国和西班牙的合并，从而达到称霸欧洲大陆的目的，作为欧洲均势维持者的英国则不希望出现法国独霸欧洲的局面。1701年，英国联合荷兰、奥地利以及德意志的各邦国组成了“反法同盟”。战争从1702年开始一直延续到1713年，长达11年。从表面看，这是一场因王位继承问题引发的战争，但背后则掺杂着英国、法国殖民争夺的色彩。

1740年，腓特烈二世成为普鲁士国王。同年，奥地利哈布斯堡王朝的卡尔三世去世，王位由其独生女玛丽·特蕾西亚继承，随后腓特烈入侵西里西亚，奥地利王位继承战争爆发。在战争中，法国、西班牙站在普鲁士一边，英国、荷兰则支持奥地利。1748年，战争结束，战争的结果是普鲁士吞并西里西亚的事实被确认，普鲁士崛起成为欧洲中部的大国，奥地利的哈布斯堡王朝依然完整，但民族成分日益复杂。战争后的欧洲版图和海外殖民地版图并没有太大调整。

1756年，战火又起，“七年战争”爆发。战争主要集中在两个区域：普鲁士和奥地利在中欧争霸；英国和法国在海外争夺。普鲁士企图吞并萨克森，将波兰变为自己的附属国，奥地利企图削弱争夺中欧霸权的对手普鲁士；法国则力图吞并英国国王在欧洲的世袭领地汉诺威，保护法国在美洲和东印度的殖民地，遏制普鲁士的势力。结果英国和普鲁士结盟，奥地利和法国结盟。欧洲大陆是奥地利和普鲁士欧洲霸权争夺的对象，海外殖民地则是英国与法国之间的战场。

在18世纪，德意志领土上的战争持续不断，但实质而言，是英、法两国争夺欧洲主导权的战争，只不过争霸的战场集中在了德意志的领土之上。战争给德意志带来了巨大的灾难，德意志的土地上到处是可悲的场景。恩格斯在《德国状况》一文中对此有过生动的描述：“这是一堆正在腐朽和解体的讨厌的东西。国内的手工业、商业、工业和农业极端凋敝。农民、手工业者和企业主遭到双重的苦难——政府的搜刮，商业的不景气。贵族和王公都感到尽管他们榨尽了臣民的膏血，他们的收入还是弥补不了他们日益庞大的支出。一切都很糟糕。不满情绪笼罩全国。没有教育，没有影响群众意识的工具，没有出版自由，没有社会舆论，甚至连比较大宗的对外贸易也没有，除了卑鄙和自私就什么也没有；一切都烂透了，动摇了，眼看就要倒塌了，简直没有好转的希望，因为这个民族连清除已经死亡了的制度的腐败尸骸的力量都没有。”

自近代以来，德意志便被卷入无休止的战争之中，从而无力推进自身的现代化。“在英法等国通过建立现代国家、采用重商主义政策、大力发展海外贸易与殖民冒险时，德意志却在政治上处于长期分裂状态，成为其他强国展示其抱负的舞台。”[1]长期的政治分裂使德意志成为欧洲大国角逐的舞台，在探索海洋的征程中错失机遇，从而丧失了率先发生工业革命的可能性。

富国强兵背景下的德意志工业化

四分五裂的状况为欧洲大国在德意志土地上肆意横行创造了有利条件，同时也把德意志带入到深重的灾难之中。实现统一、富国强兵从而免受外国欺凌就成了德意志工业化的主题。在这样的背景下，德意志的工业化从一开始便掺杂进了强烈的民族主义情绪。正因为如此，在德意志的工业化进程中发挥主导作用的不是私人企业主，而是国家政府。德意志的工业化是政府主导下的工业化。

1. 腓特烈时代的工业技术革新

德意志虽居于中欧，相比法国，其距大西洋的距离要遥远一些，但工业浪潮对德意志的冲击并不比法国迟缓。当工业革命刚刚起步时，德意志各邦国就积极引进英国的先进技术，其中尤以普鲁士最为典型。“如果说当时其他的德意志邦国仅仅是容忍了工业化的话，普鲁士则是依靠国家政

1　陈晓律：《世界现代化历程》（西欧卷），南京：江苏人民出版社，2010年，第238页。

权自上而下地积极推进工业化。”[1]

当工业革命在英国缓慢起步时，此时的普鲁士国王正是著名的腓特烈大帝。腓特烈大帝致力于普鲁士的复兴，在突出国家利益的背景下，积极推行重商主义，发展工商业。普鲁士的技术革新在一开始就沾染上了浓厚的国家主义色彩。

腓特烈大帝

腓特烈大帝（1740—1786年在位）是“士兵王”腓特烈·威廉一世的儿子。腓特烈·威廉非常喜爱士兵，尤其是高个子士兵，讨厌一切文气的东西。但腓特烈大帝不同于他的父亲，他从小就有着浓郁的文艺气息，爱好艺术，喜欢吹长笛，痴迷于启蒙思想，德语讲得不好，但法语好得突出。腓特烈在年幼的时候竟然想和他的好友私奔，被父亲发现后，好友被处死，腓特烈无奈只得接受父亲的安排。

1740年，腓特烈继承王位，这就是普鲁士历史上赫赫有名的腓特烈大帝。继位伊始，腓特烈就展示了他的武力，挑起奥地利王位继承战争，并最终占据西里西亚。腓特烈大帝推行所谓的开明专制政策，致力于普鲁士的富国强兵。在其统治期间，普鲁士的财政收入迅速增加，王室的年度财政收入从1740年的700万塔勒增加到1786年的2300万塔勒，财政结余从1000万塔勒增加到5400万塔勒。普鲁士军队人数从8万增加到20万，占人口的比例居于欧洲之首。[2]

除引进先进技术外，腓特烈大帝还大力兴办和资助工业企业。腓特烈大帝在即位之初就给新成立的商业和工场手工业部大臣以指示：要发展王

1 陈晓律：《世界现代化历程》（西欧卷），南京：江苏人民出版社，2010年，第268页。

2 同1，第240页。

国的羊毛和麻布工业，尽可能开办诸如法国式的金银制品、丝绸制品、帆布制品、粗印花布、荨麻布、优质纸张、制糖、中国瓷制等行业。国王还经常视察那些中间转手商行和手工工场，并予以不断扩大。在勃兰登堡地区，1740—1786年国家花了224万塔勒建立和资助工厂。1745—1756年，柏林和波茨坦共安装了1050台织机。政府还积极奖励发明创造，“一切发明都享有特权和保护。国王的钱柜好像就摆在市场上和道路旁等着，谁一有什么发明，就付给酬奖”[1]。

“偷来”的技术

英国最先开始了工业革命，但当时的技术却属于国家机密，英国严格限制机器的出口。为了解英国的先进技术，腓特烈大帝于1779年派遣了一个由高级官员和企业家组成的代表团赴英国收集情报，企业家C. F. 比克林就是其中的代表。他们参观了英国的索霍工厂，瓦特向他们介绍了有关工厂的情况，德国人借此打听到了气压机的生产秘密。而在同一年，法国人也造访过该家工厂。

比克林回到柏林后，根据所获取的信息成功制造了气压机模型。1783年，普鲁士生产出第一台气压机，并于1785年投入使用。1786年，比克林再次来到英国，试图打探蒸汽机的秘密没有成功，但他却成功劝诱一个名叫威廉·理查德的工人来到普鲁士。随后，大量的英国工人来到德意志，成为推动德国工业革命的一支重要力量。

18世纪后期，德意志的工业化缓慢起步。尽管此时的工业技术依然落后，手工劳动仍旧普遍，机械化程度与英国相去甚远，但技术革新的步伐已经迈出，从而为后来的工业化进程打下了坚实的基础。

1　丁建弘：《德国通史》，上海：上海科学院出版社，2007年，第103-104页。

18世纪末19世纪初，伴随着法国大革命爆发及拿破仑战争的进行，德意志的工业技术革新被打断。但拿破仑在征服德意志之后所进行的一系列改革，却为后来德意志工业化的开展创造了条件。

2. 德意志工业化的艰难起步

拿破仑战争打断了德意志的工业化进程。1815年，伴随着拿破仑战争的结束，德意志的工业开始了缓慢的复苏。

19世纪30年代，工业化的浪潮跨过莱茵河，德意志的土地上开始了工业化的进程，“机器，到处是机器”成了德意志各邦国的努力方向。但此时的德意志依然是一个地理概念，而非国家实体，在这片土地上分布着大大小小的各类政治实体。统一国内市场的缺失使德意志的工业化进展非常缓慢。冶金行业的燃料仍然以木炭为主，动力仍旧使用水力。纺织业中的机械化程度并不高。克雷菲尔德附近有10台棉纺机，采用马力和蒸汽驱动的只有4台。19世纪中叶，毛织业中采用机器生产的只占6%。[1]

长期的政治分裂导致了中央权威的缺失，这使得德意志无力开拓海外殖民地，德意志工业化所需要的启动资金明显不足。以普鲁士为首的邦国只得以解放农奴，向农奴获取赎金的形式积累工业化的启动资金。封建容克地主阶级在解放农奴的过程中获取了大量资金，并将其投资工业生产。这样一来，德意志工业化的启动资金便已具备，但容克地主就此获得了德意志工业化的领导地位。也就是说，德意志的现代化进程是由一个中世纪阶级领导的。德国的现代化进程出现了明显的“错位”，这种“错位”最终影响了德意志的历史走向。

3. 关税同盟和铁路建设

长期的政治分裂使德意志的工业革命缺乏统一的国内市场，这严重影响到了德意志的工业化进程。如何在德意志政治统一没有完成的情况下建立统一的国内市场是一些有识之士思考的问题。弗里德里希·李斯特

1 马克垚：《世界文明史》（上），北京：北京大学出版社，2004年，第646页。

（1789—1846年）就是其典型代表。

李斯特是德意志统一的先驱，其一生致力于德意志的统一和现代化进程。为了消除政治分裂的影响，他主张建立统一的关税同盟，在同盟内部免除关税。李斯特的呼吁在德意志产生了重要的影响，局部性的关税同盟建立起来。1819年，普鲁士联合部分小邦成立了“北德意志关税同盟”。随后，中德意志和南德意志关税同盟相继建立。1834年，上述关税同盟又组合成了“德意志关税同盟”，囊括了德意志的大部分邦国，覆盖了德意志2500万人口的区域。在“关税同盟”内部，各邦国实行免税贸易，采用统一的货币和度量衡，对外则实行关税保护，进而缩小分裂状态所导致的消极影响。通过这种形式，德意志工业革命的市场问题基本得到解决。

▲《砍森林》。这是庆祝德意志关税同盟宣告成立的一幅漫画

李斯特还致力于全德铁路系统的规划和建设，试图以铁路建设消除政治分裂的不利因素。在工业革命刚刚开始时，1835年，德意志的第一条铁路富尔特—纽伦堡铁路便建成通车了。此后，德意志的铁路建设迎来一个建设高峰期。1837—1847年，全德铁路投资增长20倍，从2100万马克增至4.54亿马克，至1850年，包括奥地利铁路在内的全德铁路长度已达5822千米。在1839年时，德意志铁路长度便已超过法国。[1]在工业化的进程中，德国与英国、法国明显不同，德意志的工业革命从一开始，以铁路为中心的交通运输业就处于领先地位。

“铁路系统和关税同盟是连体的双胞胎，具有一个思想和一个感官，相互支持，追求同一个伟大目标，即把德意志兰各个部分联合成一个伟大、文明、富足、强大和不可侵犯的民族。”[2]关税同盟的建立、铁路建设的加速使四分五裂的德意志地区联系得更加紧密，从而推动了一个强大德国的崛起。

4. 铁路：德国工业革命的“蒸汽机”

德国的工业化进程在1848年以后明显加速，德国的铁路工业无疑起到了领头羊的作用。“铁路建设于德意志工业化的意义就如同纺织业对于英国工业化的重要性。”[3]

大规模的铁路建设带动了采矿、冶金、机械制造业的发展。1835—1845年间，普鲁士大多数铁轨是进口的，但是在40年代初已经开始进口替代工作。到50年代，大多数铁轨都是德国制造的，不到20年就完成了替代过程。1839年，德国制造了第一台机车。1853年，普鲁士购买机车总数为105台，其中国产99台，结束了机车进口的历史，并开始出口机车。铁路建设也加快了炼铁工业的技术进步，焦炭铁代替木炭铁的步伐加快了。普鲁士生铁产量1851年为14.8万公吨，1866年就达80.4万公吨。[4]铁路建设的大

1 丁建弘：《德国通史》，上海：上海科学院出版社，2007年，第176页。

2 同1，第182页。

3 陈晓律：《现代化历程》（西欧卷），南京：江苏人民出版社，2010年，第268页。

4 马克垚：《世界文明史》（上），北京：北京大学出版社，2004年，第649页。

规模推进使德国的工业重心较早地实现了从轻工业向重工业的转变，这成为德国工业革命的一个显著特点。“1850年之前的25年间，在普鲁士出现了67家股份公司，拥有资本总额4500万塔勒，但在1851—1857年的短短几年间，便建立了115家，拥有资本总额达1.145亿塔勒。它们几乎全都是在1853—1857年这段幸福时期里涌现的。”[1]

经过半个多世纪的努力，德意志从一个落后的农业地区一举成为先进的工业地区。到了19世纪70年代，德国的工业产值已经在国民经济中居于重要地位，工业革命最终完成。1871年，德国终于实现了国家统一，统一不久，便开始了第二次工业革命。

▲ 1837年11月17日，斐迪南皇帝北方铁路公司（the Emperor Ferdinand Northern Railway）修筑的布尔诺至拉格恩的北方铁路建成通车

1 ［德］艾瑞克·霍布斯邦：《资本的年代（1848—1875）》，张晓华等译，北京：国际文化出版公司，2006年，第30页。

沙皇专制背景下的俄国工业革命

与西欧隔绝的欧洲大国

俄罗斯的起源

根据历史记载，俄罗斯国家的起源与维京人的入侵有很大的关系。公元862年，诺夫哥罗德公国发生内乱，当时的人们邀请瓦良格人（维京人的另一种称呼）的酋长留里克率兵前来帮助其恢复秩序。留里克在此建立了自己的王朝，这就是俄罗斯历史上的留里克王朝。但是他们因为人数少逐渐地被斯拉夫化。公元882年，留里克王朝的奥列格率兵南下，占领基辅，建立了以基辅为中心的更大的罗斯国家。大约在公元988年，基辅罗斯承认基督教为国教。

就民族起源、文化传统而言，俄罗斯是一个欧洲国家。但在历史上，由于一系列因素使然，俄国与主流欧洲之间总有一种疏离之感。东正教的影响以及1054年东西教会的大分裂使俄国教会摆脱了罗马天主教会的控制，并且自成体系；蒙古人近两个半世纪的政治统治又使俄国沾染上了更多的大陆国家色彩，这使得俄国在欧洲有点特立独行。13世纪后的俄国更是与欧洲长期隔绝；温水港口的缺失以及濒临北冰洋的恶劣环境又使俄国与西欧的经济文化交流长期处于匮乏之中。所以说，“欧洲建立的经济世界并不囊括狭小欧洲大陆的整体。位于波兰另一侧的莫斯科公国长期与欧洲经济世界相隔绝”[1]。总之，俄国虽属欧洲，却长期处于欧洲文明的边缘之地。可以说，俄国是一个“半东方式”的欧洲国家。

在沉寂了两个多世纪后，作为东欧大国的俄罗斯再次引起了欧洲的注

1 ［法］费尔南·布罗代尔：《十五至十八世纪的物质文明、经济和资本主义》（第三卷），顾良、施康强译，北京：商务印书馆，2017年，第555页。

意。15世纪后期，莫斯科大公伊凡三世（1462—1505年在位）拒绝向金帐汗国纳贡称臣，并于1480年11月在乌格拉河战役中彻底击败蒙古骑兵，金帐汗国对罗斯人的统治就此结束，莫斯科公国走上了独立发展的道路。1521年，大公瓦西里三世（1505—1533年在位）吞并梁赞，俄国的土地统一基本完成。此后，俄国便走上了对外扩张与侵略的道路。

俄国的扩张以寻找出海口为目的，蚕食邻国领土是其典型特征。向北，俄国人进入了寒冷的北部森林地区；向南，俄国人侵占了温暖的南俄草原和伏尔加河流域，并同化了居住在那里的鞑靼人。1552年，俄国借喀山内讧之际出兵15万攻灭喀山汗国。1556年，俄国灭亡阿斯特拉罕汗国，夺取了通往里海的通道。17世纪50年代，俄国的扩张势力已接近黑海沿岸；向东，俄国人翻越了并不高耸的乌拉尔山脉，进而向东驶去，进入西伯利亚。在人迹罕至的西伯利亚地区，俄国人纵横驰骋，鲜有对手，许多蒙古汗国相继灭亡。辽阔的西伯利亚地区建立起许多俄国人的移民据点。17世纪30年代，俄国人的扩张已抵达太平洋沿岸，一个与太平洋、北冰洋都相接壤的陆地大国出现在亚欧大陆的北部；向西，俄国人试图夺取波罗的海沿岸的土地，以寻求通往欧洲的出海口。1558年，俄国4万军队侵入立窝尼亚地区，波罗的海沿岸国家瑞典、波兰、立陶宛随即干涉，“立窝尼亚战争”爆发。这场战争一直持续到1583年，最终以俄国的失败而告终。战争结束后，俄国非但没有获得进入波罗的海的良港，反而丧失了波罗的海沿岸的部分土地。俄国在西部的扩张暂时停止。

16世纪的俄国和西欧都走上了对外扩张的道路，但受制于地理环境，俄国和西欧选择了截然相反的方向。西欧向大西洋挺进，俄国则在亚欧大陆上驰骋。一个向西、一个向东，一个挺进海洋、一个纵横陆地。俄国和西欧的不同选择造就了两种不同的社会发展历程。当大西洋的波涛促使西欧的商品经济逐渐繁荣并导致农奴制解体时，俄国的农奴制却因领土的开拓、人烟的稀少处于不断地强化之中，农奴首先从属于沙皇，然后才属于贵族；当宗教改革的浪潮席卷整个西欧，世俗化的倾向渐趋明显时，俄国的君主却强化了对教会的控制，使其成为沙皇专制统治的工具；当科学革命的曙光照亮西欧的天空时，俄国却对西方的技术文明采取了一种不屑的态度。“以至于文艺复兴、宗教改革、海外扩张和商业革命这一系列决定欧洲前途命运的重大事件，竟没有对俄罗斯产生重大意义的影响。”[1]

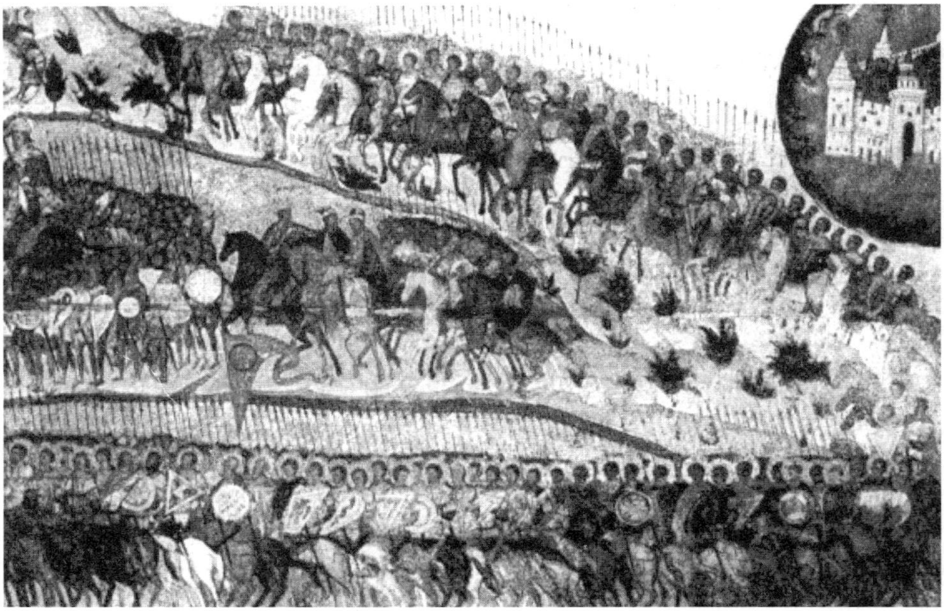

▲ 天王圣体肖像。这是16世纪俄罗斯帝国宣传画中最引人注目的作品之一，天使长米歇尔在战马上引领着一支征服喀山的俄罗斯军队。基督教第一皇帝和俄国第一位统治者弗拉基米尔举着大旗来到圣母和圣子前

总之，大西洋背景下的西欧已经孕育出了经济起飞的土壤，而大陆背景下的俄国反而使传统农业文明更为强固。“俄国的大小贵族、封建地主、农奴主们曾经热衷于拥有更多的耕地、农奴、粮食、毛皮等财富，为此而力争夺取更多的土地和人口，这是一种农业文明水平的欲望和比较简单的占有。”[2]土地使俄国获得了无限的财富，但也让其背负着沉重的包袱。在疯狂侵占别国土地的背景下，俄国上层逐渐形成了一种依靠掠夺而不是通过技术革新获取财富的观念。这种财富观念通常追求数量的简单增

1 郭华榕、徐天新：《欧洲的分与合》，北京：人民出版社，2015年，第102页。

2 马克垚：《世界文明史》（下），北京：北京大学出版社，2004年，第782页。

长，而忽视了质量的全面提升。因此，在向工业社会的转型过程中，俄国的步伐就蹒跚了许多。

寻找出海口：海洋浸润下的俄国社会变革

进入17世纪后，俄国与西欧各国的差距日益拉大。在一些有识之士看来，寻求新的出海口，接纳西欧文明已经成为俄国摆脱落后状态的一种必然选择。

历史上的俄国也曾与大海相连，但受制于恶劣的气候环境，俄国始终缺少优良的海港。早在16世纪中期，俄国的阿尔汉格尔斯克港便与英国保持着商贸联系，西欧的文明成果借此输入俄国。但阿尔汉格尔斯克港口位于北冰洋沿岸，并且有着较长的冰冻期，加之海上航行路途遥远，俄国对西方文明的接纳程度非常有限。海外交流的不畅使俄国长期游离于欧洲主流文化圈之外。俄国差不多是一个单独的经济世界。

▲ 17世纪的阿尔汉格尔斯克港

1. 俄罗斯进军海洋

1682年，年仅10岁的彼得一世（1682—1725年在位）即位为俄国沙皇，7年之后（1689年），彼得一世亲政，这就是俄国历史上赫赫有名的彼得大帝。彼得大帝凭借其非凡的才智和卓越的能力在俄国推行改革，从而使俄国的发展方向从东方转向西方，从陆地面向海洋，进而步入现代世界。彼得大帝的改革也是继200年前伊凡三世脱离蒙古统治之后，俄国融入西方的又一件大事。

历史上的俄国就曾把夺取出海口的方向定位于波罗的海和黑海沿岸，而波罗的海沿岸是其开疆拓土的主要方向。伊凡四世（1547—1584年在位）曾表示："波罗的海的海水值得用黄金来衡量。"1700年，彼得大帝开始了寻求波罗的海出海口的战争，其对手仍旧是波罗的海沿岸的大国——瑞典，这就是历史上的"北方大战"。这场战争一直持续到1721年，其结果是俄国战胜，瑞典衰落，波罗的海的政治格局由此改变。战争使俄国获得了瑞典的大片领土，解决了俄国波罗的海的出海口问题。诚如俄国外交史家所言：从此"俄国变成了海上强国。它'像一只新下水的船舶，在斧子的敲击和大炮的轰隆之中'驶入欧洲列强的大家庭"[1]。此后，俄国的历史就成为欧洲历史不可分割的一部分。

1703年，彼得一世做出一项重大的决策，将首都从居于内陆的莫斯科迁往北方临近海洋的涅瓦河口，并定名为彼得堡。随即，彼得一世开始了新首都的营建工作。1713年，彼得大帝把首都正式迁往彼得堡。新首都位于芬兰湾的顶端，直接面向蔚蓝色的波罗的海。彼得大帝的意图很明确，就是要把俄国引向西方，而不是东方。"沙皇彼得所得到的不仅仅只是一个面向西方的窗户，而是一个深入至波罗的海和更远处的广阔渠道。"[2]这"表明俄罗斯文明从莫斯科这个传统的内陆中心，向彼得堡这个政府人为创造的面向海洋的中心的转移。俄国打开了通往西部欧洲之窗，为它接受欧洲文明主要是西欧文明创造了条件，为它本身的现代化开辟了新的途径"[3]。

1 波将金等：《外交史》，转引自郭华榕、徐天新：《欧洲的分与合》，北京：人民出版社，2015年，第132–133页。

2 ［英］阿兰·帕尔默：《波罗的海史》，胡志勇译，上海：东方出版中心，2013年，第175页。

3 马克垚：《世界文明史》（下），北京：北京大学出版社，2004年，第771页。

彼得大帝向欧洲学习

年轻时的彼得曾在阿尔汉格尔斯克港有过短暂的生活经历，在这里，他曾无数次地眺望蔚蓝色的大海，也曾借助于来往此处的客商窥测西欧文明成果。

1697年，独自掌权[1]不久的彼得做出了一个惊人的决定，离开俄国，带领一个庞大的使团前往西欧。使团包括35名留学生，而彼得一世就是其中的一员。彼得一世化名陆军下士彼得，并亲自制订了详尽的留学计划：在第一单元里必须学会军舰的驾驶、指挥和维修；在第二单元里所有的留学生必须学会造船技术，然后每个人必须选择一个专攻方向。这一年8月，荷兰的一家造船厂迎来了一名俄国留学生。这名俄国留学生在造船厂学习刻苦、钻研技术，总是虚心地向荷兰师傅请教问题。一个月过去了，这位留学生的学徒期限也到了，他的荷兰师傅以及他的工友都一致推举他为“优秀工匠”，造船厂的厂长还亲手给他披上了大红的绶带并颁发“优秀工匠”证书。这名俄国留学生就是当时的俄国沙皇彼得一世。

1698年8月，在欧洲游历了18个月后，彼得一世回到了俄国。通过与欧洲先进国家的比较，彼得充分地意识到了俄国的封闭和落后。他认为西欧国家皆以工业和商业立国，海洋是其重要的生命线。俄国如要林立于欧洲成为强国，必须要进军海洋，寻找新的出海口。彼得甚至毫无忌讳地说，“俄国需要水域”，应该成为一个海洋帝国。

1　1682年，彼得和他同父异母的哥哥伊凡同时被立为沙皇。1689年，彼得发动政变后与伊凡共同执掌国事。1694年排斥伊凡，彼得开始独自掌权。

▲ 彼得大帝兴建新都彼得堡

2. 俄国主动接纳西欧文明：工业化的准备时期

1713年，彼得堡成为俄国的新都，俄国融入欧洲的步伐加快了。1714年停泊在涅瓦河口的外国商船只有16艘；一年后增至43艘；等到1724年夏天时，商船总数已经暴增至180艘。[1]商船数量的增多不仅反映出俄国对外商贸关系的渐趋活跃，也从一个侧面说明俄国正在主动接纳大海对面的西方文明。

欧洲之行使彼得一世真切地体会到了西方文明的先进性。回国之后，彼得一世便开始了大刀阔斧的改革。

社会习俗方面，彼得一世强令俄罗斯男人刮去他们视为骄傲的大胡子，并对坚持留胡须者课以重税——胡须税；贵族阶层、政府官员都必须穿着匈牙利或日耳曼式的服装；贵族和领主的妻女都必须参加上流社会的交际活动，必须学会法国式的宫廷礼仪和谈吐风尚。彼得一世甚至还下令给每个贵族、领主及朝廷官员及其家属发放一包白色的牙粉及一把牙刷，

1 ［英］阿兰·帕尔默：《波罗的海史》，胡志勇译，上海：东方出版中心，2013年，第175页。

要求他们刷去牙上的黄斑。[1]

文化教育方面，彼得一世致力于引进西欧的科学文化知识，从而改变俄国社会的愚昧落后。在彼得一世的大力支持下，俄罗斯科学院于1725年正式成立。科学院下设数学、物理和人文三个学部，用于培养俄国的科学人才，罗蒙诺索夫就是其中的杰出代表。罗蒙诺索夫早年游历欧洲，回国后在科学院附属中学和附属大学长期任职，欧洲先进的科学知识及研究方法借此在俄国推广开来，现代科学在俄国生根发芽。1755年，俄国还模仿西欧建立起俄国历史上的第一所大学——莫斯科大学。为普及科学文化知识，彼得一世下令彼得堡图书馆和博物馆向公众免费开放。莫斯科的一座木质结构喜剧院也向公众免费开放。

彼得一世以其强有力的意志使俄国逐步向西欧靠拢，并追赶世界潮流。彼得一世之后的俄国融入欧洲，接纳西方文明便成为其必然选择。

1762年，叶卡捷琳娜（1762—1796年在位）被拥立为俄国的新一任沙皇，这也是俄国历史上著名的女沙皇，后人称其为叶卡捷琳娜大帝。叶卡捷琳娜统治时期也是俄国进一步融入欧洲的时代。

叶卡捷琳娜成为沙皇的时候恰是启蒙思想波及全欧之时。在启蒙思想的影响下，欧洲各国出现了一股“开明君主专制”的浪潮，女沙皇也借此打出了“开明君主专制”的旗号。叶卡捷琳娜与启蒙思想家保持着频繁的书信往来，并邀请百科全书派的代表狄德罗赴俄国帮助其进行政治改革。叶卡捷琳娜的改革虽未成行，但俄国与欧洲的交往却频繁起来，俄国成为欧洲文明的重要组成部分。

18世纪后期的俄国在欧洲发挥着日益重要的作用，在欧洲许多重大事务中随处可见俄国人的身影。1772年、1793年、1795年，俄国甚至伙同普鲁士、奥地利三次瓜分波兰。在18世纪行将结束时，俄国的边界再次西移，俄国的统治区域越来越接近欧洲的中心。拿破仑战争后，俄国成为欧洲的主导力量，成为现有国际秩序的维持者。

1　张建华：《俄国史》，北京：人民出版社，2004年，第41–42页。

进入18世纪后，俄国融入西欧的步伐加快了，西欧文明正在缓慢地改变着俄国的历史传统。俄国已从游离于欧洲主流文化圈之外的边缘国家崛起为影响欧洲政治格局的地区性大国，俄国也越来越像一个欧洲国家。这表明俄国已经认可西方文明，从而为工业文明的传播创造了有利条件。

但俄国在18世纪的变革依然有其明显的缺陷，当俄国在大举引入西方文明时，俄国旧有的社会结构和政治制度依然没有发生实质性的变革，大海的波涛仍未把旧制度的痕迹冲刷干净，农奴制依然广泛存在，沙皇制仍旧根深蒂固，而旧制度的存在势必影响到俄国的现代化进程。

旧制度背景下的工业化进程

1. 俄国工业化的缓慢起步

18世纪后期，一股新的现代化浪潮在欧洲西部兴起，这就是工业革命。19世纪30—40年代，工业化的浪潮一路向东来到了俄国。此时的俄国在社会习俗方面俨然是一个欧洲国家，但在政治制度方面却与西欧各国相去甚远。沙皇的权威笼罩在整个国家，君主专制成为俄国政治的一大特色。在经济方面，以封建农奴为基础的小农经济在国家生活中依然居于主导地位。在这样的背景下，俄国的工业化从一开始便比西欧各国艰难许多。

俄国首先在棉纺织业中采用蒸汽机，继而在冶金业中采用机器生产。交通领域中也出现了以蒸汽为动力的交通工具，汽船在内河上航行，铁路修建也加快了步伐，圣彼得堡至莫斯科的铁路于1851年通车。但落后的农奴制度严重束缚着俄国工业化的开展，工厂中农奴的人数远远超过自由雇佣的工人，农奴的贫穷与地位低下阻碍着俄国国内市场的开拓。农奴制的存废便成为俄国各界讨论的问题，但真正促使农奴制废除的历史事件却来自俄国在海洋上的一次惨败。

2. 来自海洋的震动：俄国工业化的加速

1853年，俄国因与英国、法国争夺黑海的控制权而产生冲突，进而导致战争的爆发，这就是历史上有名的"克里米亚战争"。战争从1853年开始，一直延续到1856年，最终以俄国的惨败而告终。

克里米亚战争的惨败

克里米亚战争是对俄国的一次巨大打击，俄国的落后在这次战争中充分暴露出来。战争期间的英法军队大多装备有线膛枪，而95%的俄国军队仍旧使用旧式滑膛燧发枪，射程只有300步远；俄国舰船大部分以帆为动力，蒸汽舰船只有24艘，而英国、法国和土耳其却有蒸汽舰船281艘。在塞瓦斯托波尔战役中，俄海军只能以木帆船对抗英国和法国的铁甲舰。克里米亚战争实际上是资本主义工业国与封建农奴制的农业国之间的一场军事对抗。克里米亚战争的失败促使俄国再次走上改革的道路。

俄军在塞瓦斯托波尔的彻底失败使妄自尊大的沙皇尼古拉一世（1825—1855年在位）完全陷于绝望，1855年3月2日，尼古拉一世服毒自尽，其子亚历山大二世（1855—1881年在位）临危受命。在内忧外患中，俄国的改革势在必行。

1861年俄历2月19日，亚历山大二世颁布了俄国历史上著名的"二一九法令"。法令规定：废除农奴制度，农民有人身自由和一般公民权，地主不能买卖和交换农民，农民有拥有财产、可以担任公职、进行诉讼和从事工商业的权利。在全部土地归地主所有的前提下，农民可以使用一定数量的份地，但必须向地主交纳赎金（这种赎金大大超过了土地的实际价格）。农民在签订赎买契约之前还要为地主服劳役或缴纳代役租。

法令的颁布使农奴的人身得到解放，从而为工业化的发展提供了大量自由劳动力；收取的巨额赎金又为工业化的发展积累了大量资金。俄国的工业化在1861年后迅速发展起来。1850年，俄国仅有铁路501千米，1861年为2238千米，1871年达到13 641千米。19世纪60年代至80年代，纺织工业增长3倍，乌克兰的采煤量增加到15倍。[1]1887—1897年，俄国工业企业数目增加26.3%，生产总值增长112%。[2]所以，俄国的工业世纪应该从1861年算起。

俄国的工业化是在旧制度的背景下进行的，虽然历史上的俄国历经改革，但旧制度的根基始终没有清除。这导致了俄国的工业化进程长期处于滞后状态。

俄国的许多企业由外国资本家操纵，重工业基本由外国资本控制。在19世纪70—80年代，外国股份公司约有400家，其资本占俄国资本总额的1/3。到90年代，外资总额达到2亿卢布以上，约占全国资本的1/2，在采矿业和机器制造业中所占的比例甚至高达70%和72%。[3]工业技术长期落后，资本技术积累不足，所以外国资本在俄国工业革命中起着重要作用，俄国工业对外国资本有着很强的依赖性。

俄国工业革命的另一个特点是发展极不平衡，地理分布不均，绝大部分工业企业分布在欧俄地区，东部和东南部边远地区仍然保持着农业状态。

总之，在1917年之前，俄国仍然是一个农业国，一个没有完成经济现代化的国家。

跨大西洋背景下的美国工业革命

19世纪的工业化浪潮不仅仅是一种“英国现象”，更是一股世界潮流。工业化的浪潮从英国出发，向东直接越过海峡，开始了工业文明在欧洲大陆的艰难传播；向西则穿越浩瀚的大西洋，北美大陆上的工业文明得

1 郭华榕、徐天新：《欧洲的分与合》，北京：人民出版社，2015年，第194页。

2 张建华：《俄国史》，北京：人民出版社，2004年，第113页。

3 刘祚昌、王觉非：《世界史·近代史编》（上），北京：高等教育出版社，2001年，第22页。

以生根发芽。受“大西洋海潮”的影响，北美大陆的工业化进程要比欧洲大陆顺利许多。

大西洋背景下的美国工业革命

美国的前身是英国的北美殖民地。1776年美国独立，1781年美利坚合众国成立。虽然美国脱离了英国的统治，但美国与英国的联系依然存在。18世纪后期，在英国开始的工业革命推动了英国棉纺织业的发展，而原棉产量的提供地就是在北美南部的奴隶庄园。可见，从英国工业革命一开始，跨大西洋的两个国家就有着紧密的联系。

当英国的工业革命正在进行时，美国的工业化进程也在缓慢起步。历史学家认为，1820—1860年是美国的经济高速增长时期，美国从以农业为主要增长源转向以工业和科技为主要增长源。[1]美国这一时期的经济增长与英国有着紧密的联系。

1. 技术：跨大西洋传播

技术革新是工业革命的前提。与英国一样，美国的技术革新也最先出现在纺织业中。只不过，英国的技术源于本土发明，而美国的技术则是大西洋传播的结果。

纺纱机的革新使棉纱产量大幅提升，织布机的机械化势在必行。1810—1812年，一个叫作弗朗西斯·卡伯特·洛厄尔的美国商人在英国进行了长期旅行。旅行期间，他密切关注英国棉纺织业中的机械革新，并试图获取其中的秘密。1813年，洛厄尔发明了一种动力织布机，这项发明的成功很大程度上源于洛厄尔早年在英格兰和苏格兰棉纺织厂的游学经历。1814年，洛厄尔在马萨诸塞州的沃尔瑟姆建立纺织厂，这是世界上第一家真正意义的现代工厂。洛厄尔把以前纺织业的各种工序都集合在了一家工

1 ［美］加里·纳什等：《美国人民：创建一个国家和一种社会》（上卷），刘德斌主译，北京：北京大学出版社，2018年，第314页。

厂之中，这就是所谓的“沃尔瑟姆制度”。[1]洛厄尔的英国之行也成为美国工业发展史上的一件大事。

美国纺织工业的先驱——塞缪尔·斯特莱

工业革命开始后，英国的棉纺织产品涌入美国市场。为了捍卫本国市场，美国企业家决定引进英国的技术工人以提高产品质量。

1789年，英国织工塞缪尔·斯特莱装扮成农民漂洋过海来到纽约，他把机器的秘密记在脑海之中，从而把阿克莱特的机器技术也带到美国。1790年1月，在新英格兰批发商穆斯·布朗的帮助下，斯特莱在普罗维登斯建立起北美历史上第一家阿克莱特式的纺纱厂。这家工厂迅速成为美国纺织技术最先进的工厂，英国的纺织技术传播开来。因此，1790年也被认为是美国工业革命的开端。

美国的工业革命还表现在对英国机器的模仿和创新上。1793年，美国人伊莱·惠特尼发明了轧棉机；1846年，艾利亚斯·豪发明了缝纫机。

1831年，来自弗吉尼亚22岁的青年塞勒斯·麦考密克发明了一种谷物收割机，虽然还处在粗糙原始阶段，但对于农业经济而言，它是一种可以与南部轧棉机相提并论的新发明。在对这个奇形怪状的马拉机器修改了十来年后，麦考密克开始出售收割机。它卖得非常快，以至于很快就建立起一家收割机厂。在短短的数十年间，他卖出了数以千计的新机器，大大改变了农业的规模。一个用镰刀收割的农民一天可以收割0.002平方千米小麦；用麦考密克收割机，两个人工作一天就可以收割0.05平方千米。[2]

---

1 钱乘旦：《世界现代化历程》（北美卷），南京：江苏人民出版社，2012年，第83页。

2 ［美］乔治·布朗·廷德尔、大卫·埃默里·施：《美国史》（第2卷），宫齐等译，广州：南方日报出版社，2012年，第361页。

惠特尼发明轧棉机

1792年，刚从耶鲁大学毕业的学生伊莱·惠特尼在朋友的建议下开始设计一种把棉籽从高地棉花中分离的机器。他反复琢磨，并且在10天内将其解决。在1793年春，惠特尼制造出轧棉机的工作模型，一人使用轧棉机分离出的棉花是手工分离的15倍。惠特尼的发明无意间开启了一场革命。轧棉机革命最大的结果是棉花几乎立即成为主要出口货物，虽然一开始并不明显。从1803年到1807年，棉花平均出口额为900万美元，大约占出口总额的22%；从1815年到1819年，它的平均出口额超过2300万美元，占出口额的39%；从19世纪30年代中期到1860年，它占全国所有出口货物总值的一半以上。南方向北方提供了原材料，又是其工业产品的市场，北方把棉花贸易获得的收入盈余用于资本投资。棉花因此成为国家经济中至关重要的因素。[1]

2. 人力：欧洲移民迅速增长

工业革命的开展需要大量的自由劳动力，但美国并没有经历过英国式的“圈地运动”，自由劳动力明显不足，欧洲移民的涌入却弥补了这一缺陷。18世纪末，欧洲人口实现了快速增长，人口的增加使欧洲无法容纳，一些移民便远涉重洋来到美洲，为美国工业革命提供了资金、技术和劳动力上的支持。

在1700年，13块大陆殖民地的人口超过了25万居民，但是在美国独立战争前夕，其数量增长已经超过10倍，每20年就翻一番。[2]1802—1830年，涌入美国的外国移民为15 200人，1841—1850年移入美国的外来人多达170

1 ［美］乔治·布朗·廷德尔、大卫·埃默里·施：《美国史》（第2卷），宫齐等译，广州：南方日报出版社，2012年，第359页。

2 ［美］保罗·布特尔：《大西洋史》，刘明周译，上海：东方出版社中心，2015年，第202页。

万人以上。[1]19世纪50年代，美国的欧裔移民达到了230万——几乎等于1800—1850年所有横跨大西洋人口的总和。[2]这些人大多留在美国东部的城市之中，从而为美国早期的工业化做出了重要的贡献，如果没有他们，美国就不会有19世纪晚期工业的迅速增长。

移民的成分是复杂的。18世纪90年代初，大批英国技工进入美国，估计这样的技工有数千名。1812年，单在费城地区工作的英国技工就有300人。[3]1820—1860年外来的移民中，工人17.2万人，农民76.4万人，手工业者40万人，矿工3.4万人，纺织工人1150人，等等。总之，19世纪中叶以来，来自欧洲的移民多半系农民和熟练的手工业者，而在1848年以后则主要是产业工人。这些移民往往随身携带工具和器具，所以美国的工业革命一开始，人们就使用从欧洲带来的工具和技术进行生产，这是促进殖民地经济成长的主要因素。[4]

3. 资金：欧洲资本的注入

工业化的启动需要原始资本的积累。美国是一个新兴独立的国家，资本积累尚不充分，欧洲资本便乘虚进入，因此美国工业革命从一开始便得到了欧洲尤其是英国的资金注入。从1790—1861年，欧洲在美国投资超过了5亿美元，这些投资和移民家庭带来的积蓄几乎承担了所有运河建设费用的1/3，并购买了全国1/4的铁路债券。[5]

据统计，南北战争前，进入美国的外国商人达237 500人，其中包括摩根（英格兰）、梅隆（爱尔兰）、库恩—罗比（德意志）和杜邦（法兰

---

1 ［苏］叶菲莫夫：《美国史纲》，转引自柏丽荣：《试论美国工业革命的特点》，载《齐齐哈尔师范学院学报（哲学社会科学版）》，1991年第4期。

2 ［美］杰里·本特利、赫伯特·齐洛勒：《新全球史：文明的传承与交流（1750年至今）》，魏凤莲译，北京：北京大学出版社，2014年，第100页。

3 马克垚：《世界文明史》（上），北京：北京大学出版社，2004年，第652页。

4 柏丽荣：《试论美国工业革命的特点》，载《齐齐哈尔师范学院学报（哲学社会科学版）》，1991年第4期。

5 ［美］加里·纳什等：《美国人民：创建一个国家和一种社会》（上卷），刘德斌主译，北京：北京大学出版社，2018年，第318页。

西）等财团的创始人。西欧（主要是英国）在美国的投资，19世纪40年代不过2亿美元，60年代就增至15亿美元，90年代超过60亿美元，即增加了30倍。[1]

4. 心态：开放积极的态度

美国是一个新兴国家，传统因素较少，在向工业社会迈进的过程中历史包袱较小。面对变革，美国人往往有着积极的态度。1834年，一位法国人就曾说道："这里的一切都是循环、运转和沸腾的躁动。一个试验接着一个试验，一个企业接替另一个企业。"甚至还有法国人说，美国人"生来就是技工"，在马萨诸塞州和康涅狄格州，几乎没有一个工人未发明过一种机器或工具。[2]这样的一种社会氛围非常便于工业革命的开展。

东西两大洋：得天独厚的地理环境

与欧洲各国相比，美国的地理位置可谓得天独厚。美国与欧洲隔一宽阔的大西洋，可以不必把巨大的精力花费在处理复杂的欧洲事务之中。美国东西两大洋、南北无强国的地缘政治格局又使美国长期处于和平年代。从南北战争至第一次世界大战，美国的动乱明显少于欧洲。正是由于这些欧洲国家所无法比拟的优越条件，美国才可以安心于本国的经济发展。

安全的地理环境又使美国的防务开支明显缩减。在美国，民兵制长期实行，从而不需保持强大的常备军。直到1890年，美国才建立一支人数仅为2.7万多人的小规模常备军，1900年美国军事支出也仅2亿美元[3]，这在主要资本主义国家中也是最少的。军费开支的缩减使美国可以把大量的资金投入到工业化之中，而不必耗费在国防防御上。

1　戴志先：《十九世纪的美国工业革命》，载《湖南师院学报（哲学社会科学版）》，1981年第1期，第64页。

2　［美］加里·纳什等：《美国人民：创建一个国家和一种社会》（上卷），刘德斌主译，北京：北京大学出版社，2018年，第319页。

3　同1，第65页。

工业化进程的加速

正是因为有着如此优越的地理、社会条件，美国工业革命从一开始便推进得很快。

美国的工业革命也是从纺织业开始的，但美国纺织业的发展速度明显高于欧洲各国。“到1840年，美国棉纺织厂比英国同行平均效率高出10%，平均利润高出3%。”[1]1820—1860年，纺织业已经成为美国的龙头产业。

◀ 工业骑士。在美国罗德岛的纽波特最受尊敬的教堂里，白手起家的美国大亨科尼里厄斯·范德比尔特被描绘在这幅彩色玻璃面上，他佩戴着盔甲和中世纪骑士的基督教的标志

在轻工业发展的同时，美国的重工业也得到了长足的进步。到19世纪最后20年，美国煤炭产量增加了3.4倍，达24 470万吨，生铁产量增加了3.7倍，

1 ［美］加里·纳什等：《美国人民：创建一个国家和一种社会》（上卷），刘德斌主译，北京：北京大学出版社，2018年，第319页。

达1401万吨，钢产量增加了8倍，达1035万吨。[1]

工业革命期间，美国的交通运输业也得到了发展。到1840年为止，美国已有3000英里长的铁轨，主要分布在东北部地区。至19世纪50年代末，铁路总长飙升到3万英里。[2]铁路沟通着美国各地的经济联系，从而便利于美国工业革命的开展。

据统计，1860—1900年平均每年工业增长率：英国为2.2%、法国为2.6%、德国为4%、美国为4.9%。[3] 1850年，美国的工业产量次于英国、法国，居世界第三位，到1890年，已跃居第一位。1913年，美国的工业产量占世界工业总产量的38%，比英国、法国、德国、日本四国加在一起的产量还多。美国的钢铁、机器制造、煤炭、电气等重要工业部门，在19世纪80年代到90年代也都跃居世界首位。[4]

工业革命与海洋并不一定存在着必然的联系，但海洋对工业革命的影响却是不争的事实。18世纪后期，工业化的浪潮在大西洋的岛国英国起步，并在19世纪前期形成了第一波工业化浪潮，欧美的许多大国相继卷入其中。从历史中考察，我们发现工业化的速度与其距离大西洋的距离成反比，越是远离大洋，其进展就越发艰难。这是个有意思的现象！

当然，地理对文明进程的影响是有限的，海洋对工业革命的推动也不是一种历史的必然。只不过，在近代以来，伴随着海洋时代的来临，靠近海洋的地方，其传统的社会结构瓦解得更为迅速一些，而那些远离海洋的大陆国家，其社会结构保有的更加完整，解体起来也要困难一些，工业化的进程也就步履蹒跚了。

1　戴志先：《十九世纪的美国工业革命》，载《湖南师院学报（哲学社会科学版）》，1981年第1期，第60页。

2　［美］加里·纳什等：《美国人民：创建一个国家和一种社会》（上卷），刘德斌主译，北京：北京大学出版社，2018年，第315页。

3　同1。

4　王继祖：《十九世纪末美国成为世界最大资本主义工业强国的历史因素》，载《历史教学》，1980年第5期，第41页。

第七章

来自海洋的冲击：工业化在非西方国家的艰难起步

在工业文明出现之前，受制于技术的局限，蔚蓝色的海洋始终是人们难以逾越的“天堑”，远洋旅行经常是一场艰难的长途跋涉。蒸汽机的创制和应用则使人类摆脱了对自然力的依赖，人类获取持续不断的动力成为可能。自蒸汽机发明后，许多人都在思考如何使蒸汽成为动力以代替原始的风帆。蒸汽轮船的出现使这一理想变为了现实，欧洲的工业文明借助这一先进的交通工具开始在全球范围内强势扩张。

历史上的亚欧大陆上存在过许多文明古国。这些文明古国在历史上的某一时期都曾引领过世界潮流，也曾遭受过外部势力的入侵。但在大航海时代之前，外部势力通常来自大陆深处的草原地带，是游牧文明对农业文明的强力挑战。大航海时代来临后，尤其是工业革命之后，对亚欧大陆文明国家的挑战已不仅来自陆上，还有来自海上的强劲冲击。“航海工具的不断改进使西方人可以迅速到达最遥远的国家；火器技术的飞速发展，军事能力的全面提高，使西方文明在火器、交通、后勤和医疗方面占尽优势，具备征服东方国家的‘坚船利炮’。”[1]与陆上文明的冲击不同，海上文明的冲击不仅使亚欧大陆上的文明古国相继陷落，而且还改变着这些文明古国的发展轨迹。

1　马克垚：《世界文明史》（下），北京：北京大学出版社，2004年，第869页。

蒸汽使大海不再遥远

1780年，一名英国人得季风之助创造了航速最高纪录：据说他只花了72天时间走完了从伦敦经马赛和埃及的亚历山大到加尔各答的航程。若走大西洋，单程平均需要8个月。如果一切顺利，旅行途中不在某个港口过冬，绕过好望角不出事故，往返一次也至少需要18个月。[1]大海上的长途航行迫使人们思考如何缩短海上的航行距离。

1802年，英国机械工程师薛明敦成功制造一艘蒸汽机明轮船，并在苏格兰格拉斯哥附近的一条运河上试航成功。这也是世界上第一艘试航成功的轮船，但并未投入实际应用。

世界上最早用于实际运输的轮船是美国人罗伯特·富尔顿发明的。1807年，富尔顿改进的蒸汽轮船在纽约附近的哈得逊河上试航成功。此后，富尔顿的轮船投入实际应用，并开辟了定期航班，人类交通运输史上又增添了一种新的运输工具。富尔顿蒸汽轮船的成功改变着人们的运输观念，有人试图以轮船跨越海洋。

最早在海上航行的蒸汽机轮船是美国的"萨凡纳"号。1819年5月24日，"萨凡纳"号从美国佐治亚州的萨凡纳出发，经过27天的海上颠簸，于6月20日到达英国的利物浦，从而实现了横渡大西洋的宏愿。尽管在途中只有3天多时间使用蒸汽机驱动明轮航行，但这次航行却是人类历史上第一次以蒸汽为动力远渡重洋。最早完全以蒸汽机为动力，成功横渡大西洋的轮船是加拿大的"忠诚威廉"号，该船由魁北克省的布莱克—坎贝尔公司制造，1833年8月17日载着8名旅客从新斯科舍省的皮克托出发，在大西洋上航行了18天后，于9月4日到达英国。此后，蒸汽轮船被不断改进。在工业文明的强力推动下，海洋的距离"缩短"了，各大文明之间的交流变得便捷起来，这为工业文明在非西方国家的传播提供了技术上的可能。

1 ［法］费尔南·布罗代尔：《十五至十八世纪的物质文明、经济和资本主义》（第三卷），顾良、施康强译，北京：商务印书馆，2017年，第624页。

在19世纪，与西方工业文明并存的是古老东方的农业文明。在这广阔的农业文明区域，分布着三种类型：以奥斯曼帝国为代表的伊斯兰文明圈、以印度为代表的印度教文明圈、以中国为代表的儒家文明圈。在海洋工业文明的有力冲击下，这些东方古国也被迫走上了工业化的发展道路。

"近水楼台不得月"：奥斯曼土耳其迟滞的工业化

伊斯兰文明是近代前期的强势文明，其扩张速度之快，以至于在短时间内便对北印度洋形成了包围之势。几个强大的伊斯兰国家，包括中东地区的奥斯曼土耳其、伊朗高原的萨菲波斯、印度次大陆的莫卧儿王朝，都分布在大洋沿岸。这几个强国为争夺霸权相互征战，以致难以形成统一的政治实体，从而为西方工业文明的大举入侵创造了条件。

伊斯兰文明由众多的政治实体构成。进入近代后，奥斯曼土耳其的扩张速度最为迅速，其对世界文明的影响也最为深远。奥斯曼文明实际上成为伊斯兰文明的中心。[1]

地中海东岸迅速崛起的陆上强国

1453年，是欧洲告别中世纪的重要年份。这一年，持续了116年之久的英法百年战争（1337—1453年）终于结束，新型民族国家出现在欧洲的西北端，国家的权威空前加强。同年，奥斯曼帝国苏丹穆罕默德二世率领大军终于攻陷拜占庭帝国的都城君士坦丁堡，并将其改名伊斯坦布尔，持续千年之久的拜占庭帝国灭亡了，奥斯曼帝国迅速崛起为地中海东岸的强国。从时间上看，奥斯曼帝国可以说是与大西洋沿岸的海洋强国同时兴起。

1 马克垚：《世界文明史》（下），北京：北京大学出版社，2004年，第784页。

土耳其人的祖先是几百年来一直游荡于中亚内陆草原的游牧民族——突厥人，其对大海的认知有着天然的疏离感。在皈依伊斯兰教后，土耳其人逐渐把他们的游牧习性与伊斯兰教圣战的宗教狂热结合起来，从而使伊斯兰化的突厥人成为一支重要的军事扩张力量。正因如此，在道路的选择上，奥斯曼帝国与大西洋沿岸的海洋强国有着明显的不同，他们背朝海洋，把广阔的大陆腹地作为其主要的扩张方向。

在攻陷君士坦丁堡之后，欧洲的东部大门便打开了，土耳其人长驱直入，逐渐向欧洲内陆渗透。1459年，土耳其人攻占塞尔维亚，1463年占领波斯尼亚，1465年占领黑塞哥维那，1479年占据阿尔巴尼亚。在苏莱曼大帝（1520—1566年在位）时期，土耳其人把其扩张的矛头指向了欧洲中部。1521年，苏莱曼出兵10万，攻占贝尔格莱德。1522年，土耳其人又以10万之众攻占爱琴海中的罗德岛。1526年，奥斯曼军队对匈牙利发动了一次惩罚性的远征，最终征服了匈牙利的大部分领土。

进入16世纪后，奥斯曼的军事扩张更为频繁，其扩张重点也从欧洲转向了亚洲和非洲。1514年，新任苏丹谢里姆一世（1512—1520年在位）派遣15万大军远征伊朗，虽然战局不顺，损失惨重，但仍获取了美索不达米亚北部的大片领土。在苏莱曼大帝统治时期，土耳其人多次出征伊朗，亚美尼亚大部、格鲁吉亚部分地区、美索不达米亚南部都并入到帝国的版图之中。

1516年，土耳其又把其扩张的矛头指向了阿拉伯世界的马穆鲁克国家，叙利亚迅速归附。1517年，土耳其又攻入开罗，并俘虏阿拔斯王朝最后一任哈里发，土耳其苏丹便以哈里发自居，成为伊斯兰世界的领袖，埃及也成为帝国的一部分。在苏莱曼大帝时期，土耳其又进占了非洲的北部沿岸。

经过一个世纪的陆上扩张之后，土耳其的领土空前广阔，成为一个地跨欧洲、亚洲、非洲三大洲的大帝国。16世纪的奥斯曼帝国已是一个被海洋环绕的国度，地中海、黑海、红海和阿拉伯海都环绕其间，其中红海、黑海成为奥斯曼帝国的内海。奥斯曼土耳其控制着欧洲的财富枢纽。

奥斯曼帝国：一个封闭的陆上国家

近代前期的奥斯曼帝国是一个四处濒海且扼东西方要冲的大帝国。从地理位置来看，奥斯曼帝国具有开拓海洋的优越条件。但在奥斯曼帝国的统治者看来，辽阔的海洋恰是其守卫疆土的天然边界，而非开拓新世界的前沿基地。在开辟新航路的过程中自然也少了土耳其人的身影。之所以会出现这种局面，一方面是缘于土耳其人的民族习性。他们自中亚草原而来，对大海的认识并不充分。所以当葡萄牙人出现在印度洋时，土耳其人并未采取有效措施加以阻止，而是任由其横行其间。另一方面则和土耳其持续不断的军事胜利紧密相关。

土耳其人持续性的军事扩张构筑起了一个庞大的帝国，但连续不断的军事胜利也助长了土耳其人的自大意识。土耳其人把其手下败将的文化及做法看作是一些无足轻重的东西，加上奥斯曼帝国政教合一的国家体制，这种宗教狂热便很自然地演变成了对基督教文明的强烈排斥，这在一定程度上阻碍了西方技术在伊斯兰世界的传播。奥斯曼帝国在对待基督教文明时往往采取拒绝的态度，最强烈的表现莫过于由于宗教原因而拒绝使用印刷术和时钟。政府明文规定，凡古兰经和伊斯兰教其他经文均不许使用印刷术，而只许手抄，这一做法一直延续到19世纪。禁用时钟则是为了防止破坏伊斯兰寺院报时的权威。[1]

持续性的军事扩张不光阻碍了西方先进技术在奥斯曼境内的传播，而且还使统治阶层对欧洲的一些做法采取漠视与不屑的态度。1756年法国驻君士坦丁堡大使告知法奥（地利）同盟成立，却得到奥斯曼帝国政府草率无礼的通知：奥斯曼帝国政府对一头猪与另一头猪的联合不感兴趣。[2]正是在这样的背景下，紧邻欧洲的奥斯曼帝国对近代以来欧洲所发生的众多事物仿佛浑然无知，他们不懂得重商主义对一个国家的意义所在，也无法理

---

1 马克垚：《世界文明史》（下），北京：北京大学出版社，2004年，第785页。

2 ［美］斯塔夫里阿诺斯：《全球通史》（下），董书慧等译，北京：北京大学出版社，2005年，第355页。

解开辟新航路的实际目的。

奥斯曼的土地制度也在一定程度上制约了统治阶层的海外开拓意识。在奥斯曼帝国内部，国家的一切土地都归苏丹所有。为了适应战争的需要，激励军事贵族奋勇杀敌，苏丹通常会把土地分配给骑士所有。骑士享有土地上的一切收益，并可以世袭土地。这种土地分配方式适于帝国初期的开疆拓土，但容易使贵族丧失积极进取的精神。对土地贵族而言，他们完全可以依赖世袭领地上的丰厚租税享受安逸生活，而不必为了获取利润开拓海外市场，也不必为了追求财富进行技术革新，奥斯曼自然缺失发展社会的动力。17、18世纪的奥斯曼，其社会结构与几百年前的突厥人国家并没有实质性的区别。

16—18世纪正是西欧各国开拓海洋的重要时期，在海水的浸润下，各国的社会结构急剧变化，技术革命、工业革命接踵而至。大概在这一时期，奥斯曼帝国却依然停滞，其统治阶层仍旧沉浸在帝国初期的文治武功，毫无进取精神可言。通过奥斯曼帝国的例子我们可以看到，在一个缺乏“海洋因素”刺激，并且有着浓厚“大陆因素”的国家中，很难催生出工业精神。土耳其的改革也只得借助于国家的推动。

奥斯曼帝国迟滞的工业化

在近代早期，奥斯曼帝国曾是与西欧海洋强国并驾齐驱的大国。但到了17世纪后期，奥斯曼帝国的颓势日渐明显，在与西方国家的征战中时常处于劣势。1697年的森塔之战，奥斯曼帝国彻底败于奥地利帝国，军队几乎全军覆没，多数高级军官阵亡。森塔之战在土耳其国内引起了巨大的反响，奥斯曼国内的一些有识之士意识到了西方坚船利炮的厉害。在这样的背景下，奥斯曼开始向西方学习。

进入18世纪后，奥斯曼帝国开始了一系列改革。但奥斯曼帝国的改革多属应急性质，主要是为了抵御西方国家的军事侵略；其统治阶级也对西方文明了解不深，长期停留在坚船利炮之上。正因为如此，奥斯曼帝国的早期改革主要集中在军事领域。

在苏丹塞利姆三世（1789—1807年在位）统治时期，奥斯曼的改革主要是建立新军，开设陆军学校和海军学校，并聘请法国教师训练军官和军事专家。马哈茂德二世（1808—1839年在位）统治时期，其改革是推行组建和扩大新军的计划，设立相当于文职陆军部的塞拉斯克，作为中央对各武装部队的控制机构。1826年末制定新军组织条例，在各省招募新军，聘请普鲁士军官团来训练新军。正是因为这种改革的狭隘性和不彻底性，奥斯曼对西方文明的认识长期处于肤浅与狭隘阶段，其对奥斯曼社会的影响力也非常有限。

1839年，奥斯曼的改革进入到一个被称为“坦志麦特”的历史时期。这一时期的改革虽仍以军事改革为重点，但奥斯曼帝国的统治阶层已经意识到了工业文明乃是西方文明的关键所在。苏丹阿布迪尔梅吉德一世（1839—1861年在位）统治时期先后由政府投资，创办了150多个工厂，奥斯曼迈出了工业化进程的关键一步。但这些工厂管理不善，效率极低，产品竞争力又很弱，并且奥斯曼国家不重视扶植民族工业，对民族工业未给予任何保护，结果使土耳其并不精细的工业化计划遭到严重挫折。

总之，奥斯曼帝国传统的社会结构严重阻碍着奥斯曼帝国的工业化进程。再加上西方列强虎视眈眈，长期侵略，奥斯曼的现代化进程虽然有着数百年的历程，但现代化事业终究没有完成。

传统社会结构下的印度工业化

印度教文化圈要比现在的印度大得多，其范围包括整个印度次大陆。印度次大陆是一块封闭的地理单元，犹如一个巨大的三角形。北部是高耸的喜马拉雅山脉，它东西延伸，犹如一道天然屏障，把印度次大陆和亚洲其他部分隔绝开来。西北部是喀喇昆仑山脉，山势险峻。东北部是若开山脉，把印度与东南亚隔绝开来。在这些高大山脉的南部是平坦的平原地带，古代印度文明主要在这里上演，这片区域被称为“北印度”。往南则是德干高原，高原的东西南三侧都濒临大海，这片区域就是“南印度”。受制于地理环境的影响，南北印度在历史上的交流非常有限。

印度是世界四大文明古国之一，曾经创造过辉煌灿烂的文明。但自近代以来，在西方工业文明的冲击下，南亚次大陆彻底沦陷，反而成了工业国家的附庸。缘何曾经辉煌的印度文明在近代以来没有引领潮流，最先步入工业社会，反而败于西方国家，这与印度文明的社会结构有着很大的关系。

印度传统的社会结构

1. 等级森严的种姓制度

种姓制度是印度社会一种特有的制度，是一种由血缘、婚姻、职业等因素所决定的等级集团。一般认为，种姓制度的起源与雅利安人的入侵有很大关系。公元前2000年以前，雅利安人侵入印度河流域。为了便于统治以及防止被原住民同化，雅利安人根据肤色把雅利安人和非雅利安人作出了区分，这就是种姓制度的“二分格式”。后来随着社会内部分工的细化，逐渐形成了四大种姓阶层，这就是种姓制度的“四分格式”。

种姓制度维系着印度文明的传统，在保证文明传承方面发挥着巨大的作用，但种姓制度的推行也在印度社会产生了不利的影响。四大种姓集团分工明确，各司其职。一个人的地位往往受其出身决定，个人没有选择的权利，各种姓阶层只得安心于自己的职业，甚至一些低贱的职业。“在这种制度下，个人的地位不是由个人的成就所决定，个人通过努力改变地位的例子虽然不是没有，但极其有限。地位的评价标准是礼仪性而非经济或政治性的。”[1]于是在印度几千年的历史上，人们看到的是高度的稳定性：社会变动极其缓慢，任何企图变革社会的运动（如佛教），到头来都被种姓制消化了。这种因出身而决定地位的种姓制度与强调积极进取的资本主义精神明显冲突，成了社会变革的阻力。

1　尚会鹏：《印度文化史》，杭州：浙江大学出版社，2016年，第11页。

印度的种姓制度

根据印度教的说法，每个人所属的种姓制度由神决定。梵天身体的不同部位创造出四个种姓：婆罗门居于种姓制度的顶端，其主要职责是掌管祭祀，这个阶层构成了印度社会的祭司阶层；刹帝利居于第二位，其职责是执掌政权、管理国家、保家卫国，国王和武士就属于这一阶层；吠舍是第三等级，他们是社会的大多数，主要从事生产活动，商人、农民、手工业者构成了这一阶层。前三等级属于“再生族”。首陀罗居于种姓制度的末端，是“不可再生族”，他们主要由被征服的达萨人构成。在四大种姓之外还有一个“贱民”阶层，这些人地位低下，被称为“不可接近者”。

种姓制度的推行还使印度形成了众多文化单元。种姓制度执行严格的职业内婚制，对异质文化采取不接触的办法，这种做法是一种保护自己文化的有效做法，但也阻碍了印度文化与其他文化的交流。印度历史上有多次遭受外敌入侵，众多外来民族在此驻足停留，但因为种姓制度的存在，众多外来文化不是被完全征服，而是作为一个相对独立的部分存在着。这样一来，在印度的主流文化之外形成了众多的亚文化圈，这种亚文化圈的存在是印度文化多样性的重要因素，但也导致了印度的长久分裂。同样，种姓制度的存在也使印度文化对外来文化有着某种排斥作用。

2. 超凡脱俗的宗教情怀

德国哲学家雅斯贝尔斯曾提出过“轴心时代”的著名论断。他认为从公元前800—前200年，尤其是公元前600—前300年是人类文明的“轴心时代”，这段时期是人类精神文明的重大突破时期。在“轴心时代”，各个文明都出现过伟大的精神导师。这些哲人开始用理智的方法和道德的方式来关注世界，只不过他们关注的重点差异明显。“印度哲学与宗教的联系最为紧密，它可以说是对宗教（婆罗门教、耆那教和佛教）的世界观和人生观的精致思辨和系统论证。希腊哲学与宗教的联系最不紧密，它可以说是与神话世界观相决裂的产物。中国哲学处于这两个极端之间，它对宗教的态度可以说是若即若离，无可无不可。”[1]在文化奠基时代，宗教便成为印度文明的一个典型特征。

自古以来，印度便是一个笃信宗教的国度，印度民族也是一个有着浓厚宗教情结的民族。婆罗门教、耆那教、佛教、印度教、锡克教均诞生于此，外来世界的伊斯兰教、基督教、袄教也在此生根发芽。在印度，几乎处处有神庙，村村有神地，户户有神龛。“宗教构成印度人精神生活的核心。印度文化具有宗教性特点，宗教渗透于文化的各个领域。”[2]宗教不仅局限于精神文化领域，而且还支配着人们的处事原则，影响着文明的发展进程。在印度，宗教的外延远比宗教本身要大得多。

当然，各种宗教的发展并不平衡。在古代印度，居于主导地位的宗教是印度教。印度教源于原始婆罗门教，正式创立于8世纪，是在吸收各种宗教派别的教义基础上形成的。

印度教认为，客观物质世界及其运动是由“梵”创造出来的一种虚幻不实的表象，即所谓的“幻变说”，但人们往往受不真实世界的迷惑而无法自拔。人们只有超越主体、客体，摆脱时空、因果等外界因素的束缚，用内心的冥思苦想、顿悟去获得所谓真实的认识，才能产生超自然力量的信念，从而实现灵魂的解脱。宇宙最高精神的“梵”和个人精神的“我”在这种情况下便实现了高度的统一，这就是印度教所宣扬的“梵我同一”。[3]“印度教主张的对超验世界的无休止追求，不仅使世俗世界丧失神圣性和固有价值，而且也使个人丧失了社会责任感、政治积极性以及经济

1　赵敦华：《西方哲学史》，北京：北京大学出版社，2012年，第1页。

2　尚会鹏：《印度文化史》，杭州：浙江大学出版社，2016年，第13页。

3　陈峰君：《世界现代化历程》（南亚卷），南京：江苏人民出版社，2015年，第215页。

上的努力。”[1]

“因果业报”和“人生轮回”是印度教的又一大特征。印度教认为每一种生命都有灵魂，都会再生转世。这种轮回周而复始，无始无终。对人而言，现世为善者，其死后灵魂便可升入天国，从而得到解脱，摆脱轮回；现世为恶者，则要堕入地狱，来世转为贱民或畜类，遭受更深的灾难，而为恶的源泉便是欲念的萌生。所以，印度教主张人们摆脱世俗欲念，以各种方法自觉修行，进而达到灵魂净化。“‘业报轮回’思想使印度教徒笃信因果报应，面对现实世界所表现出来的只有无力和无助，而没有任何进取精神，这种信仰支配下的社会，任何可能引起社会变动的改革都很难接受。”[2]

总之，在印度教看来，个人的努力不能改变今世，却能改变来世。改变来世的命运仍不是最终目的，人的最终目的是追求超越轮回，达到解脱。解脱是印度人生活的最高理想，虽然各个教派使用的词汇不同，但追求永恒和解脱，探讨大宇宙（宇宙灵魂）与小宇宙（个体灵魂）的统一可以说是传统印度人思考的主要问题，也是几乎所有哲学和宗教派别的核心。[3]这种追求解脱的宗教理想延续着印度的传统，使印度文明成为世界上少数几个没有中断的文明。但超凡脱俗的宗教情结也使印度民族丧失了进取精神，进而使印度历史长期处于停滞之中。

3. 自给自足的村社组织

种姓制度和印度教依托于村社组织而存在。村社“是一种以血缘或比邻而居的自然关系为纽带而形成的一种原始共同体形式”[4]。这是遍布于印度次大陆的文明细胞。每一农村公社在经济上实行自给自足，有自己的管理机构，基本上都有婆罗门、刹帝利、吠舍、首陀罗四大种姓阶层。村社的基本生产方式是农业，但也拥有从事各种职业的人，如铁匠、木工、渔

1 陈峰君：《世界现代化历程》（南亚卷），南京：江苏人民出版社，2015年，第228页。

2 同1，第230页。

3 尚会鹏：《印度文化史》，杭州：浙江大学出版社，2016年，第19–20页。

4 同1，第222页。

夫、石工、瓦工，各种职业都附着于各个种姓，从而使职业传承呈现出高度的稳定性。

农村公社构成了印度社会的基层行政单位。小农经济和家庭工业的统一构成了印度生产方式的广阔基础，并使这种生产方式具有特别的内部坚固性和独特的结构。这种建立在村社基础上的社会具有很强的稳定性。每一个村社基本是一个独立的政治经济小王国，整个印度就是这些独立小王国的集合体。虽然在历史上，印度曾多次遭受外族入侵，但村社制度的存在使印度的社会结构被顽固的保留下来。自给自足的村社组织，使印度对外来文明有着很强的排斥性。

实际上，印度的村社组织并不是单一存在的经济结构，而是与印度的种姓制度、印度教有着紧密的联系，这就使印度社会更趋稳定。“这种极其封闭的村社制度，一旦再与保守的宗教力量特别是使职业固定不变的种姓制度相结合，就使印度社会更具惰性、更具保守性。人们在这种社会中，由于一切都是生来注定的，因而只能充当迷信工具和奴隶，只能屈服于环境，只能接受现状，而不可能成为环境的主宰，表现不出任何的创造精神和改变现状的决心，任何先进的生产技术和创造发明，在这种社会中都无能为力。”[1]村社制度的存在也是印度停滞的重要原因。

总之，种姓制度、印度教及村社组织使印度文化中缺少产生能够孕育工业化出现的现代资本主义的进取精神和成就感，从而使印度社会长期处于停滞状态。所以在新航路开辟之后，当西方人初来印度时，他们目睹到的是如下一幅场景：

> 印度工匠使用的工具品种极少，而且都很简陋，欧洲人对此感到很惊讶。由于工具贫乏，一名锯木工需要三天锯一块木板，而我们的工人只花一小时。我们赞赏不已的美丽的平纹细布竟然是用埋在土里

1 陈峰君：《世界现代化历程》（南亚卷），南京：江苏人民出版社，2015年，第222页。

的四根木棍组成的织机织成，谁对此不感到惊奇？印度工业能制成精妙绝伦的产品是因为他手艺高超，并且各有专长。荷兰人彼勒赛尔特指出：荷兰一个人的工作在这里需要四人之手完成。可见工具十分简单，几乎全系木制作。[1]

▲ 16世纪果阿的原住民铁匠：技术原始，手动风箱，形状奇特的铁锤大概兼作斧子之用

来自大海的最初冲击

1498年5月，葡萄牙人达·伽马绕过好望角到达印度西海岸的卡利卡特港，欧洲殖民者出现在了印度的土地上，此后的葡萄牙人接踵而至。葡萄牙人的目的非常明显：获取印度棉布、中国丝绸、东南亚的香料，从而垄断东西贸易。为了便于贸易，葡萄牙人开始营建他们的商业帝国，一些殖

1 ［法］费尔南·布罗代尔：《十五至十八世纪的物质文明、经济和资本主义》（第三卷），顾良、施康强译，北京：商务印书馆，2017年，第636页。

民据点出现在了印度的海岸，1510年建立的果阿是葡萄牙印度殖民据点的代表。16世纪的果阿不光是葡萄牙在印度的重要据点，也是葡萄牙东方商业帝国的中心枢纽。

16世纪后期，伴随着伊比利亚国家的衰落，西北欧的荷兰和英国开始染指印度事务。与葡萄牙的政府行为不同，荷兰和英国的殖民活动以贸易公司的形式展开。1600年，英国成立了东印度公司，1602年荷兰也成立了东印度公司。荷兰的东印度公司更具商业色彩，其资本总额、公司权力也大于英国的东印度公司。在早期东方贸易的开拓上，荷兰人更胜一筹。1605年，荷兰人在印度东南海岸建立第一个商业据点，逐渐把葡萄牙人的势力驱逐出去。

1612年，英国人打败了葡萄牙人，逐渐获得了在莫卧儿帝国境内自由贸易的权利。17世纪末，英国在印度拥有了众多据点，成为一支重要的力量。1781年，荷兰人的最后一次反扑以失败告终，荷兰在印度的商业据点丧失。

荷兰人失败之后，英国人又面临着法国人的挑战。1664年，法属东印度公司成立，1668年法国在印度建立第一个贸易站，1674年，法国人在印度东南部的本地治里建立殖民地，并迅速成为一块欣欣向荣的殖民地。18世纪40年代后，法国开始在南印度构建商业帝国。法国的扩张与英国的利益产生冲突，战争最终爆发。英法之间的战争持续了17年（1746—1763年），因战争主要发生在加尔纳迪地区，故名“加尔纳迪战争”。战争共进行了三次，双方都使用印度士兵参战，英法军官仅仅几十人和数百人在后指挥和督战。第三次加尔纳迪战争是欧洲英法“七年战争”在海外的延伸。战争最终以法国的失败而告终。法国除保留了本地治里等据点外，政治军事势力基本退出了印度。

从16世纪起，西方国家开始在印度活动。但从16世纪末到18世纪后期近200多年的时间里，欧洲强国的活动范围也仅仅局限于沿海地区。18世纪后期，伴随着工业革命的进行，西方殖民者逐渐向内陆深入。

▲ 葡萄牙海军雇佣兵对印度的袭击，此为16世纪晚期印度莫卧儿帝国的绘画

工业革命背景下的英国殖民活动

18世纪下半叶，在经历了两个世纪的资本、技术积累后，英国的工场手工业已突破了技术革新的临界点，一场轰轰烈烈的工业革命在英伦三岛推广开来。同一时期，印度次大陆的法国势力已基本被英国驱逐完毕。工业革命使英国对市场及原料有着更为迫切的需求，而人口众多、地大物博的印度次大陆就成为英国赖以生存的“生命线”。在这样的背景下，英国人把他们征服的触角伸入到印度次大陆深处。在工业革命的背景下，间隔遥远海洋的古老印度文明与刚刚兴起的工业文明联系得更加紧密。在殖民者发动的一系列战争中，古老的印度文明彻底沦陷。

“黑洞事件”

18世纪中期，英国开始向印度内陆渗透。1756年，新继任的孟加拉纳瓦布不满英国殖民者的行为，囚禁了被俘的欧洲人。据传被关押人数为146人，其中只有23人幸存下来，这就是所谓的“黑洞事件”。英国殖民者借此大肆宣扬孟加拉纳瓦布的残暴行为，英国人誓言报复。1757年年初，英国殖民大盗克莱武率一支3000人的远征军在孟加拉登陆。6月23日，孟加拉的军队与克莱武的军队在普拉西交战。由于孟加拉部将的叛变，克莱武指挥的3000名士兵在决战中轻而易举地打败了数倍于己的印度军队。普拉西战役以后，东印度公司扶植起了听命于自己的傀儡政权，英国侵占孟加拉，并以此为基地侵略他处。普拉西战役标志着印度英帝国的成立。

从1757年印度征服孟加拉开始到1849年完成对旁遮普的征服为止，在将近100年的时间里，英国完成了对印度的征服，这一百年恰是英国工业革命发生和发展的时期。在1757年到1815年的58年间，从印度流入英国的财

富约有10亿英镑，这笔亘古罕见的巨额外来财富，使英国期待已久的资本原始积累有了充分的储备，从而大大促进了英国工业革命的历史进程。在英国失去北美十三州殖民地后，印度作为大英帝国的一个聚宝盆的地位从此确定。[1]1840—1914年，印度是英国最大、最重要的贸易伙伴。1869年，苏伊士运河的开通和铁路系统的扩展把印度和国际经济更加紧密地连在一起。印度出口大量原棉、小麦、黄麻、茶叶和咖啡，进口同样大量的英国纺织品和机器。印度与其亚洲贸易伙伴仍保持着有利的贸易平衡，但与英国却不是。到19世纪末，英国制造的纺织品占印度进口总量的1/3以上。印度购买了英国出口棉织品的2/5。[2]

可见，英国对印度的征服从一开始便与工业革命的发展有着良好的互动。印度为英国工业革命的开展提供了充足的资金、原料和广阔的市场。

通向现代之路：殖民者主导下的工业化

19世纪中期，英国完成了对印度的征服，工业革命也到此结束。工业革命后，英国存在着大量的剩余产品和剩余资本，其产品需要市场，资本需要投资场所。在这样的背景下，英国把投资的对象面向了印度，印度的近代化就此起步。“印度产业的近代化从一开始就深深打上殖民地烙印。”[3]印度的产业完全是在新的基础上发展起来的。

印度过剩资本投资的重要领域是铁路行业。印度铁路建设始于1848年，1853年从加尔各答至恒河河畔拉杰马哈尔的铁路首先建成。到1900年，印度已经有2.5万英里长的铁路线。孟买是这张铁路网络的几大枢纽之一。1887年，为庆祝维多利亚女王登基50周年而建成的印度最大的火车站维多利亚站在孟买落成。[4]至1914年，铁路网已贯通全印度，达3.5万英里，

1 马克垚：《世界文明史》（下），北京：北京大学出版社，2004年，第841页。

2 ［美］菲利普·费尔南德兹-阿迈斯托：《世界：一部历史》（下），叶建军等译，北京：北京大学出版社，2010年，第908-909页。

3 林太：《印度通史》，上海：上海社会科学院出版社，2012年，第245页。

4 僧伽厉悦：《周末读完印度史》，李燕等译，上海：上海交通大学出版社，2009年，第158页。

成为亚洲之最。[1]甚至连泰戈尔都感叹道，没有铁路就没有现代印度。

英国资本进行投资的另一个行业是采煤业。1843年，成立了孟加拉煤业公司，1846年，它的年产量近10万吨，随着铁路和钢铁工业的迅猛发展，到1860年，达到29万吨，第一次世界大战前，已达1600万吨。1938年起超过了2800万吨，达到了完全自给，并有余量出口。[2]

▲ 英国人用船将火车头运过印度河

黄麻作为重要的纺织材料和包装材料，其产品在欧洲市场十分走俏。1855年，曾在锡兰经营咖啡种植园的英国人乔治·奥克兰，在盛产黄麻的孟加拉地区里石拉兴办了第一家黄麻厂。以后英商纷纷投资黄麻工业，至第一次世界大战前，黄麻工厂已达64家，雇用工人近22万人，孟加拉成为世界黄麻制造中心之一。[3]

伴随着西方殖民者对印度的征服，印度也开始了工业化的进程，但传统因素的制约始终是印度工业化的重要阻力。

1　林太：《印度通史》，上海：上海社会科学院出版社，2012年，第246页。

2　同1，第247页。

3　同1，第247页。

古老中国工业化的艰难起步

就中国古代的航海事业而言，16世纪是一个重要的分水岭。16世纪以前，中国的航海事业可谓独领风骚、长期领先，但在16世纪以后却处于停滞状态，个中缘由耐人寻味。对西方而言，16世纪却是地理大发现的时代，是开拓海洋的时代。在追求财富、传播宗教的背景下，西方人驾驶船舶，穿越大洋，径直驶抵中国近海的洋面之上。对西方来说，这仅仅是其一系列扩张的组成部分之一，但对古老的中国而言，这意味着一个新时代的开始。在海洋的冲击之下，古老的中国社会将发生缓慢的变化。

大门口的“陌生人”

历史上的中国曾多次遭受外族入侵，但16世纪以前的入侵势力多来自亚洲大陆腹地的草原民族。16世纪以后的中国则面临着来自海上的侵略势力。

1511年，葡萄牙人占据马六甲，在这里葡萄牙人遇见了运载着丝绸、锦缎、瓷器和珍珠前来换取香料、生姜、薰香和金缕的中国商人。[1]葡萄牙人决定前往中国。1514年，葡萄牙商人来到广东珠江口外，“为欧洲人第一次自海道直达中国”[2]，当时的中国人称其为“佛郎机”。葡萄牙人在此出售货物，获取利润。葡萄牙的这次东来，其规模非常有限，但却折射出了西方国家所推行的重商主义传统。在财富的刺激下，葡萄牙人加紧了在中国海岸的渗透。1522年，葡萄牙船只以武力的形式强行侵入中国领海，明朝政府决定反击。1523年，双方在广东新会海面交战。最终，明军击退葡萄牙人的海上进攻，并俘获其所携带的佛郎机大炮。明军惊讶地发现，葡萄牙人的火炮不论是射程还是火力均优于中国火炮。明朝政府自此决定

1 ［美］徐中约：《中国近代史：1600—2000，中国的奋斗》，计秋枫、朱庆葆译，北京：世界图书出版公司，2013年，第65页。

2 郭廷以：《近代中国史纲》（第三版），上海：格致出版社、上海人民出版社，2012年，第10页。

严禁与葡萄牙人通商，并封锁了全部通商口岸，葡萄牙人则与倭寇相勾结，继续骚扰中国沿海之地。

自葡萄牙商人在海上“发现”中国后，中国海岸的葡萄牙商船便多了起来。葡萄牙商人急需获得一块用以晾晒货物、暂时停泊的落脚处。1553年，葡萄牙人用欺骗与贿赂的手段获得在澳门晾晒货物和居住的权利。1557年，葡萄牙人开始在澳门委任官吏并加以管理，而明朝政府对此采取默许态度。1573年，明朝政府在澳门地峡修筑城墙，派兵驻守，用以监视葡萄牙人和限制他们的扩张。澳门实际上已成为葡萄牙骚扰中国海岸的殖民据点。虽然明朝政府加强了对葡萄牙人的监管，但葡萄牙人的出现依然令其难以驾驭。居住在澳门的一位中国人哀叹道：“无论葡萄牙人转了什么坏念头，我们都有办法把他们收拾得服服帖帖。但是他们一旦到了海上，我们又怎么能够去惩治他们、控制他们、保护自己不受他们的侵犯呢？”[1]

继葡萄牙人之后是西班牙人。1564年，西班牙人占据吕宋岛，并将其改名为菲律宾群岛，以马尼拉为首府。与此同时，当时的中国人则在此从事着利润丰厚的贸易活动。1575年，西班牙派使团前往福建，这是两国间第一次官方接触。明朝政府接待了来自西班牙的使团，并允许他们在福建、浙江沿海通商贸易，但不能在沿海拥有定居点。此后，福州、厦门、泉州与马尼拉、墨西哥和西班牙之间的贸易兴隆起来。[2]来自美洲的银元开始流入中国。

进入17世纪后，明朝政府又面临着新的骚扰者——荷兰人。荷兰是崛起于欧洲的商业新贵，其对利润的追求非常迫切。1601年，荷兰人驶抵广州，要求互市通商，但被明朝政府拒绝。“其人衣红，眉发连须皆赤”，当时的中国人称其为“红毛番”。1602年，荷兰东印度公司成立，与葡萄牙、西班牙两国在东方展开争夺。1604年，荷兰人占据澎湖，后经福建地

1 ［法］费尔南·布罗代尔：《十五至十八世纪的物质文明、经济和资本主义》（第三卷），顾良、施康强译，北京：商务印书馆，2017年，第622页。

2 ［美］徐中约：《中国近代史：1600—2000，中国的奋斗》，计秋枫、朱庆葆译，北京：世界图书出版公司，2013年，第66页。

方官多方交涉，荷兰人退去。1622年，荷兰人进攻澳门，在明军的帮助下葡萄牙人击退荷兰人，荷兰人转而再占澎湖。1624年，荷兰人再次被明军击退，随后退据台湾。荷兰人占据台湾后便开始修筑城墙，建造炮台，兴修水利，奖励垦殖，传播宗教，做永久统治的打算，但未能得逞。1662年，作为明朝遗臣的郑成功在与荷兰人经历了九个月的较量后收复台湾，荷兰人对台湾的占领就此结束。

1644年，清朝建立，荷兰人试图和新的统治者发展贸易关系。1656年，荷兰派出了两名使臣前往北京。荷兰使者以朝贡使臣的身份向顺治皇帝行礼，并将礼物当作贡品呈上。清朝政府允准荷兰人每八年经广州前来朝贡一次，贡使规模限定为四艘船和100人，其中的20人获准前去北京。[1]1683年，清朝政府收复台湾。因荷兰人较为恭顺，清政府允许荷兰人五年朝贡一次。

17世纪早期，英国开始染指东方贸易，但由于荷兰、葡萄牙的阻挠，英国人并没有在中国海岸获得多少机会，他们便将注意力集中到了印度。1637年，英国的军舰也来到澳门，并试图与广东当局联络通商，但遭到严词拒绝。英国军舰遂强行驶入珠江，并与虎门炮台守军展开激战。后虎门炮台失守，“中国师船三只沉没”。后经葡萄牙人居中调解，英国人道歉，明朝政府允许英国通商。这也是中英两国首次直接接触。[2]清朝建立后，英国人主要和台湾的郑氏集团进行商贸活动，其船只活跃于台湾和福建沿海。1683年，清政府收复台湾，英国在台湾和福建沿海的活动终止。1685年，海禁开放，英国再次东来。1689年，英国东印度公司的船舶第一次驶入广州港。1699年经清政府允许，英国东印度公司在广州设立了一个临时商馆。

总之，在工业革命之前，西方国家便和中国产生了商贸联系，并对中

1 ［美］徐中约：《中国近代史：1600—2000，中国的奋斗》，计秋枫、朱庆葆译，北京：世界图书出版公司，2013年，第67页。

2 郭廷以：《近代中国史纲》（第三版），上海：格致出版社、上海人民出版社，2012年，第14页。

国沿海进行骚扰和渗透。只不过在这一时期，西方国家还没有经历工业革命，其对古老中国的冲击非常有限。

工业革命背景下的中英冲突

18世纪60年代起，英国开始了一场改变人类历史进程的工业革命。伴随着工业产品的增加，英国对市场和原料的需求日益迫切，仅限于广州一口的贸易体系已经无法满足英国的需求。为减少贸易纠纷，拓展贸易范围，进而与清朝皇帝直接接触，英国政府决定派遣一个官方使团出使中国。

马戛尔尼使团访华

1792年9月26日，英王乔治三世的特命全权使臣马戛尔尼从伦敦出发。这是一个庞大的使团，共有84名成员，其中包括1名机匠、1名画师、1名制图员、1名工匠和6名乐师。使团为大清皇帝准备了丰厚的礼品，包括天象仪、地球仪、机械工具、天文钟、望远镜、测量仪、玻璃等工业产品，礼品的价值高达15 610英镑。[1]马戛尔尼使团的目的很明确，希望以礼品取悦大清皇帝，从而使清政府取消对外贸易中的种种限制和禁令，并希望与清朝政府达成下列协议：

1. 要求中国在茶叶和生丝产地及毛纺织品消费区域，割让一至两块土地，使英国商人可在那里居住，并可以实行英国的司法管辖权。

2. 谈判一项商务条约，以便尽可能地把贸易扩展到整个中国。

3. 清除广州现存的种种弊端。

4. 唤起中国对英国产品的兴趣。

---

1 ［美］徐中约：《中国近代史：1600—2000，中国的奋斗》，计秋枫、朱庆葆译，北京：世界图书出版公司，2013年，第111页。

5. 安排在北京设置外交代表。

6. 使日本、交趾支那和东方群岛对英国贸易开放。

1793年6月19日，马戛尔尼使团抵达广州港，随后使团一路北上。1793年9月14日，马戛尔尼使团在热河的避暑山庄觐见了乾隆皇帝。觐见之后，马戛尔尼和清朝当局就扩展商务活动、派遣外交使节事宜开始谈判。但清朝政府对此并不热心，百般敷衍，最终因所谓的礼制问题草草收场。1793年10月7日，马戛尔尼使团在一片沮丧中离开北京。1794年9月4日使团回到伦敦。英国扩大通商范围的目的就此破灭。

▲ 马戛尔尼使团觐见乾隆皇帝

此后，英国还有过一次类似的尝试。1816年，英国派遣阿美士德使团出使中国，希望就扩大贸易范围再次进行谈判，但因阿美士德拒绝遵从中国的礼仪，这次出使活动也以失败而告终。

19世纪初，英国的工业革命蓬勃发展，“机器化的生产大量增加，市场固待开阔，原料亦须争取”。交通革命方兴未艾，火车在陆地上飞驰，轮船在大洋上驰骋，从英国来中国的时间明显缩短。伴随着工业革命的开展，英国的军备逐渐增强，印度早为英国所有，马六甲也被其控制，东入太平洋的通道已被英国牢牢掌控。英国已不安于现状，“地大物博的中国门户必须进一步地打开，中西的关系必须修正，无论中国是否情愿，已是势在必行”[1]。

1840年6月，来自好望角和印度的16艘军舰、4艘蒸汽战船、27艘运输船、1艘运兵船出现在广东海面上，中英鸦片战争爆发。这支军队共配备540门火炮，4000名士兵。[2]在“坚船利炮”的帮助下，英国人的进攻可谓势如破竹，他们攻虎门、陷定海，直抵南京城下。1839—1842年间，清政府共调动十余万军队，但由于武器差距过大，清军先后牺牲1名总督、2名提督、7名总兵、2名都统和数千名士兵，而英国军队战死不足百人。[3]在英国枪炮和船舰的震撼之下，清朝政府被迫屈服，签订不平等条约。清朝政府终于见识到了被工业化成果武装起来的军队的威力。

英国的火炮、步枪和军舰的研制都在当时欧洲最新的科学理论指导下进行，以精确、细微的定性、定量分析研究为根据，采用机器批量生产。[4]

在火药配比方面，英国已按化学反应方程式进行精确配比，并以先进的工业设备提炼纯度。中国火药仍按古方配比，性能远低于英制火药。

在火枪方面，中国军用火枪仍使用火绳点火的鸟枪，射程不足100米，射速每分钟1～2发，抬枪（重型鸟枪）射程仅300米，并且中国的造枪工艺落后，枪管厚薄不均、宽窄不一，时常发生“膛炸”现象，士兵对其厌恶

1　郭廷以：《近代中国史纲》（第三版），上海：格致出版社、上海人民出版社，2012年，第30页。

2　［美］徐中约：《中国近代史：1600—2000，中国的奋斗》，计秋枫、朱庆葆译，北京：世界图书出版公司，2013年，第131页。

3　陈旭麓：《近代中国社会的新陈代谢》，北京：中国人民大学出版社，2012年，第54页。

4　马克垚：《世界文明史》（下），北京：北京大学出版社，2004年，第901页。

至极。即使是这种被统兵大员视为“精良火枪”的劣质火枪，一般部队也只能装备40%的士兵，其他士兵则仍持冷兵器。而英军在当时已使用击发式的滑膛枪，射程可达300米，射速每分钟3～4发。就实际效用来看，英国火枪明显优于中国传统火枪。

▲ 第一次鸦片战争中英海战场景

在火炮方面，英国已使用具有旋转炮架的改进型的前膛炮，射程为800～2000米，射速每分钟1～2发。英国的制炮工业从一开始便以几千分之一英寸的精确度来计算，已进入十分精确的科学生产阶段。而中国对近代科技理论则非常生疏，这使其无法接近科学的精确性。在战争中，中国军队仍旧使用明末清初时期研制的旧火炮，最远射程不及1200米，命中精度低，摧毁力弱，而且制造粗糙，容易炸裂。[1]

1 马克垚：《世界文明史》（下），北京：北京大学出版社，2004年，第902页。

总之，当中国的农业文明遭遇西方的工业文明时，工业国家与非工业国家在武器技术方面的差异非常明显。在工业国家坚船利炮的冲击下，当时的清政府根本无法抵御来自海上的冲击。清政府被迫打开国门，在经济上逐渐成了西方的附庸，并以血的代价被迫走上了工业化的道路。

中国的工业化在起步阶段就有着明显的地域特征，那就是大多数工业企业都分布在中国沿海区域及长江沿岸的各口岸中，这表明中国的工业化一开始便与来自海洋的冲击产生了紧密的联系。

传统社会结构制约下的近代中国工业化

19世纪60年代，清政府内部兴起了一场挽救统治危机的自强运动。它引进西方科技，仿制枪炮船舰，移植工厂设备，清政府希望借此实现富国强兵、抵御外敌的目的。在这样的时代背景下，中国的工业化得以发端。

洋务运动最先从仿制西方枪炮和船舰开始。1861年，曾国藩在安庆设立内军械所，试制枪炮，仿造船坞，这也是洋务派创办的最早的军事工厂。1865年，李鸿章又先后在上海和南京创办了江南制造总局和金陵机器制造局，其中江南制造总局堪称近代中国第一家新式工厂，它从生产枪炮弹药开始，逐渐发展成为修造船舰、炼钢炼铁、机械制造为一体的综合型企业，是晚清规模最大的军工企业。1866年，左宗棠在福建马尾创办了福建船政局，造出了近代中国第一艘铁甲军舰，组建了第一支现代意义上的海军——南洋水师。1867年，崇厚在天津创办天津机器局，规模仅次于江南制造总局，也是北方最大的兵工厂。1898年，清政府还创办了25个中央和政府主办的新式军事企业，共雇佣工人一万余人，支出经费数千万两，生产出了各式火药、火枪、火炮、地雷、水雷及船舰。[1]虽然洋务企业仿制出的枪炮与当时世界水平相比还存在很大的差距，但比鸦片战争之前的火器已经改进不少。

1　马克垚：《世界文明史》（下），北京：北京大学出版社，2004年，第907页。

▲ 19世纪70年代福建船政局全景

虽然中国近代的工业化是从军事领域开始的，但在利润的刺激下，工业化很快进入到民用领域。从19世纪70年代到90年代，共开办民营工业155家，官督商办和官商合办的工业11家，包括面粉厂、制糖厂、榨油厂、火柴厂、印刷厂等，其中重要的现代民用工矿企业约27家，包括煤厂7个、钢铁厂2个、纺织厂4个，机器设备几乎全部由西方国家进口，支出经费2964万元，雇佣工人29 500人。规模较大的工厂有开平煤矿、漠河金矿、汉阳铁厂、上海织布局等。这一时期的工业化还波及交通、通信领域，轮船招商局拥有20多艘共5万吨商船；修筑了塘沽铁路、台湾铁路共477千米；架设了通行于主要省份的电报线，并建立了邮政系统。[1]

这些新式企业一般都采用蒸汽机器，雇佣工人生产，远远超出了传统

1　马克垚：《世界文明史》（下），北京：北京大学出版社，2004年，第910页。

的手工业生产范围。但古老的中国是一个典型的大陆国家，在传统因素的制约下，中国的工业化从一开始便是步履蹒跚、艰难异常。

从经济角度来看，中国的经济结构是一种典型的自然经济，自给自足是其基本特征，农民被长期束缚在土地上。这样的经济结构中，形成了众多聚族而居的宗族村落。这些村落往往远离中心城市，避免了战乱和官府的侵扰。在这样的宗族社会中，通过读书、经商拥有了大量田地的乡绅阶层则成为宗族村落的实际管理者。“他们在城市里有自己的工商产业，但是他们的精神家园和财富仓库则安放在此间。”[1]当他们发家致富后，这些人不是把钱财用于扩大再生产，而是在宗族乡里购置土地，建造房屋，通过对农民的超经济剥削获取财富，奢侈享乐。在这样的经济结构中，乡绅地主进行技术革新的动力明显不足。农民被长期束缚在土地之上，并承担着沉重的赋税收入，社会的流动性很差，根本无法提供工业化进程所急需的自由劳动力。虽然自近代以来，这种经济结构已趋于解体，但解体的过程却是异常缓慢。

从政治角度来看，中国的政治结构是一种典型的金字塔型结构。顶端是高度集权的专制皇权，中层是由国家财政所供养的庞大的官僚体系，下层则是由人数众多的农民构成。这种金字塔结构具有超强的稳定性，可以使中国的封建社会延续两千多年，但容纳社会变革的能力却非常有限。虽然从19世纪60年代开始，清朝政府开始了一场现代化改革，对传统的政治结构产生了一定的冲击，但这种变革仍旧屈从于这种政治结构。机器局、船政局、招商局、矿务局俨然成了地方一级的行政机构，而非是具有契约关系的现代企业。这种独特的政治结构严重阻碍着现代经济的进一步发展，成为中国现代化运动迟缓的主要原因。

从社会精英的知识构成来看，中国也缺乏推动工业化迅速发展的知识基础。在古代中国，长期处于官方意识形态的学说是儒家思想。儒家思想强调道德修养，并有着强烈的入世情怀。对于一些熟读儒家经典的知识精

1 吴晓波：《浩荡两千年：中国企业公元前7世纪—1869年》，北京：中信出版社，2015年，第320页。

英而言，做官是其人生奋斗的终极目标。科举制形成后，这种读圣贤书的观念被再次强化，科学技术知识反而被知识精英看作是“奇技淫巧”。近代以来，国门大开，西学东渐，但大部分知识精英仍将夷务和洋务视为“卑”“野”之事，认为这有损于他们的尊严。[1]这些知识精英可以把刚刚新建的铁路拆毁，也会刻薄讥笑学习西洋文明之人，近代中国的工业化反而成了一项不得人心的事业。在这样一种保守的社会氛围中，中国的知识精英对经学的关注度远胜于对科学技术的关注，而在一个缺乏科学技术的国度，工业化必定是阻力不断，困难重重。

海洋孕育了工业革命，工业革命则为人类“征服”海洋创造了有利条件。经由工业革命武装起来的西方国家穿越大洋、跨越险滩，它们以武力开路，强行打开非西方国家的大门。在西方工业文明的强力冲击下，非西方国家最终以血的代价被迫走上了工业化的道路，进而使19世纪的西方工业化浪潮演变成了一股全球性的工业潮流。但受制于传统因素的制约，这些非西方国家的工业化道路始终是步履蹒跚，异常艰难。

1 ［美］徐中约：《中国近代史：1600—2000，中国的奋斗》，计秋枫、朱庆葆译，北京：世界图书出版公司，2013年，第211页。

结语：海洋的遗产

1840年6月，英国人懿律率领40艘舰船从印度出发，向中国驶来。数天之后，英国的舰船出现在了中国的海面上，第一次鸦片战争随即爆发。在坚船利炮的冲击下，古老东方的大门被打开了。自那以后，中国人终于深刻地意识到在日出而作、日落而息的农业文明之外，还有一种依靠机器生产的工业文明。在当时中国人的印象之中，这是一种自海洋而来的文明形态，与来自亚洲腹地草原而来的文明形态迥然不同。那么工业文明与海洋之间到底有着怎样的联系？我们是否可以从海洋的角度来解释工业革命？本书就是对这个问题的初步探索。

正如笔者在前文所论述的那样：海洋并不是工业革命出现的根本动力，也不是工业革命产生的直接动因。只不过是海洋所孕育出来的社会环境培育了工业革命的土壤。

居于海边的人们往往向海而生，要么捕捞、要么贸易。这很容易催生出一个相对独立的工商业阶层，他们可以不依赖土地收入谋生，可以不依赖专制政府生活。相对独立的经济地位使他们既敢于挑战专制政府，又敢于质疑祭司阶层。他们能够以独立的身份，自由的思考来重新审视自然、社会和人生，这就是理性精神。理性精神造就了世俗的人生观，认为人活着就是为了完善自己的人生，展示自己的个性，进而摆脱外界束缚，实现自我价值。所以说，理性精神正是科学创造的前提，是技术革新的精神内核。

居于海边的人们往往有着更为开阔的视野，更为开放的性格。在蔚蓝色大海的刺激下，他们总是想象着大海的彼岸，希望到达遥远的异国他乡。公元前2000年前，古希腊人就在地中海上驰骋。11世纪时，西方在经历了中世纪最黑暗的时刻后再次向海洋拓展，到了15世纪，西方的势力已延伸到了欧洲的边缘海域。16世纪，西方国家远离近海进入大洋，开启了大航海时代。在开拓海洋的过程中，很容易形成一种开拓进取的精神，而这种精神通常伴随着对财富的追求。一旦这种精神被社会承认和鼓励，人们的创造力就能被激发出来，从而引起技术上的变革。

居于海边的人们更容易形成重商传统。在遥远的古代，受制于有限的技术水平，海洋通常是难以跨越的畏途。但到了近代，伴随着科学技术的进步，海上航行能够避开大陆众多关卡的优势得以凸显出来，海洋反而成了商品交流的通途。商品流通具有了空前的规模和多样性，进而催生出了重商的传统。商业活跃带动了贸易的发展，贸易的发展又牵动了工厂手工业和城市经济的繁荣，强化了资本的原始积累，“而在以贸易和手工业为主的市民社会中，‘变化’则构成为一种新的精神追求，成为一种新的价值起点”[1]。这都为农业社会向工业社会的过渡准备了前提。

理性精神、开拓意识、重商传统，这就是海洋孕育出来的精神财富，它们共同奠定了工业革命发生的社会文化基础。18世纪后期，在这些精神财富的共同推动下，工业革命在英国发生了。到了19世纪，由工业革命产生的工业化浪潮成了一种“西方现象”，这成了西方国家和东方国家的显著区别。

经由工业化武装起来的船只，乘风破浪、势如破竹，古老东方国家的大门被其一一打开，这些国家被迫卷入到了工业化的浪潮之中。

经由工业化改变的交通工具使世界联系得更加紧密，蒸汽轮船让大海不再遥远，曾经难以逾越的畏途变成了商品、人员交流的通途。

在机器大工业的强力支撑下，工业文明以强有力的姿态跨越海洋，开

1 钱乘旦、陈晓律：《在传统与变革之间：英国文化模式溯源》，南京：江苏人民出版社，2010年，第71页。

始了在全球的传播。时至今日，工业化在某些国家依然处于进行之中。

自1860年中国被迫卷入全球工业化浪潮以来，至今已逾160年。在这160年中，中国社会经历了各种持续的动荡和社会断裂，工业化进程自然也是艰难曲折。直到最近40年，中国的工业才出现了爆发式的增长，中国的经济也取得了史无前例的成就。当下的中国已经从曾经的边缘走向了世界的中心，很大程度上已经实现了百年以来追求的富强之梦。然而在全球化正面临着持续挑战的今天，在人类社会正面临着诸多不确定因素的今天，中国的强国之路必定会经受各式各样的挑战，中国的现代化运动也会面临着来自国内外的诸多考验。如何在未来使中国的经济持续增长，这是很多人在思考的一个问题。当然，我们写作本书的目的并不是为了提供某种解决方案，只是希望总结一点经验教训。如果这能够给人们提供一点启示，从而有助于中国的现代化进程，这将是笔者最大的欣慰，也是本书的最大价值所在。